全球金融治理与中国

Global Financial Governance and China

张发林　著

中国人民大学出版社
·北京·

国家社科基金后期资助项目

出版说明

后期资助项目是国家社科基金设立的一类重要项目，旨在鼓励广大社科研究者潜心治学，支持基础研究多出优秀成果。它是经过严格评审，从接近完成的科研成果中遴选立项的。为扩大后期资助项目的影响，更好地推动学术发展，促进成果转化，全国哲学社会科学工作办公室按照“统一设计、统一标识、统一版式、形成系列”的总体要求，组织出版国家社科基金后期资助项目成果。

全国哲学社会科学工作办公室

序

发林博士于 2015 年完成了在加拿大麦克马斯特大学（McMaster University）的学业并获得博士学位，之后于 2016 年申请来北京大学国际关系学院进行为期两年的博士后研究，我是作为他的博士后研究合作导师与他相识的。在我们合作的过程中，他不仅进入我的本科生（“国际政治经济学”）、硕士研究生（“国际政治经济学理论”和“发展与转型的政治经济学”）、博士研究生（“国际政治经济学理论研究”）和留学生（“Political Economy of Transition in China”）的课堂，辅助我进行教学工作，而且还参与了我主持的各种专业研讨会。在这些教学和研究活动中，他不仅贡献了自己的专业才智，而且也形成了许多思想闪光点。这些思想火花不仅体现在他在博士后研究期间以及之后在国内外发表的高水平的专业论文中，也体现在这部富有创见性的专业著作里。

全球治理概念已提出近 30 年，无论是作为一种经验事实，还是作为学术研究的一个领域，全球治理都得到了长足的发展。相对于国际学术界而言，国内关于全球治理的政策和学术研究起步较晚，但近年来呈现出蓬勃发展之势。国内关于全球治理的学术和对策研究比较集中于两个角度：一个角度是从宏观战略层面探讨全球治理及其与中国的关系。这类研究一般视国家为分析单位，探究作为一个整体的中国应如何参与全球治理，提升国际地位和影响力，因而带有较强的国家中心主义色彩。另一个角度是从微观问题层面探讨全球治理及其与中国的关联性。这类研究一般将分析单位还原为具体的行为体，以解释现象和解决问题为核心目标，具有较为明显的问题导向。如果对其进行对比，我们发现，解释国家政策的宏观层面研究较多，解决具体问题的微观层面研究略少，对特定问题领域的体系性研究更是相对匮乏，这就造成了国内学术界关于全球治理的研究相对空洞。正是针对这种状况，本书从宏观战略和微观问题相结合的角度，一方面研究中国参与全球金融治理的具体且重要的问题，如人民币国际化与国际货币体系改革、国际金融监管、国际金融机构改革等，另一方面还在具体问题研究的基础上探析了全球金融治理的“中国方案”和中国金融崛起的宏观战略。这是我推荐这部著作的第一个理由。

国际政治经济学为全球经济治理的研究提供了一个重要的视角和分析工具，全球金融治理与国际贸易、跨国投资、国际税收、国际发展等议题一样，是一个典型的国际政治经济学（IPE）议题。“治理”本是传统政治学中的一个核心概念，主要探讨政府对其内部政治、经济和社会事务的统治方式。但当所遇到的问题超出了政府治理的地理边界而成为全球问题时，政府对国内的治理方式就会面临合法性和有效性的挑战，因为国际社会处于无政府状态，所以，对全球性问题的治理就变成“没有政府的治理”，这与传统政治学所讨论的政府治理是很不相同的，这种治理需要国家之间的合作才能有效。“金融”自然是金融学研究的核心内容，但技术层面的金融学研究既成就了金融发展，也成为国际金融问题的来源，且忽略了金融在国家间的权力属性和政治属性。本书从国际政治经济学的角度很好地将上述传统政治学、国际关系学和金融学研究结合起来，构建了一个全球金融治理的分析框架，特别是其中对全球金融治理与中国诸多问题的解释和分析，很具有启发性。这是我推荐这部著作的第二个理由。

单个国家的经验在多大程度上具有普遍的学术意义和政策意义，这是所有进行案例研究的社会科学家都在思考的问题，这也是本书探讨中国金融崛起之路的目的之一。正如作者在书中所述，国家实力与国际权力之间没有自动的转化机制，换言之，国家的经济实力不能等同于国家的政治影响力。任何国家在国家实力向国际权力转化时都需要有意识地制定战略，同时还需要有效的手段，这也正是国际政治经济学的重要意义所在——探究政府与市场、经济实力与政治权力、制度与利益间的互动关系。经济实力的持续增长只是中国崛起并在国际体系中具有影响力的必要条件，而融入甚至主导国际体系的宏观战略、中观策略和微观手段，才是中国持续崛起的政治保障，两者互为促进因素。在改革开放以来的较长时间里，将追求经济增长视为首要目标，不仅符合中国的基本国情，也是世界所有大国崛起的必由之路。但在经济崛起之后，如何在保持经济实力的同时，提高在国际体系中的政治影响力，则是需要我们深入思考的问题。这也是我推荐这部著作的第三个理由。

在发林博士的著作《全球金融治理与中国》即将出版之际，写上以上几段话，一是对发林出版这部专业性很强的学术著作表示祝贺，二是想借此呼吁国际关系学界，特别是国际政治经济学界对全球金融治理这一专业性很强的领域予以更多的关注。是为序！

王正毅

2020 年 4 月 18 日 于北京大学

导 言

本书的写作始于 2015 年末，彼时，笔者刚从加拿大麦克马斯特大学完成博士学位，并在北京大学国际关系学院开始博士后课题研究。回国之初，笔者每每与人谈及博士研究课题及当前研究方向，它们都会被赞许为紧跟主旋律的“大”题目、“好”题目。诧异之余，笔者一番讨教和调研后发现，党和国家领导人已在数个公开场合的重要讲话中提及“全球治理”，全球治理研究必将燎原的星星之火已经点燃，而笔者的博士课题正是中国在全球金融治理中的决策研究。笔者羞愧于自诩为国际关系学者而对国家时事动态不敏锐，亦后悔博士论文致谢中对导师和论文委员会的感谢未加上至关重要的一条：论文选题的卓越预测能力。其实，全球治理并不是一个新概念，其研究起源至少可以追溯到 20 世纪 90 年代。1992 年詹姆斯·罗西瑙（James N. Rosenau）等主编的《没有政府的治理：世界政治中的秩序与变革》(*Governance without Government*: *Order and Change in World Politics*）通常被视为全球治理研究的开山之作。1995 年，《全球治理》(*Global Governance*）学术杂志就已经发行。就此而言，中国学术界关于全球治理的研究晚了近 20 年。回忆当年的硕士和博士论文选题，笔者的硕士论文导师托尼·波特（Tony Porter）教授和博士论文导师罗伯特·奥布莱恩（Robert O' Brien）教授正是洞察到关于中国与全球（金融）治理研究的不足，给予了笔者的研究极大的鼓励、帮助和期望，但是，本书并不是笔者博士论文的中文版。

自 2008 年金融危机爆发，十余年光阴悄然逝去，危机与改革构成了本书的现实背景。在此十余年中，全球经济逐渐复苏，国际金融体系趋于稳定，全球金融治理体系改革渐行渐远。关于这一改革的进程和成效，一系列问题有待回答：全球金融治理体系的演进呈现出了哪些趋势，现状如何？当前体系是否能够更加有效地预测、预防或治理危机？中国在全球金融治理体系中充当了什么角色？中美之间是否出现了全球金融治理权力的转移？中国能否有效地通过“中国方案”向世界贡献金融治理的中国智慧？等等。在国际秩序变革的大背景下，对上述问题进行较为系统的思考和尝试性的回答具有特殊的意义。本书从国际政治经济学（international political economy，IPE）的学科视角出发，借鉴国际制度相关研究，从组织结构和体制两个大的维度对全球金融治理的定义、起源、演进和现状进行全面梳理，对中国在其中的地位和角色进行深入分析。这一 IPE 视角的研究完全不同于笔者的博士论文。在博士论文中，笔者从对外政策分析的视角出发，构建一个二阶段模型（two stage model），对中国在全球金融治理不同具体问题领域中的政策进行分析。但是，在博士论文课题研究期间的基础性研究为本书奠定了坚实的基础。虽然涉及一些金融学知识，但本书不是一部金融学著作，而是一部国际政治经济学著作。下文简要介绍本书的结构、基本观点以及每章的具体内容。

本书由三大部分共八章组成。第一部分介绍本书的背景与分析框架，包含第一章和第二章。通过对导致 2008 年全球金融危机的三大主要因素（国际货币体系的缺陷、美国国内政策失误和金融监管不足、国际金融监管不力）的再分析，第一章认为危机后的改革虽有成绩，但尚未带来一个更加安全的金融世界。在这三大主要因素中，美国国内政策和金融监管属于国别或比较政治经济学的范畴，国际货币体系和国际金融监管属于国际政治经济学的范畴，且是全球金融治理的重要内容。本书正是在这一大的背景下讨论国际政治经济学范畴下的全球金融治理的。第二章梳理了全球金融治理体系的经验和研究起源，并将全球金融治理体系定义为“金融全球化发展到特定阶段后，在国际社会无政府状态下治理国际金融相关问题的组织结构和体制的总称”。借鉴国际关系学和国际政治经济学中国际体制和国际制度的相关研究，此定义认为全球金融治理体系的核心内涵是偏物质性的组织结构和偏观念性的体制，并据此提出了五个具体分析维度：结构核心、行为体间关系、主要行为体、体制核心目标和体制具体内容。第二章从这五个维度对全球金融治理体系的演进及其特征进行分析。

第二部分聚焦于全球金融治理体系的经验维度。第三章从上述五个维度对全球金融治理体系的现状进行分析，认为当前的全球金融治理体系在组织结构方面表现为一个网状结构，在体制方面表现为一个体制复合体。

第四章分析当前国际货币体系的现状和困境，认为国际货币体系改革陷入了“均衡困境”，即国际货币体系的制度变迁在达到或持续趋近于最优状态之前，便停滞于某种相对稳定的状态，危机所创造的变迁动力逐渐减弱，主要国家行为体继续维持、接受或无力独自改变既有国际货币体系。在此均衡困境下，国际货币体系存在已久的诸多问题依然没有解决，主要包括主权货币充当国际货币的相关问题、汇率制度多样化以及随之而来的汇率波动和汇率失调、国际收支调节不力导致的宏观经济失衡、国际货币组织低效等。第五章分析当前全球金融治理体系体制核心目标和内容的一个重要转变及突破，即宏观审慎监管政策框架的建立。

第三部分关注中国融入全球金融治理体系的历史与现状。具体而言，第六章从上述五个分析维度梳理和评估中国参与全球金融治理体系的历史与现状。第七章从系统性风险的识别和测量、宏观审慎政策工具、宏观审慎政策机构设置以及执行和效果四个方面分析宏观审慎监管框架在中国的发展状况。第八章从汇率制度、国际储备货币和国际收支调节三个方面分析中国融入国际货币体系的现状。

总结而言，第一部分从更加宏观的角度介绍现实背景和分析框架，第二部分从中观视角系统梳理全球金融治理体系，第三部分从偏微观的角度分析中国融入全球金融治理体系的整体状况，以及在具体问题领域内的具体情况。本书选择的具体问题领域包括宏观审慎监管框架和国际货币体系，因为宏观审慎监管是当前全球金融治理体系的新体制核心，而国际货币体系一直以来都是全球金融治理体系的重要内容。

基于上述宏观、中观和微观的分析，本书得出以下基本结论。危机发生后十余年以来，全球金融治理体系已然被改革，一个由网状结构和体制复合体所组成的新体系逐渐确立，这一新体系表现出一些新特征，如半正式性、小规模多边主义（minilateralism）和多元多层次性，同时存在诸多问题，如合作困境、合法性困境和有效性困境。宏观审慎监管成了新体系下的体制核心，并与微观审慎监管一起成为当前国际金融监管的全部内容。在经历了隔绝期（1949—1970年）、接触磨合期（1971—1992年）和加速融入期（1993—2008年）后，中国在2008年金融危机后全面融入了全球金融治理体系中，逐渐建立了宏观审慎监管政策框架，并通过由内及外的方式融入国际货币体系，推动其改革。但是，中国还不是全球金融治理体系的主导者，中国尚未有足够能力成为全球金融治理的“引领者”，全球金融治理领域里的“中国方案”在由内及外走向世界的过程中还须解决一系列难题，包括：中国如何进入全球金融治理体系的组织核心，增加“中国方案”的聚集能力和协调能力？中国如何实质性改善与全球金融治理机构的关系，提升制度性金融权力？中国如何参与全球金融治理体系体制核心目标的制定，提升制定中长期议程的能力？中国如何在接受全球金融治理体系体制具体内容的同时为国际社会贡献中国经验？这些问题既是未来相关学术研究的重要议题，也应是未来国家相关政策的着力点。

无论是学理分析还是政策建议，本书的目的都是更加客观地理解全球金融治理体系，更加全面地评估中国在其中的地位和作用，并以此为在国际社会中建设一个更加强大的中国，贡献笔者“自以为是”的微薄之力。

张发林

南开大学周恩来政府管理学院

2019 年 9 月 8 日

目　录

第一部分　背景与分析框架

第二部分　全球金融治理体系：历史与现状

第三部分 全球金融治理体系中的中国

第一部分　背景与分析框架

第一章 危机与改革：一个更加安全的金融世界？

危机因问题而发，以改革而终！学者们对历史上无数次经济或金融危机的讨论无外乎聚焦于危机爆发的原因（即危机爆发前所存在的问题）和危机后的影响与改革。关于 2008 年全球金融危机的讨论概莫能外。危机爆发的原因与危机后的改革之间有着必然的联系——原因是改革的动因和内容，改革是对原因的反思和纠正。因此，在讨论经过改革的后危机时代国际金融体系是否更加安全和稳定这一问题之前，我们有必要再次总结 2008 年金融危机的原因、危机后的主要改革以及这些改革的成效或问题。关于 2008 年金融危机爆发的原因众说纷纭，主要的解释来源于经济学和政治学（尤其是国际政治经济学）界。经济学界更加关注国家及/或国际经济和金融因素，如宏观经济发展模式所存在的问题[①]、金融自由化、监管套利（regulatory arbitrage）[②]、金融证券化、美国货币政策的失败[③]、中美贸易失衡、国际货币体系、国家间的财富差距[④]、国家和国际层面的支付体系不合理[⑤]，等等。相比之下，政治学界在其理论范式基础上提出了更加强调政治因素的解释。例如，支持国际合作和全球化的新自由主义者将危机归咎于金融部门的内在缺陷，如顺周期性（procyclicality）和系

---

① Palley，Thomas. America's Flawed Paradigm：Macroeconomic Causes of the Financial Crisis and Great Recession. *Empirica*，2011，38：3－17.

② Acharya，Viral V. and Matthew Richardson. Causes of the Financial Crisis. *Critical Review*，2009，21（2－3）：195－210.

③ Wagner，Helmut. The Causes of the Recent Financial Crisis and the Role of Central Banks in Avoiding the Next One. *International Economics and Economic Policy*，2010，7：63－82；Carmassi，Jacopo et al. The Global Financial Crisis：Causes and Cures. *JCMS*，2009，47（5）：977－996.

④ Lysandrou，Photis. Global Inequality as One of the Root Causes of the Financial Crisis：A Suggested Explanation. *Economy and Society*，2011，40（3）：323－344.

⑤ Rossi，Sergio. Can It Happen Again? Structural Policies to Avert Further Systemic Crises. *International Journal of Political Economy*，2011，40：61－78.

统性风险，而不是以经济自由化为核心的新自由主义价值观念，以及由此出现的经济自由化和金融去监管。现实主义者批评新自由主义价值观在经济学和经济体系中的泛滥，并指责其导致了国家间的多米诺效应。在现实主义者眼中，国际金融体系是国际体系的一部分，因此也是无序的，并必将导致危机。马克思主义理论认为金融危机是由资本主义的基本矛盾所决定的，即生产社会化和资本主义生产资料私有制之间的矛盾。建构主义者认为上述物质因素不足以解释经济或金融危机，并强调诸如身份、观念和文化等观念性因素，因此认为新自由主义的价值观念在塑造市场主体的行为上起到了重要作用，并最终导致了当前的危机。基于此，他们认为，2008 年金融危机的思想根源便是 20 世纪 70 年代末和 80 年代初在经济学中兴起的新自由主义。

从金融治理的角度而言，2008 年金融危机的原因可归纳为三个主要因素：国际货币体系的缺陷、美国国内政策失误和金融监管不足，以及国际金融监管不力。这三个原因代表了危机形成的三个不同阶段。由于国际货币体系所存在的缺陷，大量流动性进入美国市场，并导致了中美之间所谓的宏观经济失衡（macroeconomic imbalance），即美国经常项目的巨额赤字对应中国经常项目的巨额盈余。美国国内政策失误和金融监管松弛导致并纵容了房地产市场泡沫、住房按揭的证券化以及其他无节制的金融创新，并最终导致了美国房地产市场的次贷危机。国际金融监管体系无力预测、预防和阻止美国次贷危机向金融行业和实体经济蔓延，尤其是从美国向国际市场扩散。

危机爆发后，国内和国际金融监管者迅速采取行动解决或缓解上述三大主要问题。首先，学术界和政策界提出了各种改革国际货币体系的方案，以期解决中美之间存在的宏观失衡。其次，作为危机发源地的美国采取了以量化宽松为核心的扩张性货币政策，并发起了以《多德-弗兰克华尔街改革和消费者保护法》（Dodd-Frank Wall Street Reform and Consumer Protection Act，简称《多德-弗兰克法案》）为主要内容的金融监管改革。最后，全球金融治理结构发生了变化，一个新的网状治理体系业已形成，金融活动的国际监管得到了一定程度的加强。那么，在 2008 年金融危机爆发 10 年后，这些变化是否创造了一个比危机前更加安全和稳定的金融世界呢？

1.1　国际货币体系：问题与改革

以美元为中心的国际货币体系为美国市场提供了大量的低成本流动性，并因此在一定程度上导致了美国房地产泡沫和中美之间的宏观经济失衡。除了宏观经济失衡以外，国际货币体系的缺陷还带来了很多其他负面后果，并面临诸多挑战。例如，卡利亚里（Caliari）认为，除了“确保有序地从全球失衡中走出来”，国际货币体系所面临的其他挑战还包括“促使逆差国和顺差国进行更加互利的调整并避免对经济发展产生负面影响，通过减少汇率波动更好地支持国际贸易以及更好地为发展和气候保护融资”。①佛雷坦内（Fratianni）认为国际货币体系存在三个主要问题——主权货币的国际竞争、国际货币发行国（美国）内外目标的矛盾以及宏观经济失衡调整的方式和成本分配。②相比之下，多米尼克·萨尔瓦多（Dominick Salvatore）对国际货币体系的特征和问题进行了更加全面和清晰的总结。③他认为国际货币体系的特征主要包括汇率制度安排的多样性、国家汇率体制选择的自由性、汇率的易波动性以及政府对外汇市场的干预。同时，国际货币体系存在四大主要问题：汇率的大幅波动、汇率失调（misalignments of exchange rates）和贸易不平衡、无力协调主要经济体的经济政策、无法预防国际金融危机。萨尔瓦多详细地阐释了这些特征和问题。借鉴其研究，本章强调国际货币体系的三个主要问题：汇率的大幅波动，汇率失调和宏观经济失衡，以及非主权国际货币的缺失和美元不负责任的“嚣张的特权”（exorbitant privilege）。这三个问题是导致 2008 年金融危机的重要原因，同时也为评估当前国际货币体系提供了参考指标。

首先，汇率制度安排多样化在很大程度上导致了汇率的大幅波动。1971 年美国总统尼克松开始实施所谓的“新经济政策”，决定放弃金本位。这一决定导致第二次世界大战后维持了近 30 年的布雷顿森林体系崩溃。同年 12 月，十国集团（G10）④ 代表在在华盛顿史密森学会大厦召开

① Caliari，Aldo. Adapting the International Monetary System to Face 21st Century Challenges. DESA Working Paper No. 104（ST/ESA/2011/DWP/104），2011：1.

② Fratianni，Michele. The Future International Monetary System：Dominant Currencies or Supranational Money? An Introduction. *Open Economies Review*，2012，2，p. 1.

③ Salvatore，Dominick. The Future Tri-Polar International Monetary System. *Journal of Policy Modeling*，2011，33，p. 807.

④ 十国集团（G10）成立于 1962 年，由美、英、法、日、意、荷、比、加、德、瑞典以及瑞士等国组成。其中瑞士于 1964 年加入该集团，使该集团成员增至 11 位，但集团的名称不变。

的会议上签署了《史密森协议》。该协议试图通过美元对黄金贬值（从1盎司黄金可兑换35美元贬值到1盎司黄金可兑换38美元）和其他主要货币对美元升值等手段挽救布雷顿森林体系。但这些举措并未消除美元的信任危机，美元对黄金继续贬值。1973年，《史密森协议》签署国纷纷放弃该协议并采用浮动汇率制。几乎同一时期，国际货币基金组织（IMF）成立的专门委员会正在紧锣密鼓地研究国际货币制度的改革问题，并于1976年在牙买加首都金斯敦举行会议，讨论《国际货币基金组织协定》的条款。参会国最终签订了著名的《牙买加协议》，这一协议的主要内容是浮动汇率制合法化、黄金非货币化以及强化特别提款权（special drawing rights，SDRs）。该协议奠定了后布雷顿森林时期国际货币体系的基础，其直接的后果是汇率制度安排的多样化和国际储备货币的多元化。IMF将当前各国的汇率制度安排归为4大类（硬钉住、软钉住、浮动制度、其他有管理的安排）以及10小类（无独立法定货币的安排、货币局、传统固定钉住、稳定化安排、水平带钉住、爬行钉住、类似爬行、浮动、自由浮动、其他）。[①]诸多汇率制度安排的直接后果便是汇率的大幅波动。

相关研究显示，总体而言，后布雷顿森林体系下汇率的波动程度比布雷顿森林体系下要高出5倍之多。[②]以美元与欧元、日元和英镑的汇率为例，图1-1显示了1999—2017年美元兑换欧元的汇率波动，图1-2和图1-3分别显示了1971—2017年美元兑换英镑和日元的汇率波动。直观而言，在以美元为中心的后布雷顿森林体系下，核心货币美元与其他主要货币的汇率波动幅度较大。

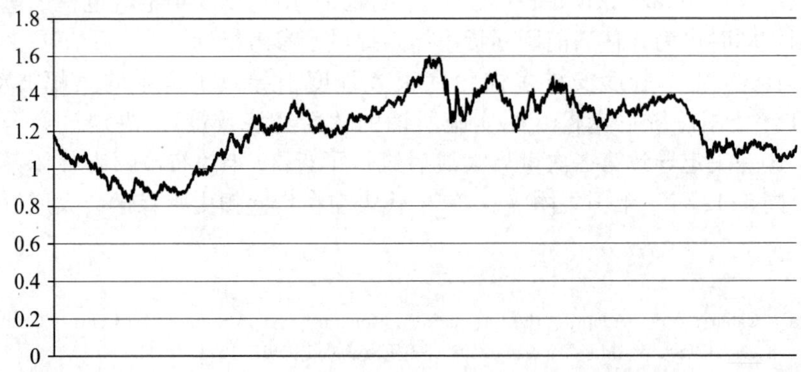

图1-1　1999—2017年美元/欧元汇率波动

① IMF. Annual Report on Exchange Arrangements and Exchange Restrictions，2014.

② IMF. Evolution and Performance of Exchange Rate Regimes. Washington，DC：IMF，2004.

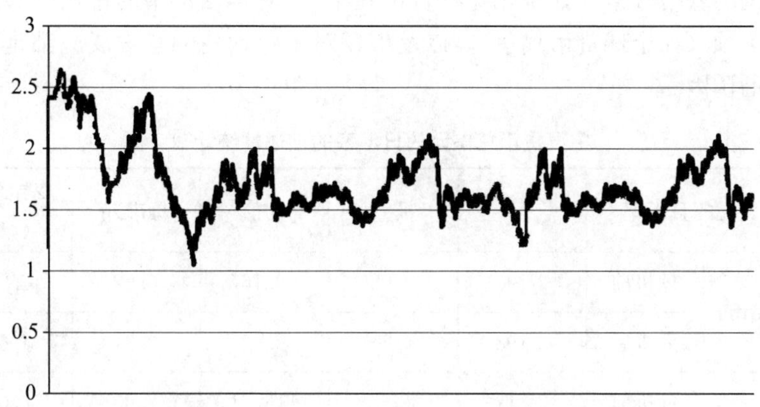

图 1-2　1971—2017 年美元/英镑汇率波动

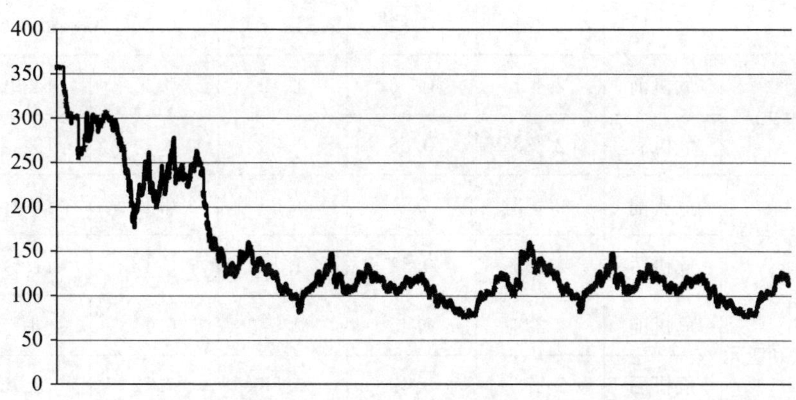

图 1-3　1971—2017 年日元/美元汇率波动

资料来源：美国联邦储备系统（美联储）。

就数据分析而言，表 1-1 描述了美元与其他六大主要货币日汇率数据的离散程度。根据表 1-1 所示的变异系数，英镑、欧元、加拿大元和澳大利亚元兑美元的日汇率数据的离散程度在后危机时代有所降低，但降低幅度十分有限。换言之，这些货币兑美元的汇率波动幅度依然较大。人民币和日元兑美元的日汇率数据离散程度在后危机时代反而加剧，人民币和日元兑美元的汇率波动幅度在后危机时代反而更大。一些定量研究也证实了金融动荡和汇率大幅波动之间互为因果关系。①具体而言，后危机时代各国的救市政策（如量化宽松货币政策）、对本国汇率的市场化和非市场化干预（如全球货币战争），以及市场对金融动荡的自发反应都是汇率波动的诱因。

表 1-1　主要货币兑美元的日汇率的描述性统计②

兑美元的日汇率		N	极差	均值	标准差	变异系数（%）
人民币	危机前	2 190	0.98	8.16	0.22	2.72
	危机后	2 198	1.21	6.52	0.31	4.67
日元	危机前	2 212	32.65	115.21	7.00	6.07
	危机后	2 241	49.49	98.06	13.66	13.93
英镑	危机前	2 294	0.73	1.69	0.19	11.12
	危机后	2 321	0.82	1.57	0.16	10.06
欧元	危机前	2 301	0.66	1.12	0.17	14.96
	危机后	2 338	0.56	1.30	0.14	10.42
加拿大元	危机前	2 153	0.7	1.36	0.18	13.16
	危机后	2 255	0.51	1.12	0.13	11.57
澳大利亚元	危机前	2 223	0.45	0.67	0.11	16
	危机后	2 273	0.49	0.88	0.12	13.73
有效的 N		1 548				

资料来源：IMF。

牙买加体系下汇率波动大的问题已成为基本的共识，汇率大幅波动的负面影响也已得到了广泛关注，如学者们探讨了汇率大幅波动对长期生产

---

① Virginie Coudert et al. Exchange Rate Volatility Across Financial Crises. *Journal of Banking & Finance*, 2011, 35: 3010 - 2018; Morales-Zumaquero, Amalia and Simón Sosvilla-Rivero. Real Exchange Rate Volatility, Financial Crises and Nominal Exchange Regimes. ICEI Working Papers 06/13, 2013.

② 危机前数据包括从 1999 年 1 月 1 日到 2007 年 12 月 31 日的日汇率数据，危机后数据包括从 2007 年 1 月 2 日到 2017 年 5 月 22 日的日汇率数据。

率提高①、经济增长②、股票市场发展③、贸易④、通货膨胀⑤、资本流动⑥、投资⑦以及其他经济活动的影响。

其次，中国的汇率制度以及美国的经济结构被认为共同导致了中美汇率的持续性失调和巨大的宏观经济失衡。一些西方国家和国际组织一直以来指责中国人民币汇率市场化程度低以及中国市场经济体制不完善，因此认为被低估的人民币给中国贸易带来了巨大的优势，并最终导致了中美之间的宏观经济失衡。以此为依据，这些国家和国际组织给中国的汇率政策施加了巨大的压力。一些学者甚至认为："推动人民币升值的主要因素便是来自美国的压力，因为中国不愿意损害其从中获利颇丰的中美贸易关系的稳定。"⑧ IMF 更是数次在其官方文件中评价人民币币值被"大幅低估"（substantially undervalued）⑨ 或"从根本上失调"（fundamentally misaligned）。⑩但是，将中美宏观经济失衡完全归咎于中国的汇率和贸易政策

① Aghion，Philippe et al. Exchange Rate Volatility and Productivity Growth：The Role of Financial Development. NBER Working Paper No. 12117，2008.

② Alagidede，Paul and Muazu Ibrahim. On The Causes and Effects of Exchange Rate Volatility on Economic Growth：Evidence from Ghana. International Growth Centre Working Paper，February 2016；Vieira，Flavio Vilela et al. Growth and Exchange Rate Volatility：A Panel Data Analysis. *Applied Economics*，2013，45 (26)：3733 - 3741.

③ Hajilee，Massomeh and Omar M. Al Nasser. Exchange Rate Volatility and Stock Market Development in Emerging Economies. *Journal of Post Keynesian Economics*，2014，37 (1)：163 - 180.

④ Wang，Kai-Li and Christopher B. Barrett. Estimating the Effects of Exchange Rate Volatility on Export Volumes. *Journal of Agricultural and Resource Economics*，2007，32 (2)：225 - 255；Bredin，Don et al. An Empirical Analysis of Short Run and Long Run Irish Export Functions：Does Exchange Rate Volatility Matter?. *International Review of Applied Economics*，2003，17 (2)：193 - 208.

⑤ Baobai，Francis Danjuma et al. An Assessment of Exchange Rate Volatility and Inflation in Nigeria. *Journal of Emerging Issues in Economics，Finance and Banking*，2013，1 (4)：321 - 340.

⑥ 董有德，谢钦骅．汇率波动对新兴市场国家资本流动的影响研究——基于 23 个新兴市场国家 2000—2013 年的季度数据．国际金融研究，2015 (6)：42 - 52.

⑦ Chowdhury，Abdur R. and Mark Wheeler. Does Real Exchange Rate Volatility Affect Foreign Direct Investment? Evidence from Four Developed Economies. *The International Trade Journal*，2008，22 (2)：218 - 245；周华．汇率波动对外商直接投资的影响——基于知识资本模型从产业角度的实证检验．数量经济技术经济研究，2007 (4)：53 - 64.

⑧ Buckley，Lee Taylor. China's Response to US Pressure to Revalue the RMB. China Research Center，2012，11 (1).

⑨ IMF. 2009 Article IV Consultation with the People's Republic of China. Public Information Notice (PIN)，2009，No. 09/87.

⑩ Beattie，Alan. IMF in Discord over Renminbi. *Financial Times*，2009.

有失偏颇。这一失衡与美国经济结构的不合理有密不可分的关系。在《牙买加协议》实施以后，美国的资本流入和公共债务开始大幅增加，一个新的美国模式开始形成。在此模式中，经常项目的巨额赤字由资本项目的盈余和公共债务来弥补。这就形成了所谓的“美元循环”（dollar recycle）或“复兴的布雷顿森林体系”（revived Bretton Woods system）。①在这一循环或体系中，以中国为代表的新兴国家向美国出口大量的商品并积累了巨额的以美元为主的外汇储备。这些美元通过购买美国国债或其他形式的投资再流回美国市场，并因此形成了一个美元流动循环。这种流动的直接后果便是宏观经济失衡。造成此“美元循环”的根本原因是非主权国际货币的缺失和美元的“嚣张的特权”。

最后，非主权国际货币的缺失和美元无须承担责任的“嚣张的特权”是当前国际货币体系的核心问题。随着《牙买加协议》使浮动汇率合法化，美元不再是通过国际条约所认可的国际货币，但是在后布雷顿森林时期，美元作为国际货币的地位并未被实质性地削弱，更不用说被取代。②事实上，在后布雷顿森林时期，美国没有了美元作为国际货币所应承担的国际责任，但仍然拥有美元的“嚣张的特权”。一些学者的研究认为，这种特权表现在以下几个方面：恣意收取国际铸币税；通过援助输出美元，掠取资源；美元与石油绑定；成为多数国家不得不使用的国际储备货币；转移国际收支失衡的压力；专注国内目标，忽略政策的国际外部性；打击美元的国际竞争对手。③

在 2008 年金融危机爆发后，来自不同国家政府、政府间组织、学术界或私人部门的各种改革国际货币体系的建议被提出。其中，一类建议是在 21 世纪恢复旧体系（金本位或布雷顿森林体系）。固定汇率制被认为能够更加有效地阻止汇率波动，稳定世界经济。事实上，自从 20 世纪 30 年代金本位时代终结以来，恢复金本位或强调黄金在货币体系中重要性的声音时常出现。1981 年，时任美国总统的罗纳德·里根（Ronald Reagan）成立了一个“黄金委员会”，专门研究恢复金本位的可能性。但最终，恢复金本位的提议并未获得该委员会的通过。美国诺贝尔经济学奖获得者罗伯特·

① Dooley，Michael P. et al. A Revived Bretton Woods System. *International Journal of Finance and Economics*，2004，9：307－313.

② Kirshner，Jonathan. Same as It Ever Was? Continuity and Change in the International Monetary System. *Review of International Political Economy*，2014，21：1007－1016；Norrlof，Carla. Dollar Hegemony：A Power Analysis. *Review of International Political Economy*，2014，21：1042－1070.

③ 段军山，刘璐．美元“嚣张的特权”分析及展望．江淮论坛，2014（1）：82－89.

A. 蒙代尔（Robert A. Mundell）较早建议恢复黄金的兑换性，并认为金本位制在控制货币供给和稳定经济等方面有着天然的优势。① 意大利前总理和欧盟委员会前主席罗马诺·普罗迪（Romano Prodi）建议以欧盟成员国的黄金储备做担保发行欧元区统一债券。世界银行的前行长罗伯特·佐利克（Robert Zoellick）认为，黄金应该被视为通货膨胀、通货紧缩或货币未来价值的市场预期的国际参照物。② 在 2015 年 10 月美国共和党总统候选人辩论中，参议员特德·克鲁斯（Ted Cruz）提出了通过美元挂钩黄金恢复金本位的想法。此外，许多学者、专栏作家、经济顾问和政策制定者呼吁建立一个"新布雷顿森林体系"③，如法国前总理尼古拉·萨科齐（Nicolas Sarkozy）。在 2010 年达沃斯世界经济论坛上，时任法国总理的萨科齐提出通过建立一个"新布雷顿森林体系"对国际金融体系进行大胆的改革。④

另一类建议是用一种非主权国际货币取代当前被用作国际货币的美元。这一建议主要来源于新兴国家。这些国家试图通过改革当前的国际货币体系在国际经济体系中获得更大的发言权。中国人民银行原行长周小川关于国际货币体系改革的建议是这种观点的一个典型代表。周小川认为当前国际货币体系的内在缺陷在于主权信用货币成为国际储备货币以及由此而出现的特里芬两难，即储备货币发行国提供世界流动性的外部目标与国内经济稳定和发展的内部目标间的冲突。因此，周小川指出，国际货币改革的理想目标是"创造一种与主权国家脱钩并能保持币值长期稳定的国际储备货币，从而避免主权信用货币作为储备货币的内在缺陷"⑤。要实现这一理想目标困难重重，历史上若干次的努力都以失败告终或尚未取得突破性进展，如 20 世纪 40 年代凯恩斯提出的以 30 多种代表性商品作为定价基础的国际货币单位"bancor"，以及当前依然在使用的特别提款权（SDRs）。一个现实可操作的方式是拓宽 SDRs 的使用范围以满足各国对储备货币的要求。麦肯锡全球研究院（McKinsey Global Institute）同样

① Mundell，Robert A. Capital Mobility and Stabilization Policy Under Fixed and Flexible Exchange Rates. *Canadian Journal of Economics and Political*，1963，29 (4)：475 - 485.

② Zoellick，Robert. The G20 Must Look beyond Bretton Woods. *Financial Times*，November 7，2010.

③ Amato，Massimo and Luca Fantacci. Back to Which Bretton Woods? Liquidity and Clearing as Alternative Principles for Reforming International Money. *Cambridge Journal of Economics*，2014，38：1431 - 1452.

④ China Shows Concern over US New Monetary Policy. *Xinhua News*，8 November，2010.

⑤ 周小川 . 关于改革国际货币体系的思考 . 新华网，2009 - 03 - 24.

也认为 SDRs 将是解决当前国际货币体系缺陷的一个重要工具。[1]联合国的报告建议建立一个“真正的全球储备货币”（truly global reserve currency）[2] 和实际汇率管理的多边框架体系[3]。这一建议本质上是与当前国际储备货币多元化的趋势相违背的。联合国顾问委员会认识到了储备货币多元化的好处，同时也指出其存在不稳定性的缺点，即作为储备资产的货币间的汇率波动。[4]这种“真正的全球储备货币”可以是 SDRs 或者是一种叫做“国际货币凭证”（international currency certificates）的新货币。发行和管理此货币的职能机构可以是国际货币基金组织或者一个新的机构，如“全球储备银行”（global reserve bank）。此外，考虑到汇率大幅波动所带来的危害，联合国贸易和发展会议指出：“一个基于各国真实汇率并得到国际认可的汇率体系能够减少国际投机资本的流动，并因此降低国际金融体系的不稳定性和各国汇率的扭曲。”

尽管提出了上述各种改革建议，但是并没有任何一种建议得到了真正的实施。G20 所领导的国际货币体系的改革依然是强化和弥补以美元为核心的国际货币体系。2010 年 G20 首尔峰会呼吁建立一个更加稳定和富有弹性的国际货币体系，并要求国际货币基金组织加强国际货币体系各方面的建设。[5] G20 主导的国际货币体系改革议程包含五个方面的主要内容：对国际经济和金融体系的监管、全球资本流动的管理、储备资产和储备货币、全球金融安全网（国际最后贷款人机制）以及国际货币体系治理。[6]应 G20 的呼吁，IMF 采取行动加强政策合作和国际货币体系改革，如 IMF 早期预警和脆弱性测试、应对资本流动和汇率波动以及增加动荡期流动性供给等。[7]

---

① McKinsey Global Institute. An Exorbitant Privilege? Implications of Reserve Currencies for Competitiveness. Discussion Paper，December，2009：38.

② United Nations Commission. Report of the Commission of Experts of the President of the UN General Assembly on Reforms of the International Monetary and Financial System. New York. September，2009：115.

③ United Nations Conference on Trade and Development（UNCTAD）. Trade and Development Report-Responding to the Global Crisis，Climate Change Mitigation and Development，2009：128.

④ 同③114.

⑤ G20. The Seoul Summit Leaders Declaration，2010.

⑥ Truman，Edwin M. G-20 Reforms of the International Monetary System：An Evaluation. Peterson Institute for International Economics Policy Brief. November，2011：11－19.

⑦ Strauss-Kahn，Dominique. Toward a More Stable International Monetary System. Opening Remarks at the Lecture and Discussion on：“Towards a More Stable International Monetary System”. Washington，DC，2011.

这些改革国际货币体系的尝试还远不足以建立一个更加安全和稳定的国际货币体系。正如埃德温·杜鲁门（Edwin Truman）所分析的，G20和IMF尝试建立一个更加稳健和更富弹性的国际货币体系的努力“确实有一些有益的教育作用，但是没有取得实质性的成绩”①。“就监管而言，结果令人失望，监管过程方面尚没有出现任何新的政策。在最后贷款人方面，仅仅出现了一些无足轻重的措施。在资本流动管理方面，过去几年取得了一些进展。在储备资产和储备货币方面，没有任何实质性的突破。在治理方面，G20文件中承诺并要求相关机构采取行动，但行动往往比较缓慢。”杜鲁门的观点是在2011年提出的，当前的状况也许不如他所评论的那样悲观。正如本书后文所述，在2008年金融危机爆发近10年后，全球金融治理体系确实发生了各种变化与改革。但是，杜鲁门的一个基本判断至今依然正确：国际货币体系尚未发生实质性的变革。

1.2 美国的货币政策和金融监管

美国危机前的扩张性货币政策和金融监管松弛是导致2008年全球金融危机的另外一个重要原因。在21世纪初互联网泡沫破灭之后，美联储开始实施扩张性的货币政策。联邦基金利率从6.25%降到了2001年末的1.75%，并于2003年6月降到了1%。在此后的一年里，联邦基金利率一直维持在一个很低的水平。2001—2003年和2004—2005年平均实际联邦基金利率分别低至−0.14% 和 −0.47%。②虽然从2004年6月开始联邦公开市场委员会逐渐将联邦基金利率提高，并最终于2006年6月增加到了5.25%，但是2001—2005年的超低政策利率被认为直接或间接地导致了“货币过剩”（monetary excess），并最终导致了2008年金融危机。③不仅仅是危机前的货币政策受到质疑，应对2008年金融危机的美国货币政策同样受到诟病。例如，泰勒（Taylor）认为危机时期美国政府旨在为市场提供流动性的政策实质上加深了危机的影响，这些政策包括通过期限拍

① Truman, Edwin M. G-20 Reforms of the International Monetary System: An Evaluation. Peterson Institute for International Economics Policy Brief. November, 2011: 11-19.

② Lothian, James R. U. S. Monetary Policy and the Financial Crisis. CenFIS Working Paper, 2009.

③ Taylor, John. Housing and Monetary Policy. Proceedings, *Federal Reserve Bank of Kansas City*, 2007: 463-476; Taylor, John. How Government Created the Financial Crisis. *Wall Street Journal*, 2009, February 9.

卖工具（term auction facility）向市场注入流动性，通过《2008 年紧急经济稳定法案》恢复经济以及将联邦基金目标利率从 2007 年 8 月的 5.25%降到 2008 年 4 月的 2%。[①]美国金融危机调查委员会 2011 年发布的《金融危机调查报告》同样认为："政府对危机的准备不足，以及政府在应对金融危机时政策的波动增加了金融市场的不稳定和恐慌。"[②]

美国后危机时代的货币政策在具体内容上有很大变化，但总体而言依然是扩张性的。这些政策主要包括零利率政策、大规模资产购买计划（量化宽松政策）以及前瞻指导。[③] 这些传统的和非传统的手段在一定程度上有助于美国经济复苏，但同时带来了许多新的问题和争论，尤其是量化宽松政策。2008 年 10 月，美国议会通过了《2008 年紧急经济稳定法案》并授权美国财政部制定和实施高达 7 000 多亿美元的救市计划。2009 年早期，奥巴马政府的 7 870 亿美元的经济刺激计划获得国会批准。这些资金被用于基础设施、税收减免、教育、能源、营养、健康和失业救助等方面。[④]这两个经济刺激计划被称为第一轮量化宽松（QE1）。

由于经济结构的不合理（表现为高债务、低储蓄率和高贸易赤字）和金融危机对金融业及实体经济的冲击较大，第一轮量化宽松对经济恢复的作用十分有限。2010 年 10 月和 11 月美国失业率分别高达 9.6%和 9.8%。[⑤] 2010 年前三个季度的经济环比增长率分别是 0.9%、0.4%和 0.5%。[⑥] 在此背景下，美联储 2010 年 11 月实施了第二轮量化宽松（QE2），其具体内容是美联储发行货币购买财政部发行的长期债券，每个月购买 750 亿美元，直到 2011 年第二季度，并同时将联邦基金利率维持在零水平。面对依然低迷的经济和不景气的劳动力市场，2012 年 9 月，美联储宣布了第三轮量化宽松政策（QE3），决定购买 400 亿美元的抵押贷款支持证券，同时将联邦基金利率维持在 0～0.25%的超低区间。2012 年 12 月，美联储再次宣布每月购买 450 亿美元国债，直到失业率降低到

① Taylor, John. Housing and Monetary Policy. Proceedings, *Federal Reserve Bank of Kansas City*, 2007：463－476；Taylor, John. How Government Created the Financial Crisis. *Wall Street Journal*, 2009, February 9.

② FCIC. The Financial Crisis Inquiry Report, 2011：xxi.

③ Williamson, Stephen D. Current Federal Reserve Policy Under the Lens of Economic History: A Review Essay. Federal Reserve Bank of St. Louis Working Paper 2015－015A, 2015：7.

④ Nanto, Dick K. The Global Financial Crisis: Analysis and Policy Implications. CRS Report for Congress, 2009：142.

⑤ 资料来源：美国劳工部。

⑥ 资料来源：IMF。

6.5%或通货膨胀率超过 2.5%。[①] 这一举措被称为第四轮量化宽松（QE4）。随后，根据联邦公开市场委员会对美国经济基本面、家庭开支、商业固定投资和通货膨胀等指标的判断，这一激进的货币政策于 2013 年 12 月开始逐步退出，并最终于 2014 年 12 月终止。其直接的后果是使联邦资产负债表“膨胀”到 4.48 万亿美元。[②]

本质上，后危机时代的货币政策并不新奇，只是在方式上更加非传统，在量上更大而已。从美国国内层面而言，如果危机前的扩张性货币政策应该为 2008 年的金融危机负一定责任，后危机时代同样性质的货币政策又如何更好地预防下一次类似的金融危机呢？从国际层面而言，后危机时代的美国扩张性货币政策产生了广泛且极大的负面影响，增加了国际经济的不稳定。这些负面影响主要包括全球通货膨胀压力和资产价格的波动、大量流动性所导致的过度风险行为、贸易保护主义和“货币战争”以及美国货币政策回归正常时所导致的市场波动等。下文将进一步讨论这些负面影响。

首先，大规模的资产购买，尤其是对长期国债和资产抵押债券的购买减少了市场上易获得且安全的投资选择，迫使美国和国际投资者转向相对而言风险性更高的投资。[③]同时，几轮量化宽松向美国和国际市场注入了大量的流动性，为较高风险的投资行为提供了充足的资金。正如斯坦贝克（Steinbock）所观察的那样，随着投资者追求更高的回报，量化宽松政策使大量的投机性短期资金（热钱）流入新兴国家，并导致了市场泡沫，这就增加了全球市场的不稳定性和其他风险。[④]

其次，美国量化宽松政策给新兴国家和发展中国家施加了巨大的通货膨胀压力。理论上而言，一国宽松的货币政策可能会导致国内通货膨胀。但是，美国的通货膨胀压力通过其在国际货币体系中的“嚣张的特权”转移给了全世界，尤其是新兴国家和发展中国家，因为美联储印刷的大量美元通过贸易货币、储备货币等形式流入了其他国家。在 2007—2015 年期间，美国的通货膨胀率一直低于世界平均水平。相比之下，非发达国家的通货膨胀率，尤其是亚洲地区要明显高于世界平均水平。一些学者的实证

---

① Jeynes, Matthew. QE4 Could Mean US Going Over Fiscal Cliff: Maisonneuve. FTAdviser, 2012.

② Board of Governors of the Federal Reserve System. Press Release, 2014, October 29. Rushton, Katherine. Federal Reserve Ends QE. *The Telegraph*, 2014, 29 October.

③ Lavigne, Robert et al. Spillover Effects of Quantitative Easing on Emerging-Market Economies. *Bank of Canada Review*, 2014: 23-33.

④ Steinbock, Dan. The Hot Money Trap. *Project Syndicate*, 2010, 23 November.

分析也证实了这一结论，即美国后危机时代激进的货币政策引发了全球流动性过剩，不仅导致了国际大宗商品价格的大幅波动，还给新兴国家施加了巨大的通货膨胀压力。①

金融监管松弛是对美国政府的另一个主要批评。《金融危机调查报告》详细地评估了美国的金融体系并总结出了四个主要特征：影子银行体系快速发展、金融去监管、抵押贷款业迅猛发展以及金融创新（证券化、结构性融资和金融衍生品）。② 以金融去监管为例，许多学者认为1999年的《格雷姆-里奇-比利雷法案》对发布于1933年的《格拉斯-斯蒂格尔法案》的废除在很大程度上导致了2008年金融危机。《格拉斯-斯蒂格尔法案》限制商业银行开展证券相关活动以及商业银行和证券公司的合并。《格雷姆-里奇-比利雷法案》则允许投资银行、商业银行和保险公司之间的合并。这一法案导致了"大而不能倒"的金融机构的出现并鼓励高风险行为。③

金融去监管的一个重要驱动因素是新自由主义经济思想的兴起。这种经济发展的理论思想在政策界表现为"华盛顿共识"。另一个重要驱动因素是特定利益集团对美国金融监管的俘获。大银行对美国公共机构和公共政策的规制俘虏（regulatory capture）被认为是导致2008年金融危机的一个重要原因，具体包括物质资源的集中和直接游说、金融监管的政治影响以及其内在的顺周期性、"旋转门"（企业管理者与政府官员之间角色的互换）、知识和认知俘获等。④《格拉斯-斯蒂格尔法案》的废除就是监管俘获的一个很好的例证。从该法案生效的那天起，金融界（主要是大商业银行）就一直在游说废除该法案，因为该法案将投资银行业务和商业银行业务分离开来，限制了商业银行获取利润的能力。20世纪80年代，议员们提出了各种废除该法案的国会议案。1998年花旗银行和从事证券及保险业务的旅行者集团成功合并。这一事件加速了《格拉斯-斯蒂格尔法案》的废除。正如《金融危机调查报告》中所总结的，金融监管的放松或失灵对一国金融市场的稳定的影响是灾难性的。因此，在后危机时代，美国政

---

① 陈磊，侯鹏．量化宽松、流动性溢出与新兴市场通货膨胀．财经科学，2010（10）：48－56.

② Barba，Aldo. The US Congress Inquiry on the Financial and Economic Crisis. *Contributions to Political Economy*，2011，30：77－98.

③ Stiglitz，Joseph E. *Freefall*：*America*，*Free Markets*，*and the Sinking of the World Economy*. New York：W. W. Norton & Co，2010.

④ Baker，Andrew. Restraining Regulatory Capture? Anglo-America，Crisis Politics and Trajectories of Change in Global Financial Governance. *International Affairs*，2010，86（3）：647－663.

府对其金融监管体系进行了改革。

后危机时代的美国金融监管体系的改革是以《多德-弗兰克法案》为核心内容的。简言之，该法案所推动的改革主要集中在 9 个领域：组织结构、证券化、资本充足性、自营交易（proprietary trading）、金融衍生品、对冲基金、信用评级、保险以及金融机构管理人员薪酬和治理结构。① 该法案只是提出了一个金融改革的指导性方向，并要求相关的金融监管机构（尤其是美联储和证券交易委员会）开展深入的研究，制定具体的规则。例如，美联储为执行《多德-弗兰克法案》而发起并已完成的政策提案超过 100 个。② 此外，在《多德-弗兰克法案》中，有 90 多个条款都要求证券交易委员会制定具体的规则，还有几十个条款直接赋予证券交易委员会自行裁断权。证券交易委员会目前已经就其中的 61 项规则制定条款确定了最终的规则，这些规则涉及私募基金管理、信用评级公司管理、"沃尔克法则"（Volcker Rule）等等。③ 尽管如此，《多德-弗兰克法案》的实施依然不到位，而且在不同领域存在较大差异。截至 2017 年 7 月，在该法案的 390 项待制定的规则中有将近 30%尚未完成。一些条款的执行取得了显著成效，如关于资产支持证券发行、银行业监管、信用评级、私募基金，但有些条款的执行十分缓慢，如关于消费者保护、金融衍生品、抵押贷款改革以及系统性风险。④

《多德-弗兰克法案》的效果和影响也受到质疑。从短期影响而言，该法案被指责为对实体经济产生了负面影响。例如，沃尔克法则提高了能源价格，减少了能源投资，并因此可能导致 20 万个工作岗位消失。⑤ 当时曾有国际机构预测，到 2015 年美国的金融监管改革可能导致美国 GDP 下降 2.7%以及造成 290 万人失业；如果这项改革的步伐加快，上述两项数据将更加悲观——GDP 下降 5.2%，失业人口增加到 580 万。⑥这些具体

---

① Morrison & Foerster. *The Dodd-Frank Act: A Cheat Sheet*, 2010. Morrison & Foerster. *Dodd-Frank Act Securitization Reform*. Morrison & Foerster News Bulletin, 2010.

② Federal Reserve. Implementing the Dodd-Frank Act: The Federal Reserve Board's Role, 2015.

③ Security and Exchange Commission (SEC). Implementing the Dodd-Frank Wall Street Reform and Consumer Protection Act, 2015.

④ Polk, Davis. Dodd-Frank Progress Report. Davis Polk Five-Year Anniversary Report, 2015, July 16.

⑤ IHS Inc. The Volcker Rule: Impact Assessment on the U. S Energy Industry and Economy. IHS Global Insight Special Report, 2012.

⑥ Institute of International Finance (IIF). Multiple Layers of Financial Regulatory Reforms Hold Back Economic Growth and Will Continue to Do So for Some Time. IIF Report, 2011, September 6.

的数据显然无法被证实或证伪，但金融监管的加强在短期内对经济的影响是显而易见的。另外，该法案被批评并未解决“大而不能倒”问题。早在2011年，威尔马思就指出：“在《多德-弗兰克法案》下对系统重要性金融机构采用的更高审慎标准严重依赖以资本管理为基础的监管规则，而这些规则在过去并未成功地预防金融危机。”[①]来自企业改革联盟（Corporate Reform Coalition）的一份报告认为“大而不能倒”问题依然存在，甚至较之前更加严重。[②]此外，该法案还给美国金融体系带来了监管“复杂性风险”（complexity risk）。[③]大约1 000多页的法案内容都需要进行详细的解释，包括美联储和证券交易委员会在内的各种监管机构在执行不同的条款时都有各自的决断权。基于该法案的改革议程并没有对各种不同改革内容间的相互关系以及相对重要性给予足够的关注。[④] 金融监管依然是碎片化的，这导致了监管真空、多重监管以及对新风险的反应迟钝等问题。[⑤]

总而言之，虽然后危机时代美国的金融监管改革如火如荼，但是一些新的脆弱性暴露了出来，后危机时代美国的金融体系并未比金融危机前更加安全和稳定。[⑥] IMF的报告《美国金融体系稳定性评估》详细地评估了这些变化和改革，指出了尚未被解决的风险和新出现的问题，并提出了政策建议。根据此报告，当前的美国金融体系依然面临着诸如企业债务高企、交易流动性波动、资产价格的攀升、溢出风险增加、非银行金融部门过度发展等问题。[⑦]

1.3　国际金融监管的失败和改革

国际金融监管的失败是美国次贷危机恶化成世界范围内金融危机的一

---

① Wilmarth Jr., Arthur E. The Dodd-Frank Act: A Flawed and Inadequate Response to the Too-Big-to-Fail Problem. *Oregon Law Review*, 2011, 89: 3.

② Taub, Jennifer. Still Too Big To Fail. Corporate Reform Coalition Report, 2015, May 7.

③ Federal Financial Analytics. A New Framework for Systemic Financial Regulation: Simple, Transparent, Enforceable and Accountable Rules to Reform Financial Markets. Federal Financial Analytics Report, 2011, November.

④ Barth, James R. et al. The Dodd-Frank Act: Key Features, Implementation Progress, and Financial System Impact. *Milken Institute Current Views*, 2015, February.

⑤⑥⑦ IMF. United States: Financial System Stability Assessment. IMF Country Report No. 15/170, 2015: 7.

个重要原因。具体而言，国际金融监管失败体现在三个方面：宏观审慎监管缺失所导致的系统性风险、行业内监管的不足和问题（如银行、保险、证券等不同行业）以及国际金融监管体系的缺陷。

危机前的国际和国内金融监管体系以微观审慎监管为核心理念，即关注单个金融机构所面临的风险，因此忽略了系统性风险。所谓系统性风险是指整个金融体系在受到内外部冲击时出现危机甚至瘫痪的可能性。单个金融机构可能很好地控制了自身的操作风险，但是依然会受到系统性风险的影响，如政府政策波动对金融机构盈利能力的制约，利率波动对金融机构资产价格的影响，通货膨胀导致金融机构资产缩水等。因此，系统性风险的一个典型特征是它会同时对某一（国际或国内）金融体系内的大多数或全部金融机构产生负面影响。① 这就意味着对单个金融机构的监管不足以确保金融体系的稳定，系统性风险必须通过宏观审慎监管加以控制。② 系统性风险的两个重要来源是金融体系的顺周期性和相互关联性（interconnection）。顺周期性是指“金融体系内部以及金融和宏观经济间相互影响的一种放大效应”③。换言之，顺周期性是指金融体系与实体经济间的一种相互正向或顺向的反馈机制。所谓顺向反馈是指繁荣带来更加繁荣，萧条导致更加萧条。这一顺周期性的直接后果是，繁荣容易产生泡沫，在萧条时经济的周期性波动反而被延长和加剧。例如，在经济萧条时，信用记录良好的借贷者也很难获得资金，而在经济繁荣时，即使信用记录不良的借贷者也能获得贷款，如次级抵押贷款。相互关联性是指金融机构之间存在可能会导致共同失败的相互联系，即一家金融机构的风险可能传播至所有相关联的金融机构，并最终传播至整个（国际或国内）金融业和实体经济。④ 2008 年金融危机中几个“大而不能倒”或“系统重要性”金融机构的危机或倒闭所带来的市场震荡正是相互关联性最好的例证。本书第五章对宏观审慎金融监管进行了更为详细的论述。

在后危机时代，一系列增加系统性安全的措施出现。以逆周期性（counter-cyclicality）为例，2008 年金融稳定论坛（Financial Stability

① Kaufman，George G. and Kenneth E. Scott. What Is Systemic Risk，and Do Bank Regulators Retard or Contribute to It?. *The Independent Review*，2003，v. VII，n. 3：371－391.

② Claessens，Stijn. An Overview of Macroprudential Policy Tools. IMF Working Paper WP/14/214，2014.

③④ BIS. 80th Annual Report，2010：89.

Forum，FSF）在其《关于增强市场及机构弹性的报告》（Report on Enhancing Market and Institutional Resilience）中呼吁考察导致顺周期性的因素并采取相应措施加以遏制。该报告指出了采取政策行动的三个优先领域：资本规则、银行准备金规则、估值和杠杆间的相互作用。同时，金融稳定论坛还成立了三个工作小组，它们分别负责这三个不同的领域。围绕这些领域，不同国际组织采取了不同的行动。例如，2010 年巴塞尔银行监管委员会（简称巴塞尔委员会）推出的《巴塞尔协议Ⅲ》确立了逆周期资本监管的整体框架，具体包括四个部分：缓解最低资本要求的周期性波动、建立前瞻性的贷款损失准备金、建立高于最低资本要求的资本留存缓冲（capital conservation buffer）、建立与信贷超常增长挂钩的逆周期资本缓冲（counter-cyclical capital buffer）。①许多国家和地区组织也采用了不同的政策和措施应对顺周期性问题。在美国，《多德-弗兰克法案》中包含了一些逆周期性资本充足率要求。西班牙实行的"动态拨备制"是逆周期金融监管实践的典型代表。在欧盟，《德拉罗西埃报告》（De Larosière Report）也认识到了巴塞尔银行监管体系的顺周期性并采取了各种逆周期性措施。因此，宏观审慎监管已成为国际金融监管的共识，各种宏观审慎的政策工具被提出和广泛使用。但是，当前对宏观审慎政策的讨论和实践依然存在一些问题、争论和不确定性，总结如下：

(1) 宏观审慎政策工具的分类：对宏观审慎政策工具的分类呈多样化，全球金融体系委员会②、金融稳定理事会③、国际货币基金组织④、欧洲系统性风险委员会⑤以及一些学者，如克莱森斯等⑥，都对宏观审慎政策工具进行了不同的分类。一个更加具有共识性的和清晰的分类体系有利于不同的国家运用这些宏观审慎政策工具。

(2) 一个相关的问题是：国内状况和国际环境不同的国家如何将

① 周晖．逆周期监管体制与金融体系的稳健性．光明日报，2011-11-18 (11).

② Committee on the Global Financial System (CGFS). *Macroprudential Instruments and Frameworks: A Stocktaking of Issues and Experiences*. CGFS Papers 38, 2010.

③ FSB. Macroprudential Policy Tools and Frameworks. BIS Report 14 February, 2011.

④ IMF. Macroprudential Policy: An Organizing Framework, 2011.

⑤ European Systemic Risk Board. Recommendations on Intermediate Objectives and Instruments of Macro-prudential Policy. *Official Journal of the European Union*, ESRB/2013/1, 2013: 3-4.

⑥ Claessens, Stijn et al. Macro-prudential Policies to Mitigate Financial System Vulnerabilities. *Journal of International Money and Finance*, 2013, 39: 153-185.

宏观审慎政策与各自的国情结合起来？①

（3）国家在实际使用宏观审慎政策时存在的差异以及一些国家的无作为②：克莱森斯的研究显示，在 65 个被研究的国家中，23 个国家从未使用过任何宏观审慎政策工具，且大多数使用类似政策工具的都是新兴国家。③ IMF 的一份报告指出："游说、政治干预和公众反对使一些政府更加倾向于不作为。"④

（4）监测系统性风险的内在困难。⑤

（5）宏观审慎政策有效性的不确定性：虽然宏观审慎政策与稳定金融体系的作用得到了广泛的讨论⑥，但是有关宏观审慎政策框架有效性的理论分析和经验证据依然不够深入和充分。⑦

（6）宏观审慎政策与诸如货币政策、财政政策和其他微观审慎政策之间有什么相互影响？对此，一种指责性的观点是："当前所讨论的（宏观审慎政策）大多数是基于现有的微观审慎监管政策，只是这些政策被加上了一些宏观审慎的目标而已。"⑧

（7）宏观审慎政策的经济和社会成本是什么？

（8）政府通过宏观审慎政策对资源分配的干预逐渐增加会带来政治经济压力。⑨

（9）"边界问题"（boundary problem）和"遗漏问题"（leakage problem）：国内或国际层面的宏观审慎监管可能通过套利行为（arbitrage）而被规避。⑩

（10）使用宏观审慎政策的最佳制度设计是什么？

上述并非宏观审慎政策当前所面临的所有问题，但意味着宏观审慎政策的理论化、政策制定和操作都还存在争论和问题。因此，宏观审慎政策在金融危机的预防和治理上的功效尚未得到有效的检验。

---

① Claessens, Stijn. An Overview of Macroprudential Policy Tools. IMF Working Paper WP/14/214, 2014.

② IMF. Key Aspects of Macroprudential Policy, 2013.

③ 同①.

④⑤ 同②.

⑥ 同①.

⑦ Galati, Gabriele and Richhild Moessner. What Do We Know about the Effects of Macroprudential Policy?. DNB Working Paper No. 440, September, 2014.

⑧⑨ 同①.

⑩ 同②.

除了系统性风险以外，国际金融行业内还存在其他各种监管不力，包括影子银行、资本充足率要求和风险管理、衍生品市场、会计准则、信用评级公司、“大而不能倒”的金融机构等等。在后危机时代，以 G20 和 FSB 为核心的全球金融治理体系对这些问题领域进行了改革。这些改革取得了一定的进展，但依然存在一些问题。

影子银行所面临的风险尚未得到有效控制。根据金融稳定理事会的定义，影子银行是指“游离于银行体系之外的涉及各类相关机构和业务活动的信用中介体系”[①]。非银行的信用中介被认为是导致 2008 年金融危机的系统性风险的主要来源。[②] 因此，对影子银行的监管是后危机时代改革的一个重要内容。然而，到目前为止，无论是在先进工业国家还是新兴市场，影子银行依然在持续增长，其增长速度超过了银行业的增长速度。[③] 一个主要的原因是银行业监管的加强导致大量的流动性进入影子银行业务。[④]同时，由于影子银行风险评估数据的缺乏[⑤]、国家间的金融业竞争以及利益集团的影响[⑥]等，对影子银行的监督和监管依然相对较弱。

作为银行业国际监管最重要的监管规则，巴塞尔银行监管体系面临着很多挑战。虽然巴塞尔银行监管委员会 2015 年发布的一份评估报告认为巴塞尔监管规则的执行情况十分乐观，但是该规则体系的执行情况、执行效果和影响都存在争论和质疑。经过几轮大幅修改，巴塞尔银行业监管体系已变得十分复杂。这种复杂性限制了其有效执行，并加大了发达国家和发展中国家以及中小金融机构和大金融机构间的监管差距。拥有更多大金融机构的发达国家能够动员更多的资源理解和执行巴塞尔监管规则。巴塞尔银行监管委员会 2014 年的一份报告就巴塞尔相关规则对新兴市场、发展中国家和小经济体的影响以及在这些地区执行相关规则所面临的问题进行了深入研究。前述的复杂性赋予认知共同体（epistemic community）和利益集团更多的权力，并因此增加了国内的不平等。此外，巴塞尔规则体系还被指责忽略了风险的内生性，即“它试图为银行业创造一个公平竞争平台的努力实际上增加了银行所面临风险的共变性（covariance），这种共

① FSB. Global Shadow Banking Monitoring Report 2014，2014.

② Rixen，Thomas. Why Reregulation after the Crisis is Feeble：Shadow Banking，Offshore Financial Centers，and Jurisdictional Competition，*Regulation & Governance*，2013，7：435 - 459.

③ 同①.

④ ⑤ IMF. Global Financial Stability Report：Risk Taking，Liquidity，and Shadow Banking，2014.

⑥ 同②.

变性应该是银行监管者避之不及的，但被轻视了"[①]。最后，巴塞尔监管规则的普遍适用性可能忽略了或者无法顾及个别国家的特殊国情和特点。

一些大的金融机构依然"大而不能倒"。"大而不能倒"问题存在于两个维度——规模（或关联性）和风险控制。换言之：某个金融机构的规模是否足够大且与其他金融机构的联系是否足够复杂，以至于其倒闭会产生无法避免的多米诺效应？如果是，这些大金融机构所面临的潜在风险是否得到有效的控制？因此，解决"大而不能倒"问题的方式就在于这两个方面：缩小大金融机构的规模和加强对大金融机构风险的监控和管理。就这两个方面而言，"大而不能倒"问题尚未得到有效解决。一些金融机构的规模依然巨大且其与整个金融体系的联系更加复杂和紧密。例如，美国四大金融机构的总资产在危机后持续增加。正如考克斯（Cox）所评论的："'大而不能倒'的金融机构的规模将会在危机后被缩小的想法已变成了一个巨大的神话。这些机构实际上正在变得更大。"[②] 危机后的金融监管改革似乎对上述第二个方面更加关注，即风险控制和管理。一个监管系统重要性金融机构的框架已被建立起来，这一框架的具体内容包括系统重要性金融机构的评估和识别、额外损失吸收要求、压力测试、有效的恢复与处置计划、数据库改善以及核心基础设施的改善等。[③] 然而，各国对金融稳定理事会所构建的这一系统重要性金融机构监管框架体系的执行却还处于初级阶段，尤其是在建立有效的处置计划和监管权力分配等方面。[④]

国际金融监管失败的第三个方面是国际金融监管体系的缺陷。如本书第三章所述，在后危机时代，一个网状的全球金融治理体系逐渐形成，这个体系是以 G20 和 FSB 为核心的，并试图推动全球金融治理的改革。但是改革后的体系依然存在合作困境、有效性困境和合法性困境（详见第三章）。

通过上述对导致 2008 年金融危机的三大因素以及后危机时代的改革的分析，一个基本的结论是：后危机时代的国际金融体系虽然发生了一些改革和变化，但从危机预防和解决的角度而言，危机后的国际金融体系并未比危机前的国际金融体系更加安全。在这三大主要因素中，美国国内政策和金融监管属于国别或比较政治经济学的范畴，国际货币体系和国际金融监管则属于国际政治经济学的范畴。后者是本书所关注的重点。需要指

---

① Caprio, Gerard. Financial Regulation After the Crisis: How Did We Get Here, and How Do We Get Out?. LSE Financial Markets Group Special Paper Series, 2013, 226: 3.

② Cox, Jeff. Too Big to Fail Banks just Keep Getting Bigger. CNBC, 2015, 5 Mar.

③④ FSB. Global Shadow Banking Monitoring Report 2014, 2014.

出的是，广义的全球金融治理既涉及国际层面，也涉及国别层面，即美国、中国或其他国家的国内金融监管也属于广义的全球金融治理的范畴。但是，本书从一个中观的视角定义和分析全球金融治理，将全球金融治理视为在国际层面相对独立于国家内部金融监管的组织结构和体制的有机结合（详见第二章）。当然，国家金融监管和全球金融治理有着千丝万缕的联系，不能被完全割裂开来。全球金融治理是在金融监管的需求超出单个国家金融监管的能力时才出现的。全球金融治理的实践最终表现为国家内不同监管主体的行为，全球金融治理的对象是不同国家里的金融市场参与者以及金融活动。本书的中观视角一方面有利于清晰地梳理全球金融治理体系的形成和演变，另一方面为详细考察中国参与全球金融治理体系的历史和现状提供了一个可操作的空间。本章为本书对全球金融治理以及中国在其中的地位、作用和态度的讨论提供了一个宏观的背景。

第二章　全球金融治理体系的定义、演变及特征

在金融全球化趋势日益加剧的背景下，金融监管已从一个国家内部的问题转变成一个国际性问题。全球性或区域性金融危机的频繁爆发显示出单个国家在解决这一国际性问题上的乏力，并因此凸显了建立和完善全球性金融治理体系的需求性和必要性。本章对全球金融治理作为经验事实的起源和演变进行总结和分析，并对全球金融治理作为一个学术概念的定义和发展进行探索。

2.1　全球金融治理的起源和定义

一、经验和学术起源

2008年全球金融危机再次暴露了国际金融监管在金融全球化背景下的低效和不足。在此背景下，全球金融治理成了学术界和政策界的核心议题。但是，全球金融治理的经验和研究起源却更早。其经验起源至少可以追溯到19世纪。当时，国家间贸易的发展促进了资本的跨国流动，一些私人信贷机构兴起，并最终发展成波兰尼（Polanyi）所谓的大金融集团(haute finance)。[①]这一时期所谓的全球金融治理主要表现为大金融集团对资本跨国流动的自我管理、大金融集团与国家中央银行的合作以及国家中央银行之间的合作。[②]私人部门和公共部门的合作以及中央银行间的合作至今依然是全球金融治理的主要方式之一。第一次世界大战的爆发隔断了大金融集团所主导的全球资本流动。同时，战争中的各国为给战争融资而

---

① Polanyi，Karl. *The Great Transformation*. Boston，MA：Beacon Press，1944/1957.

② Germain，Randall. Historical Origins and Development of Global Financial Governance，in Manuela Moschella and Catherine Weaver. *Handbook of Global Economic Governance*. Routledge，2013：97－114.

加强了中央银行的职能，并因此加强了对经济和金融事务的管理。在两次世界大战期间，主要国家第一次以官方的形式试图建立一个全球性的金融治理体系。在这些尝试和努力中建立起来的国际机制包括国际联盟(League of Nations)、同盟国赔偿委员会、负责处理德国赔偿事宜的国际清算银行（BIS）和旨在促进英国、法国、美国以及后来的德国中央银行间合作的中央银行网络等。[①]这些努力最终因第二次世界大战的爆发而失败。因此，本章对全球金融治理的分析从第二次世界大战后的布雷顿森林体系开始。

相比经验起源，全球金融治理的研究起源相对较晚。1995 年墨西哥金融危机后，7 国集团（G7）[②] 哈利法克斯峰会开始认识到了新自由模式的社会成本，并提出要对国际金融结构（international financial architecture）进行改革。[③]这是全球金融治理讨论和研究的最早起源。“国际（或全球）金融结构”的概念在 1997 年亚洲金融危机爆发后得到了政策界和学术界的高度关注。亚洲金融危机后，以 G7 和 IMF 为核心的、侧重于货币和财政政策的金融治理体系，无论是在危机预警还是危机处理方面，表现得都不尽如人意。因此，许多国家、国际组织、私人机构以及个人从不同的角度出发提出了各种各样的改革方案。这些改革方案的核心是国际金融结构改革。[④]但是，不同文献对“国际（或全球）金融结构”的定义不同。卡洛米利斯（Calomiris）将国际金融结构定义为“一系列决定承担金融风险程度和风险收益分配的机构、协定和激励措施”[⑤]。艾肯格林(Eichengreen）认为国际金融结构是预测、预防和化解金融风险的机构、结构和政策。[⑥]亚洲开发银行的一份报告则将国际金融结构简单地定义为

① Germain, Randall. Historical Origins and Development of Global Financial Governance, in Manuela Moschella and Catherine Weaver. *Handbook of Global Economic Governance*. Routledge, 2013: 97 - 114.

② 俄罗斯于 1998 年加入 G7 并将 G7 升级为 G8。2014 年美国宣布暂停俄罗斯 G8 会员国资格，以此作为对俄罗斯在克里米亚行动的反对。鉴于俄罗斯在 G8 中的边缘地位，本书统一使用“G7”。

③ Hazakisz, Konstantinos J. The Role of G8 Economic Summits in Global Monetary Architecture. *Central European Journal of International and Security Studies*, 2009, 3 (1): 167 - 186.

④ 关于各种改革的建议，详见 Eichengreen, Barry. *Toward a New International Financial Architecture: A Practical Post-Asia Agenda*. Washington, DC: Institute for International Economics, 1999。

⑤ Calomiris, Charles W. Blueprints for a New Global Financial Architecture. American Enterprise Institute for Public Policy Research, 07 Oct. 1998.

⑥ 同④.

"管理国际金融的基本规则和机构"①。在戈德斯坦（Goldstein）的一篇会议论文中，国际金融结构被定义为"与预防和解决银行业、货币和债务危机相关的机构、政策和实践，尤其是（但不仅仅是）新兴经济体里的危机"②。一个更简单的定义是国际金融结构就是一系列的标准和机构的总和。③ 另一个更直接的定义是国际金融结构就是一个由国际金融机构（international financial institutions，IFIs）组成的结构。④虽然这些定义的角度和措辞不同，但都共享一个核心要素——机构（institutions）或全球金融治理机构。上述定义中所出现的"协定""激励措施""结构""规则""政策""实践""标准"都是以全球金融治理机构为主体或中心的。因此，金融结构强调的是结构（architecture），即由参与主体，尤其是诸如 IMF 等机构所组成的治理国际金融问题的体系。

"全球金融治理"一词是在"全球治理"作为一个相对独立的研究领域出现后才逐步进入人们的视野的。"全球治理"概念和相关研究始于 20 世纪 90 年代。1992 年詹姆斯・罗西瑙等主编的《没有政府的治理：世界政治中的秩序与变革》是全球治理研究的开山之作。同年，全球治理委员会（Commission on Global Governance）成立，并随后（1995 年）创办了《全球治理》杂志，发布了著名的报告《天涯若比邻》（Our Global Neighborhood）。该报告第一次系统地阐释了全球治理的概念。全球治理研究的发展为全球金融治理研究提供了理论基础，而"冷战"结束后的金融全球化和金融创新的发展为全球金融治理研究提供了经验基础并创造了现实需求。于是，在 20 世纪末，尤其是 1997 年亚洲金融危机之后，全球金融治理研究作为全球治理的一个子领域发展起来，"全球金融治理"一词作为一个学术术语或者对经验事实的描述出现在各种著作中。例如，安德鲁・贝克（Andrew Baker）在其 2000 年发表于《全球治理》杂志上的一篇文章里使用了"全球金融治理"一词，但并未对其内涵和外延展开讨论。⑤

---

① Asian Development Bank. Strengthening the International Financial Architecture. EDRC Briefing Notes Number 12，1999.

② Goldstein，Morris. Strengthening the International Financial Architecture：Where Do We Stand?. Paper Presented at KIEP/NEAEF Conference on "Regional Financial Arrangements in East Asia：Issues and Prospects" Honolulu，10 - 11 August，2000.

③ Claessens，Stijn，Geoffrey R. D. Underhill and Xiaoke Zhang. The Political Economy of Basle II：The Costs for Poor Countries. *The World Economy*，2008，31：313 - 344.

④ Pelaez，Carlos M. and Carlos A. Pelaez. *International Financial Architecture：G7，IMF，BIS，Debtors and Creditors*. Palgrave，2005.

⑤ Baker，Andrew. The G7 as a Global "Ginger Group"：Plurilateralism and Four-Dimensional Diplomacy. *Global Governance*，2000，6 (2)：165 - 189.

同年，在联合国贸易和发展会议举办的第十届保罗·普雷维什讲座上，杰拉德·赫莱纳（Gerald K. Helleiner）提交的会议报告使用了“全球金融治理”一词，并将其视为全球治理中的一个经验事实，但同样未对其加以定义。① 2001年，兰德尔·杰曼（Randall Germain）明确地将“全球金融治理”视为一个包含内涵和外延的正式概念。②此后，将“全球金融治理”视为一个相对独立领域的研究大量出现，一批优秀的学者加入此研究之中，如保罗·朗利（Paul Langley）③、孙仁柱（Injoo Sohn）④、托尼·波特（Tony Porter）⑤、埃里克·赫莱纳（Eric Helleiner）⑥ 等等。在2008年以前，国内学术界很少使用“全球金融治理”一词，而是更多使用“全球经济治理”或“全球经济金融治理”。2008年全球金融危机的爆发暴露了主要国家内部金融监管和国际层面金融治理的问题，由此，“全球金融治理”作为全球治理的一个子领域而备受关注。⑦

二、定义

由于全球金融治理研究是在全球治理研究的框架体系下和理论基础上发展起来的，因此在讨论全球金融治理的定义之前，对全球治理定义进行分析是十分必要的。全球治理委员会对全球治理的系统分析是从“治理”的定义入手的。治理被定义为：“公共和私人部门里的个人和机构管理其

---

① Helleiner, Gerald K. Markets, Politics, and Globalization: Can the Global Economy Be Civilized?. Presented at the 10th Raul Prebisch Lecture Hosted by United Nations Conference on Trade and Development, 2000.

② Germain, Randall. Global Financial Governance and the Problem of Inclusion. *Global Governance*, 2001, 7: 411-426.

③ Langley, Paul. (Re)politicizing Global Financial Governance: What's “New” about the “New International Financial Architecture”?. *Global Networks*, 2004, 4 (1): 69-87.

④ Sohn, Injoo. Asian Financial Cooperation: The Problem of Legitimacy in Global Financial Governance. *Global Governance*, 2005, 11: 487-504.

⑤ Porter, Tony. Beyond the International Monetary Fund: The Broader Institutional Arrangements in Global Financial Governance. CIGI Working Paper No. 19, 2007.

⑥ Helleiner, Eric. Special Forum: Crisis and the Future of Global Financial Governance. *Global Governance*, 2009, 15 (1): 1-28.

⑦ Helleiner, Eric. *The Status Quo Crisis-Global Financial Governance after the 2008 Meltdown*. Oxford; New York: Oxford University Press, 2014; Underhill, Geoffrey and Xiaoke Zhang. Setting the Rules: Private Power, Political Underpinnings, and Legitimacy in Global Monetary and Financial Governance. *International Affairs*, 2008, 84 (3): 535-554; Betz, Joachim. Emerging Powers and Global Financial Governance. *Strategic Analysis*, 2014, 38 (3): 293-306; Knaack, Peter. Innovation and Deadlock in Global Financial Governance: Transatlantic Coordination Failure in OTC Derivatives Regulation. *Review of International Political Economy*, 2015, 22 (6): 1217-1248.

共同事务的各种方法的综合。”[①]这一定义认为治理是一个持续的过程而非一套完整的规则，是对各种行为体利益和行动的协调而非控制。按照此逻辑，全球金融治理指的是公共和私人部门里的个人和机构在全球范围内管理其共同金融事务的方法的综合。这种定义方法缺乏分析上的效力，存在去政治化倾向并有非历史性的特征。[②]具体而言，首先，这一定义并没有明确指出全球（金融）治理的内涵，即全球治理本质上是什么。“各种方法的综合”这一内涵显然过于模糊，因此无法提供分析上和理论上的有效指导。其次，这一定义并未将治理和政府权威下的管理明确区分开来。最后，这一定义并没有凸显出全球治理概念的历史性，即它是在特定历史条件下产生的。在此定义出现之后，许多学者尝试对全球治理进行定义，但大多是从上述三个方面入手的。

全球治理的内涵可从宏观、中观和微观层面进行归类。宏观层面的全球治理强调的是各种现象的理论解释，常表现为一种理念或一个研究领域。例如，德国不来梅大学教授克劳斯·丁沃斯（Klaus Dingwerth）和荷兰阿姆斯特丹自由大学教授菲利普·帕特伯格（Philipp Pattberg）将全球治理视为理解世界政治的一种视角。[③]微观层面的全球治理聚焦于对特定行为体解决特定问题的经验分析，因此往往涉及具体领域里的具体问题，这些领域包括贸易[④]、环境[⑤]、能源[⑥]、劳工[⑦]等等。微观视角下全球治理的研究往往是偏经验性和技术性的，如顾高翔和王铮关于碳税政策和碳税收入模式对多国多部门的经济发展和碳排放变化影响的经验分析。[⑧]

① CGG. *Our Global Neighborhood*. Oxford: Oxford University Press, 1995: 2.

② Overbeek, Hen. Global Governance, Class, Hegemony: A Historical Materialist Perspectives, in Alice D. Ba and Matthew J. Hoffmann. *Contending Perspectives on Global Governance: Coherence, Contestation, and World Order*. London and New York: Routledge, 2005: 39 - 56.

③ Dingwerth, Klaus and Philipp Pattberg. Global Governance as a Perspective on World Politics. *Global Governance*, 2006, 12 (2): 185 - 203.

④ De Benedictis, Luca and Lucia Tajoli. The World Trade Network. *The World Economy*, 2011, 34 (8): 1417 - 1454.

⑤ Newell, Peter. The Political Economy of Global Environmental Governance. *Review of International Studies*, 2008, 34 (3): 507 - 529.

⑥ Cherp, Aleh et al. Governing Global Energy: Systems, Transitions, Complexity. *Global Policy*, 2011, 2 (1): 75 - 88.

⑦ Mosley, Layna and David A. Singer. Migration, Labor, and the International Political Economy. *Annual Review of Political Science*, 2015: 283 - 301.

⑧ 顾高翔，王铮．全球性碳税政策作用下多国多部门经济增长与碳排放的全球治理．中国软科学，2015 (12): 1 - 11.

中观层面的全球治理侧重于全球治理的组织结构和体制。上述国际金融结构的概念正是从组织结构的中观视角出发的。在全球环境治理研究中，学者们正是从这一维度出发探讨了各种不同行为体所组成的全球环境治理碎片化体系以及各种规则所构成的体制复合体（regime complex）。[①]这种中观的视角提供了在特定领域里分析全球治理极具操作性的方向。本书关于“全球金融治理”和“全球金融治理体系”术语的使用主要依据其宏观或中微观含义而定，宏观含义的治理则为“全球金融治理”，中微观含义的治理则为“全球金融治理体系”。本章正是从中观角度出发，借鉴国际体制和国际制度的相关研究对全球金融治理体系进行定义，并构建一个具有操作性的分析框架。

早在1960年，吉腾德拉·莫汉（Jitendra Mohan）在其发表于《国际研究》杂志的文章中就已经使用了“国际体制”（international regime）[②]一词。不过，此“国际体制”指的是运河的国际管理体系，并没有被视为一个具有特定含义的正式概念。作为国际研究中的一个正式概念，“国际体制”一词出现于20世纪70年代。在《对技术的国际反应：概念和趋势》（International Responses to Technology：Concepts and Trends）一文中，约翰·鲁杰（John Ruggie）指出了三个层次的制度化：认知共同体、国际体制和国际组织。鲁杰认为，“体制”指的是“一系列共享的期望、规则和规章、计划、组织能力和财政承诺”。显然，这一定义将国际体制和国际组织区分开来，并认为国际体制是政府间的互动关系。1982年，《国际组织》杂志发布的关于体制研究的专刊掀起了国际体制研究的热潮。在此专刊中，斯蒂芬·克拉斯纳（Steven Krasner）将体制经典地定义为“一整套明示或默示的原则、规范、规则和决策程序”。原则是对事实、因果关系和公正的信念。规范是由权利与义务所确定的行为标准。规则是对行为的特别规定或禁令。决策程序则是做出和执行共同选择时所通行的实践。这一定义被中外学者广为引用，并为相关的经验分析提供了理论基础。但是，一些学者也指出了这一定义的不足之处。例如，苏珊·斯特兰奇（Susan Strange）批

---

① Keohane，Robert O. and David G. Victor. The Regime Complex for Climate Change. *Perspectives on Politics*，2011，9（1）：7－23；Biermann，Frank et al. The Fragmentation of Global Governance Architectures：A Framework for Analysis. *Global Environmental Politics*，2009，9（4）：14－40.

② 国内学术界对“international regime”存在不同的翻译，如“国际制度”“国际规则”“国际机制”“国际规制”等。“国际体制”一词更精确地概括了“international regime”的内在含义，并与“国际制度”（international institution）更好地区分开来。详见任东来．对国际体制和国际制度的理解和翻译．国际问题研究，2000（6）：96－101.

评此定义的不精确性（imprecision）和模糊性（woolliness），并认为“不同的人在使用此概念时都会赋予其不同的含义”。另一些学者指出了区分国际体制四个组成部分（即原则、规范、规则和决策程序）的困难之处。

克拉斯纳国际体制定义和理论的最主要挑战者之一是基欧汉及其所代表的新自由制度主义（neoliberal institutionalism）（或制度理论）。总结起来，基欧汉的新自由制度主义主要在以下几个方面不同于克拉斯纳的体制理论。第一，新自由制度主义认为国际制度是相互依赖的产物，产生于国家之间互动的需求（国际体制需求论），而体制理论认为体制是由国家实力决定的，是大国“供应”和维持的结果（国际体制供给论）。第二，新自由制度主义批评体制理论将体制和组织分割开来的观点，认为国际制度包括国际组织、国际体制和国际惯例。第三，新自由制度主义批评体制理论四个组成部分的边界过于模糊，并给出了国际体制的一个更加简洁的定义——“具有明确规则的制度，这些规则为各国政府所同意且涉及国际关系中特定的一组问题”。

基于以上几点，便可以清晰地区分国际体制、国际制度和国际组织。国际体制是一套原则、规范、规则和决策程序的集合，因此是无形的、抽象的和观念的。例如，世界贸易体制就是在《建立世界贸易组织的马拉喀什协议》的基础上，以互惠、透明度、市场准入、公平竞争、经济发展和非歧视性等为原则，旨在促进自由贸易的一套规则体系和决策程序。这些协议、指导原则以及在其基础上所建立的具体规则和决策程序虽然可以被物化为具体的文本或文件，但是它们本质上都是观念性的而非物质性的，因此是无形和抽象的。国际组织有广义和狭义两种内涵。广义的国际组织既包含了有正式组织构架的国家间或非国家间国际机构，也包含了非正式的联系。狭义的国际组织专指有正式组织构架的国际机构，包括组织章程、会员制度、决策机构等。因此，国际组织更加具有物质性，更加具体。国际组织往往是国际体制的物质载体，是国际体制的最重要但不唯一的制定者、维护者和践行者。国际制度有更宽泛的含义，既包含了观念性的体制，也包含了物质性的组织，更添加了非正式性的国际惯例。这正是新自由制度主义对国际体制理论的发展。

国际体制、国际制度和全球治理存在内在的逻辑联系。奥兰·R. 扬（Oran R. Young）认为，国际层面的体制存在两种理想状态。一种是国际体制，另一种是跨国体制。前者是针对国际社会里相关问题的国家间体制性安排，如关于核扩散的相关规则体系；后者是针对全球公民社会里相关问题的非国家行为体间的体制性安排，如万维网的相关问题管理规则。全球治理是这两种体制的有机结合。因为全球治理既涉及国际社会里政府间达成共识的原则、规范、规则和决策程序，也涉及全球公民社会里的非政府间原则、规范、规则和决策程序。但是，如上所述，由于国际体制理论往往将体制本身和具体行为体分离开来，因此，这种观点忽略了全球治理的行为体，即上述原则、规范、规则和决策程序的制定者、实施者和接受者。相比之下，国际制度理论认为国际制度包括了国际体制、国际组织和国际惯例。因此，国际制度理论相对更加关注国际社会中的行为体。虽然新自由制度主义承认国家是国际体系中最重要的行为体，但同时还认为，在相互依存程序日趋增加的全球化世界里，非国家行为体在全球治理中的作用不容忽视。但是，由于国际制度理论对国际组织的过度关注，一些公民社会组织的作用未得到应有的重视。因此，对全球治理的讨论既要关注其体制层面，也要关注体制之外的制度层面（即国际组织和国际惯例），更要关注除国际组织以外的非政府行为体层面。

借鉴上述关于国际制度的讨论，从前述的中观视角出发，本章认为全球金融治理的内涵是组织结构和体制。组织结构是指参与全球金融治理的行为体及其之间的关系。具体而言，不同的组织结构可以从三个方面区分开来——结构核心、主要行为体和行为体间关系。结构核心是指在特定结构中将其他较为分散和独立的行为体聚集起来并协调彼此之间的政策和行动的行为体。结构核心本身可能具备也可能不具备制定国际规则或标准的功能，但必须具备聚集和协调功能。聚集功能是指通过正式或非正式的机制将不同行为体纳入同一个平台上讨论国际性的金融问题。协调功能是指调和不同行为体之间的观念和利益冲突，填补国际监管真空以及加强行为体间的合作。除了结构核心以外，在不同时期，全球金融治理的主要行为体不同。这些行为体大致可以归类为（政府间或非政府间）国际组织、（主要或边缘）国家和地区以及非国家行为体（如个人、公民社会组织、企业等）。其中，前两类是最主要的行为体。行为体间的关系是组织结构的核心内容。这些关系包括正式关系、非正式关系和半正式（quasi-formal）关系。正式关系是指行为体间通过国际条约、会员机制、组织构架及/或决策机制等所建立的高度制度化的关系。非正式关系是指行为体间未被制度化的、基于共识的合作和交流。半正式关系介于正式和非正式关系之间，是指虽未被制度化却产生了事实上的行为约束力的关系。这种半正式关系往往以国家间小集团的形式出现，被一些学者描述为“俱乐部”

式机制。[①]例如，G20 虽是一个非正式的论坛，但与全球金融治理中的很多其他行为体产生了一种基于事实汇报机制的指导与被指导的半正式关系。

体制是指“一整套明示或默示的原则（principles）、规范（norms）、规则（rules）和决策程序（decision-making procedures）”。“原则是对事实、因果关系和公正的信念。规范是由权利与义务所确定的行为标准。规则是对行为的特别规定或禁令。决策程序则是做出和执行共同选择时所通行的实践。”[②] 其中，原则和规范是某一体制区别于其他体制的定性要素，反映了特定体制的核心目标。规则和决策程序是基于原则和规范的特定体制的具体内容。[③]原则和规范的改变会导致库恩式的范式转移（paradigm shift），而规则和决策程序的变化只是体制内部的微调。相对而言，组织结构是偏物质性的、具体的、客观的，而体制是偏观念性的、抽象的、主观的。组织结构是体制必要的物质性基础，而体制是组织结构的观念性产物，二者相互依存。

另外，全球治理是在政府权威和相应的管理缺失下的治理。全球治理概念出现的初衷便是解释和解决国家主权权威在应对全球化问题上的不足，故此，全球治理存在几个潜在前提：全球性问题的出现、国家政府权威在国际社会的无效以及全球性政府权威的缺失。因此，全球金融治理的定义需要考察其历史性、政治性、全球性和金融性。历史性是指全球金融治理是在特定的历史背景下产生的，这一历史背景是指“冷战”结束后一个真正意义上的国际体系的形成，以及随之而来的全球化加剧、各国联系和依赖加深、全球性问题出现。政治性是指全球金融治理不是一个单纯的社会现象，而是特定政治背景下的产物，这一政治背景是指国际社会是由拥有主权权威的国家所组成，维护主权独立和完整是国家的首要目标，但同时对全球性问题的解决需要国家间的合作，甚至让渡部分主权。全球性是指问题领域的空间范围超出了国家边界。金融性强调全球金融治理体系是关于金融问题的治理，其在本质上不能等同于经济增长、贸易、税收等广义经济领域的治理。这几大属性并不彼此排斥，而是共同存在，相互交织。

综合上述分析，本章对全球金融治理的定义力图既提出一个具有分析

① Tsingou, Eleni. The Club Rules in Global Financial Governance. *The Political Quarterly*, 2014, 85 (4): 417-419.

②③ Krasner, Stephen. Structural Causes and Regime Consequences: Regimes as Intervening Variables. *International Organization*, 1982, 36 (2): 186.

性的内涵，又考虑到其历史性、政治性、全球性和金融性。本章认为，全球金融治理体系是金融全球化发展到特定阶段后，在国际社会无政府状态下治理国际金融相关问题的组织结构和体制的总称。根据此定义和上述分析，图 2 - 1 概括了贯穿本书的一个分析框架，此分析框架由组织结构和体制两个大的维度组成，包含了五个具体的方面——结构核心、行为体间关系、主要行为体、体制核心目标和体制具体内容。

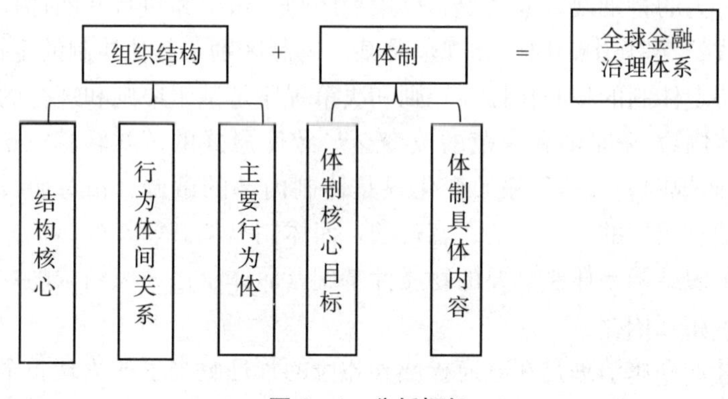

图 2 - 1　分析框架

2.2　全球金融治理体系的演变

基于上述分析框架，第二次世界大战以来的全球金融治理体系大致经历了三个阶段——美国霸权时代（1944—1971 年）、G7 时代（1972—2008 年）和 G20 时代（2009 年至今）。其中，G7 时代又可细分为三个具体阶段——G7 领导的资本主义治理体系（1972—1989 年）、G7 领导的治理体系全球化（1990—1997 年）和 G7 领导的全球金融治理体系（1998—2008 年）。在这些不同的阶段里，全球金融治理体系的结构和体制都有所不同，并因此表现出了不同的特征。

2.2.1　美国霸权时代（1944—1971 年）

两次世界大战和 1929—1933 年的经济大萧条使得维护和平和经济稳定成为战后国际社会的主要任务。政治上，作为国际联盟的继承者，联合国（UN）于 1945 年正式成立，并成为战后以及当今国际社会维护世界和平的一股重要力量。经济上，吸取两次世界大战期间分裂的国际货币体系带来的惨痛教训，一个新的国际货币体系——布雷顿森林货币体系——建立起来。新的国际机构也被创建，以维护这一新的体系，包括国际货币基金组织（IMF）和世界银行（WB）。在这些政治和经济的国际秩序变革中，美国在与传统强国英国的博弈中占据上风，成为战后国际体系最重要的建构者和维护者。

从金融治理的角度而言，这一时期的全球金融治理体系是以国际货币体系为核心的。一个重要的原因是银行、证券和保险等金融行业的国际联系在这一时期尚不密切，金融不稳定的主要根源是国际货币体系的分裂和主要国家或国际集团间的货币竞争。因此，这一阶段全球金融治理体制的核心是以美元为中心的国际货币体制。这一体制的核心目标是维护国际货币体系的稳定和促进战后世界经济的恢复与发展。其具体内容是以《国际货币基金组织协定》为核心的国际货币规则体系，以及限制资本流动和鼓励自由贸易的一系列措施和政策。这一体制所对应的组织结构的核心是美国主导的布雷顿森林机构，尤其是 IMF 和世界银行。因此，基于协定和会员机制的正式关系是这一时期将全球金融治理体系里的各种行为体联系起来的重要纽带。此外，几个在当今全球金融治理体系中发挥重要作用的国际机构在这一阶段成立，包括为 IMF 提供资金支持的 10 国集团（G10）、国际清算银行下属的市场委员会（MC）、世界交易所联合会（WFE）。在这一阶段，金融全球化程度低，银行在金融业中占据统治性地位，世界体系被分割为实行计划经济的社会主义阵营和实行市场经济的资本主义阵营，各国或国家集团的金融监管体制差异明显。因此，从严格意义上而言，这一时期的全球金融治理还处于萌芽状态，尚不成体系。

2.2.2 G7 时代（1972—2008 年）

1971 年，面对布雷顿森林体系下的“特里芬两难”以及越南战争带来的经济困境，美国单方面宣布放弃美元与黄金的挂钩，并实施贸易保护政策。这导致维持了近 30 年的布雷顿森林体系崩溃，国际金融陷入动荡之中。1973 年中东战争再次爆发所引发的石油危机恶化了金融动荡，导致了 1973—1974 年西方世界的经济衰退。在此背景下，主要西方国家组成了 7 国集团（G7）并召开首脑会议共同商讨摆脱经济困境的办法。这开启了全球金融治理的 G7 时代。具体而言，G7 时代又分为三个阶段。

一、G7 领导的资本主义治理体系（1972—1989 年）

尽管在苏联推行“霸权主义”的背景下社会主义阵营出现了裂隙（尤其是中苏关系的破裂），但在苏联解体之前，“冷战”的基本态势依然延续，G7 所领导的后布雷顿森林体系依然是一个资本主义世界的国际经济和金融体系。除了位于体系核心的G7，这一时期成立了很多全球金融治理机构，包括巴塞尔银行监管委员会（BCBS）、支付系统专家组［支付结算体系委员会（CPSS）前身］、欧洲货币常务委员会［全球金融体系委员会（CGFS）前身］、证监会美洲协会［国际证监会组织（IOSCO）前身］、国际证券业协会理事会（ICSA）、国际会计准则委员会（IASC）［国际会计准则理事会（IASB）前身］、国际会计职业协调委员会（ICCAP）［国际会计师联合会（IFAC）前身］、国际审计实务委员会（IAPC）［国际审计与鉴证准则理事会（IAASB）前身］、国际金融协会（IIF）、反洗钱金融行动特别工作组（FATF）和国际掉期与衍生工具协会（ISDA）。这些机构逐步发展演变成了当今全球金融治理的重要参与者。这些机构的一个共同特征是：它们都是由"冷战"时期资本主义阵营中的先进工业化国家或这些国家里的非国家行为体所发起成立的。例如，巴塞尔银行监管委员会和支付系统专家组是由美国、英国等10大工业国家（G10）的中央银行于1974年共同成立的。国际会计准则委员会则是由来自美国、英国等国家的16个职业会计师团体于1973年共同成立的。因此，在"冷战"的背景下，这一时期所谓的"全球"金融治理实质上只是资本主义世界的金融治理。

这一时期的全球金融治理体制发生了两大变化。首先，布雷顿森林体系下以美元为核心的货币体制瓦解，以浮动汇率为基础的牙买加货币体制形成。1971年G10国家签署了《史密森协议》，正式放弃布雷顿森林体系下的双挂钩制，采用浮动汇率。不同于布雷顿森林体系，牙买加体系并没有严格的制度安排和维护其运行的专门国际组织，因此相对松散和非正式。其次，国际资本流动的限制减少，银行业国际监管开始加强。20世纪60年代欧洲美元市场的发展和70年代银行业的国际化浪潮加速了资本的国际流动。在此背景下，资本跨国流动的限制已不再是全球金融治理的主要内容，银行的国际监管开始成为一个重要议题。与银行业监管和资本国际流动相关的一些重要国际规则在这一时期开始形成，包括巴塞尔银行监管委员会制定的《巴塞尔协议》、国际会计准则委员会发布的一系列国际会计准则、国际审计实务委员会发布的国际审计指导原则以及支付系统专家组发布的净额结算制度报告等。因此，这一时期全球金融治理体制的核心目标是维护后布雷顿森林体系时代基于浮动汇率的国际金融体系的稳定以及解决以银行业为核心的国际金融问题。这些专业性国际金融规则制定和监督机构的成立以及相关国际规则的发布是当今全球金融治理体系的真正发端。

二、G7 领导的治理体系全球化（1990—1997 年）

1991 年苏联解体象征着一个真正意义上的国际体系开始形成。政治意识形态对抗的终结为经济全球化扫除了障碍。20 世纪 90 年代，信息技术的突飞猛进和全球化进程的加速创造了一个不断融合的国际金融市场。因此，全球金融治理的必要性和需求性增加。这一阶段基本延续了前一阶段的全球金融治理组织结构和体制，但也有一些变化和发展。首先，以资本账户开放和去监管为核心内容的金融自由化成为这一时期的体制核心目标。从 20 世纪 70 年代以来，随着国际资本流动和跨国公司的发展以及新自由主义的兴起，金融自由化开始成为国际金融发展的一个趋势。新自由主义奉行通过货币政策维护宏观经济稳定的自我调节政策，又被称为杰克逊·霍尔共识（Jackson Hole Consensus）。这一经济思想在金融监管领域表现为对资本市场自我调节能力的意识形态上的信赖以及实践中的金融去监管，如 1986 年撒切尔夫人主导的英国"金融大爆炸"改革，以及美国废除《格拉斯-斯蒂格尔法案》的呼声渐强。① 20 世纪 80 年代末到 90 年代，金融自由化达到顶峰。推进金融自由化成为这一时期主要国际金融治理机构的首要目标，尤其是 IMF 和世界银行。这两个布雷顿森林机构通过其贷款和援助的条件性（conditionality）迫使贷款国和受援国进行以经济开放和金融自由化为主要内容的改革，这些措施和政策被概括为"华盛顿共识"。其次，几个新的全球金融治理组织成立，保险业的国际监管开始受到关注。这些组织包括国际清算银行下属的欧文·费雪中央银行统计委员会（IFC）和国际保险监督官协会（IAIS）。前者主要是为了促进各成员国中央银行经济师、统计师和政策制定者间的交流，而后者的主要职责是制定和更新国际保险准则。最后，一些新的国际准则相继出现，包括 1991 年国际审计实务委员会发布的《国际审计准则》、1990 年反洗钱金融行动特别工作组发布的《关于洗钱问题的 40 项建议》、巴塞尔银行监管委员会对《巴塞尔协议Ⅰ》的修订和发展、IMF 发布的数据公布特殊标准和数据公布通用系统，以及 1997 年国际保险监督官协会发布的《保险监管核心原则》。

这一阶段在组织结构和体制上与前一阶段较为相似，但这一阶段最主要的区别在于，"冷战"的结束为金融治理提供了一个真正全球意义上的经验基础，金融自由化成为这一阶段的核心目标。为了强调"冷战"结束

---

① Avgouleas，Emilios. *Governance of Global Financial Markets*. Cambridge University Press，2012：64 - 69.

对全球金融治理发展的重要意义，本章将此阶段独立成一个时期。需要强调的是，这一阶段全球金融治理依然主要存在于西方发达世界里，真正意义上囊括发展中国家和发达国家的全球金融治理体系是在 20 世纪 90 年代中后期发展中世界一系列金融危机爆发后才逐渐形成的。

三、G7 领导的全球金融治理体系（1998—2008 年）

20 世纪 90 年代一系列金融危机使得 G7 领导下的资本主义金融治理体系束手无策。这些金融危机包括 1994—1995 年的墨西哥金融危机、1997—1998 年的亚洲金融危机、1998—1999 年的俄罗斯金融危机、1999—2000 年的巴西金融危机等。在此背景下，建立一个真正涵盖发展中国家和发达国家的全球金融治理体系变得尤为迫切。于是，G7 在 1999 年建立了 20 国集团（G20），以促进发达国家和新兴国家就国际经济和金融问题开展非正式对话。此时的 G20 会议只是由各国央行行长和财政部部长参加的部长级会议，但它标志着非 G7 国家开始逐渐进入全球经济和金融治理的核心圈。同一年，在金融领域，当前全球金融治理体系的一个核心机构金融稳定理事会的前身金融稳定论坛成立。1999 年，美国长期资本管理公司在亚洲金融危机的冲击下宣告破产，并直接催生了旨在维护金融稳定和预防金融危机的金融稳定论坛。在成立之初，金融稳定论坛的会员只限于包括 G7 国家、澳大利亚、中国香港、新加坡、瑞士和荷兰在内的发达经济体和一些国际组织。除了 G20 和金融稳定论坛外，还有一些与全球金融治理相关的国际组织在这一时期成立，包括国际存款保险机构协会（IADI）、国际资本市场协会（ICMA）、国际信贷组合经理人协会（IACPM）、国际养老金监督官协会（IOPS）、国际金融理财标准委员会（FPSB）等。

发展至这一时期，全球金融治理体制逐渐完善，涵盖了银行、保险、证券、会计准则、金融基础设施等各个方面。这一时期建立的重要国际金融准则包括 IMF 分别于 1998 年和 1999 年发布的《财政透明度良好做法守则》和《货币与金融政策透明度良好做法准则》、1998 年国际证监会组织发布的《证券监管的目标与原则》、经济合作与发展组织（OECD）于 1999 年发布的《公司治理准则》、2000 年国际保险监督官协会发布的《保险核心原则》、反洗钱金融行动特别工作组 2001 年提出的 8 项反恐融资建议以及 2004 年正式形成的《40+9 项建议》、2001 年以来国际会计准则理事会相继发布的《国际财务报告准则》、2001 年支付结算体系委员会发布的《重要支付系统核心原则》等。

截至这一时期，当前全球金融治理体系的基本构架已经形成，这一构架是以由主要工业国家组成的G7以及由其所主宰的IMF为核心的，并辅之以G10、G20、金融稳定论坛和上述一系列全球金融治理机构。具体而言，兰德尔·杰曼将这一新治理结构归纳为四大支柱——G7、以IMF为中心的一系列国际金融机构、G20以及金融稳定论坛。①其中，G7和IMF处于核心地位。IMF原本是维护布雷顿森林体系的机构，在后布雷顿森林体系时代，IMF不仅延续了其维护国际货币体系稳定的使命，并将其职能拓展到维护整个金融体系的稳定。在G7时代，IMF的重要地位来源于其资源和能力。在这一时期，IMF是唯一有资源救助陷入金融危机中国家的国际组织，也是唯一有能力对国家执行国际准则进行评估的国际组织。② G7领导下的全球金融治理体系的具体内容是由不同国际组织单独或合作建立的与全球金融治理相关的国际规则。这一体系被描述为"新金融治理结构"(new international financial architecture)。③这一新金融治理结构的全球属性更加明显。这并不意味着独立于主权国家的决策机制和权威的形成，或者全球范围内的所有国家都加入了这一金融治理体系，而是指"国际金融结构中的决策体系变成了真正意义上的政府间（intergovernmental）和组织间（interinstitutional）体系"，即"即使一些国家（尤其是美国、英国和德国）在某些问题上依然拥有否决权，但没有一个国家（或组织）能向整个国际社会发号施令"④。

G7的出现意味着半正式关系在跨国界的金融治理中开始发挥重要的作用。G7并不是一个正式的国际组织，但其成员国就某些问题所达成的共识对全球金融治理行为体产生了事实上的指导作用，甚至行为约束力。一个典型的例子是前面所提到的1995年G7峰会上关于国际金融结构改革的讨论。在此峰会后，来自个人、国际组织、非政府组织的大量结构改革方案被提出，大大推进了全球金融治理的发展。同时，由于国家间和非国家间全球金融治理组织数量增多，正式或非正式的合作也不断增加。例如，1996年，巴塞尔银行监管委员会、国际证监会组织和国际保险监督官协会共同成立了一个联合论坛以应对银行业、证券业和保险业中所出现的共同问题。再如，国际金融协会辅助巴塞尔银行监管委员会制定银行业监管相关规则。

---

①② Germain，Randall. Global Financial Governance and the Problem of Inclusion. Global Governance，2001，7：415.

③ Eichengreen，Barry. *Toward a New International Financial Architecture：A Practical Post-Asia Agenda*. Washington，DC：Institute for International Economics，1999.

④ 同①417.

总结而言，G7 时代的结构核心是 G7 和 IMF。全球金融治理行为体呈现多样化趋势，既有传统的国家间国际组织，又出现了非国家间的国际组织（如国际金融协会、世界交易所联合会、国际会计准则理事会等）。但国家行为体主要局限在先进工业化国家，尤其是 G7 和 G10 国家。全球金融治理行为体间的关系也日趋多样化，既有传统的正式关系，也有基于 G7 的半正式关系，同时还有非正式的合作和交流。这一时期全球金融治理的核心目标发生了转变，从金融自由化逐渐发展为金融危机的预测、预防和治理。一个重要的原因是金融自由化很大程度上导致了上述一系列金融危机，“华盛顿共识”和其主要的实践者（IMF 和世界银行）陷入了合法性和信任危机。到这一时期，金融各个子领域的治理体制日趋完善，当前全球金融治理体系的基本模型已经发展成形。

2.2.3　G20 时代（2009 年至今）

G7 时代建立的全球金融治理体系所存在的问题和不足在 2008 年全球金融危机中暴露无遗。其中最主要的问题是 G7 领导的全球金融治理体系代表性不足，即代表世界经济和金融新生力量的新兴国家被排除在体系核心圈之外。这一问题在 1997 年亚洲金融危机中已经体现出来。G20 部长级会议的诞生就是为了解决这一问题。显然，仅仅部长间的非正式对话还不足以解决这一问题。于是，2009 年 G20 部长级会议升级成为 G20 峰会，G20 也正式取代 G7 成为全球金融治理体系的结构核心。与此同时，金融稳定论坛升级成为金融稳定理事会（FSB），并将新兴国家纳入其会员体系之中。自此，一个以 G20 和 FSB 为结构核心的全球金融治理网状体系形成。这一网状体系中的行为体既包括以前各阶段成立的国际组织，也包括新成立的核心机构以及新加入的新兴国家行为体。这些行为体被归为 7 大类：核心机构（G20 和 FSB）、布雷顿森林机构（IMF 和 WB）、其他政府和非政府间组织、主要和边缘国家或地区以及其他非政府行为体（如跨国企业、智囊机构、公民社会组织、个人等）。这些不同的行为体通过正式、半正式和非正式三种关系联系在一起。这一时期的半正式关系主要表现为 G20 与其他行为体所建立的关系。G20 虽然没有正式的组织构架、会员制度和决策机制，但拥有正式的会员、相对固定的会议机制以及基于协调和共识的决策过程和体系。这三种关系将全球金融治理体系的不同行为体连接起来，共同编织了一个全球金融治理网络。在这个网络中，国际组织（核心机构 G20 和 FSB、布雷顿森林机构、其他政府或非政府组织）在全球金融治理国际规则的制定和实施上起到了决定性作用。这些国际组织遍及银行、证券、保险、会计准则、金融衍生品等各个领域。如表 2－1 所示，这些组织成立于不同时期，逐渐发展演变成当前体系的重要行为体。

在体制上，这一网状体系是由不同具体领域里的规则体系所组成的体制复合体。体制复合体是指在全球金融治理领域内一系列相互关联的体制所形成的一个相对松散的整体。它不是一种故意的制度安排，而是一系列政策选择的结果。①体制复合体包含了若干拥有具体原则、规范、规制和决策程序且共享一些核心目标的子体制。G20 时代全球金融治理体制复合体的核心目标是通过加强金融监管和政策协调维护金融稳定以及预测、预防和治理金融危机。这一核心目标显然不同于 G7 领导下的金融自由化和去监管以及美国霸权时代的维护战后和平和货币体系稳定。具体而言，按照不同的问题领域，当前体制复合体内的具体体制主要包括关于宏观经济政策和信息透明的规则体系、关于金融监管的规则体系（银行、证券、保险等监管规则）、关于市场基础设施和制度建设的规则体系、国际货币体系以及 2008 年金融危机所暴露出的新问题领域里的规则体系，如宏观审慎监管、“大而不能倒”的金融机构监管、系统性风险、影子银行、信用评级、薪酬机制等等。表 2－1 中列举出了不同时期所建立的规则体系，这些规则体系累积发展成了当前的体制复合体。上述网状组织结构和体制复合体共同组成了 G20 时代的全球金融治理体系。第三章将详细论述当前的全球金融治理体系。

除了上述从结构核心的角度进行梳理外，正如表 2－1 所示，全球金融治理的演进还可从另外几个维度进行分析——主要行为体、主体间关系、体制核心目标和体制具体内容。除结构核心外，全球金融治理体系中最重要的行为体便是金融各领域里的国际组织，即全球金融治理机构。全球金融治理几个关键领域里的核心机构的建立和发展可被视为全球金融治理演进的另一个重要指标。这些关键领域包括国际货币体系、银行业、证券业、保险业、金融基础设施等，这些领域里的核心全球金融治理机构的成立推动了全球金融治理朝着更加全面和深入的方向发展，包括货币体制里的 IMF、银行业里的巴塞尔银行监管委员会、“央行的央行”国际清算银行、证券业里的国际证监会组织、保险业里的国际保险监督官协会以及综合性监管机构金融稳定理事会。这些全球金融治理机构的成立和发展呈现出了全球金融治理行为体多元化的趋势。

---

① Keohane, Robert O. and David G. Victor. The Regime Complex for Climate Change, *Perspectives on Politics*, 2011.

表 2-1　二战后全球金融治理体系的演变

阶段		结构核心	主要行为体（新成立的全球金融治理机构）	主体间关系	体制核心目标	体制具体内容
美国霸权时代	布雷顿森林体系下的金融治理（1944—1971年）	美国主导的布雷顿森林机构（IMF、WB）	主要资本主义国家和政府间国际组织（G10、BIS、MC、WFE）	正式关系为主	维护国际货币体系稳定；促进战后世界经济的恢复和发展	以《国际货币基金组织协定》为核心的国际货币体系，以及限制资本流动和鼓励自由贸易的一系列措施和政策
G7 时代	G7 领导的资本主义治理体系（1972—1989年）	以 G7 和 IMF 为核心，辅之以其他布雷顿森林机构和国际机构	G7 国家和政府间国际组织（G7、BCBS、支付系统专家组、CGFS、IOSCO、ICSA、IASC、IFAC、IAPC、IIF、FATF、ISDA）	正式关系为主，半正式关系开始发挥作用，非正式关系增加	维护后布雷顿森林体系时代基于浮动汇率的国际货币体系的稳定；解决以银行业为核心的国际金融问题	牙买加货币体制；IAPC 发布国际审计指导原则；BCBS 的《巴塞尔协议 Ⅰ》；IASC 发布国际会计准则；1989 年支付系统专家组发布净额结算制度报告等
	G7 领导的治理体系全球化（1990—1997年）	以 G7 和 IMF 为核心，辅之以其他国际机构	G7 国家和政府间国际组织（CPSS、IFC、IAIS）		金融全球化和自由化（去监管）	牙买加货币体制；1991 年 IAPC 发布《国际审计准则》；1990 年 FATF 发布《关于洗钱问题的 40 项建议》，1996 年修订；BCBS 对《巴塞尔协议Ⅰ》进行修订和发展；1997 年 IAIS 发布《保险监管核心原则》；IMF 发布数据公布特殊标准和数据公布通用系统
	G7 领导的全球金融治理体系（1998—2008年）	以 G7 和 IMF 为核心，辅之以 G20 部长级会议和金融稳定论坛（FSF）以及不同金融领域的国际规则制定和监管机构。布雷顿森林机构的作用相对减弱	G20 国家、政府间或非政府间国际组织（G20 部长级会议、FSF、IADI、ICMA、IASB、IAASB、IACPM、FPSB、IOPS）	半正式关系为主，正式关系的作用相对衰弱，非正式关系进一步加强	金融自由化趋势衰弱，预测、预防和解决金融危机逐渐成为主要目标	牙买加货币体制；2008 年 IAASB 对《国际审计准则》进行全面修订；1998 年 IMF 发布《财政透明度良好做法守则》，并于 2007 年修订；IMF 分别于 1999 年、2000 年和 2008 年发布《货币与金融政策透明度良好做法准则》《货币与金融统计手册》《货币与金融统计编制指南》；1999 年 OECD 发布《公司治理准则》，并于 2004 年修订；2001 年 FATF 提出 8 项反恐融资建议，2004 年正式形成了“40+9 项建议”；2005 年 OECD 发布《破产和债权人权利标准》；BCBS 发布《巴塞尔协议Ⅱ》；2000 年 IAIS 发布第一版《保险核心原则》，2003 年第一次修订；1998 年 IOSCO 发布《证券监管的目标与原则》；2001 年以来 IASB 发布《国际财务报告准则》；2001 年 CPSS 发布《重要支付系统核心原则》
G20 时代	网状体系（2009 年至今）	以 G20 和 FSB 为核心的网状体系	G20 国家、政府间或非政府间国际组织、非国家行为体（G20、FSB）		维护国际金融体系的稳定，预测、预防和解决金融危机	体制复合体。具体体制主要包括关于宏观经济政策和信息透明的规则体系、关于金融监管的规则体系、关于市场基础设施和制度建设的规则体系、国际货币体系以及 2008 年金融危机所暴露出的新问题领域里的规则体系等等

体制核心目标是全球金融治理体系演进的另一个重要评价指标。按照此指标，全球金融治理的演进可被划分为四个阶段：国际货币体制监管期（1944 年至 20 世纪 70 年代初）、国际银行业监管期（20 世纪 70 年代初至 20 世纪 80 年代末）、金融全球化和自由化时期（20 世纪 80 年代末至 1997 年）、全面监管期（1998 年至今）。在布雷顿森林体系下，全球金融治理体制的核心是以美元为中心的国际货币体制，其核心目标是维护国际货币体系的稳定和促进战后世界经济的恢复与发展，其具体内容是以《国际货币基金组织协定》为基础的国际货币规则体系，以及限制资本流动的措施和政策。布雷顿森林体系瓦解后，国际资本流动的限制减少，银行业国际监管开始加强。20 世纪 60—70 年代，欧洲美元市场的发展和银行业的国际化浪潮加速了资本的国际流动，资本跨国流动的限制已不再是全球金融治理的主要内容，银行业国际监管开始成为一个重要议题，与银行业监管和资本国际流动相关的重要国际规则在这一时期开始形成，包括巴塞尔银行监管委员会制定的《巴塞尔协议》、国际会计准则委员会发布的一系列国际会计准则等。因此，全球金融治理体制的核心目标转变成维护基于浮动汇率的国际金融体系的稳定以及解决以银行业为核心的国际金融问题。20 世纪 70 年代初，随着国际资本流动和跨国公司的发展以及新自由主义的兴起，金融自由化开始成为国际金融发展的一个趋势，以资本账户开放和去监管为核心内容的金融自由化成为全球金融治理体制的核心目标。1997 年亚洲金融危机和 2008 年金融危机的爆发促使全球金融治理体制的核心目标再次转变，从金融自由化逐渐发展为维护国际金融体系的稳定，预测、预防和解决金融危机。

从体制具体内容而言，全球金融治理体系的演进经历了以国家为对象的货币体制监管、以单个金融机构为对象的微观审慎监管和以金融体系为对象的宏观审慎监管。在布雷顿森林体系下，国际货币体制监管的对象是成员国家或经济体，国际金融体系的稳定被认为直接由国家间汇率制度的协调所决定。随着国际金融的蓬勃发展，银行、保险、证券等金融机构逐渐国际化，金融监管逐渐转向单个金融机构，具体的监管规则涉及银行、保险、证券、金融基础设施等诸多方面（见表 2-1）。2008 年金融危机的一个重要教训是，针对单个金融机构的微观审慎监管无法确保系统性安全，或无法预防和解决系统性风险。因此，在后危机时代，除了继续强化微观审慎监管，即针对单个金融机构的风险监测和监管，全球金融治理开始更多地关注将金融体系作为一个整体的宏观审慎监管，即针对金融体系系统性风险的监测和监管，并已逐步建立了一个宏观审慎政策框架。①第五章将详细讨论宏观审慎监管。

2.3 全球金融治理体系演变的特征

上述全球金融治理体系自 20 世纪 40 年代以来的演变体现了美国霸权分散、危机促进性、滞后性、制度路径依赖性和累积发展性等特征。

全球金融治理体系的演进呈现出了一个美国霸权分散的长期趋势。在布雷顿森林体系下，美国凭借超强实力成为全球金融治理体系的核心。在 G7 时代，美国在全球金融治理中的霸权地位表面上被布雷顿森林体系的瓦解和全球金融治理中不断增多的行为体所削弱，但实质上，这一阶段是美国霸权的延续，只是霸权的表达更多地借助其主宰的 G7 和 IMF。这两大组织的核心依然是由美国领导的，主要全球金融治理机构是由 G7 等先进工业化国家或这些国家里的非国家行为体所发起成立和主导的。在国际货币体系方面，虽然美元不再是国际条约所认可的国际货币，但是，美元作为国际货币的地位并未被实质性地削弱，更不用说取代②，事实上，在后布雷顿森林时期，美国没有了美元作为国际货币所应承担的国际责任，但仍然拥有美元“嚣张的特权”③。

在 G20 时期，美国在全球金融治理中的霸权开始分散，主要表现在以下几个方面。第一，这一时期全球金融治理的结构核心变成了 G20 和 FSB，它们不再如 G7 和 IMF 一样受美国控制，或控制程度大大减弱，它们加入了一些新兴力量，尤其是以中国为代表的新兴经济体。一些学者甚至认为，后危机时代全球金融治理的核心是 G2——中国和美国。④第二，主要全球金融治理机构的权力结构发生了变化，美国的发言权在一定程度

---

① FSB-IMF-BIS. *Macroprudential Policy Tools and Frameworks: Update to G20 Finance Ministers and Central Bank Governors*. February 14，2011.

② Kirshner，Jonathan. Same as It Ever Was? Continuity and Change in the International Monetary System. *Review of International Political Economy*，2014，21：1007－1016；Norrlof，Carla. Dollar Hegemony：A Power Analysis. *Review of International Political Economy*，2014，2：1042－1070.

③ Eichengreen，Barry. *Exorbitant Privilege：The Rise and Fall of the Dollar and the Future of the International Monetary System*. Oxford：Oxford University Press，2012.

④ Garrett，Geoffrey. G2 in G20：China，the United States and the World after the Global Financial Crisis. *Global Policy*，2009，1（1）：29－39.

上被削弱。例如，新兴经济体在 IMF 和世界银行中的投票权份额增加；国际清算银行体系内的一系列国际组织扩充会员，将新兴经济体纳入其中。第三，之前体系中美国主导建立的维护货币体系稳定和金融自由化的体制核心目标在 G20 时代彻底被金融体系安全和稳定的体制核心目标所取代，而维护国际金融体系的安全和稳定更加需要国家间的合作和让步，而非霸权安排。第四，美国主导的国际货币体系所存在的问题被视为 2008 年金融危机的重要原因，美元“嚣张的特权”愈发受到新兴国家的挑战。例如，时任中国人民银行行长的周小川在危机后呼吁创立一种超主权储备货币以及人民币随之加速的国际化就是这种挑战的一个缩影。但是，霸权分散不等于霸权丧失，美国在当前全球金融治理体系下依然拥有其他国家无法匹敌的权力，只是这种霸权正处于弱化的趋势中。

危机促进性是指全球金融治理体系是在应对金融和经济危机的背景下不断改变和发展的。1929—1933 年的经济大萧条和两次世界大战对经济的破坏催生了战后的布雷顿森林体系。20 世纪 70 年代初美国经济动荡导致了布雷顿森林体系的瓦解，G7 及其领导的全球经济和金融治理体系应运而生。1991 年苏联解体和“冷战”结束迎来了一个真正全球化的世界经济，并为一个真正全球性的金融治理体系打下坚实的基础。90 年代的一系列金融危机，尤其是 1997 年亚洲金融危机，最终将新兴国家带入了金融治理的世界舞台。2008 年的全球金融危机为以中国为代表的新兴国家进入全球金融治理体系核心圈创造了契机。

这种危机促进性反映了全球金融治理体系演变的另外两个特征——滞后性（缺乏前瞻性）和制度路径依赖性。滞后性是指全球金融治理体系的发展往往都滞后于全球经济和金融的发展。换言之，全球金融治理体系无法及时反映国际经济和金融的发展变化，更无法据此做出具有前瞻性的调整和改革。这种滞后性从某种程度上而言正是金融危机爆发的原因。例如，2008 年金融危机的一个主要原因便是滞后的全球金融监管体系无力对快速发展的国际金融进行有效的监管。这一滞后性的一个重要原因是制度路径依赖性，即某种制度或体系一旦形成便会产生朝着固定方向发展的惯性，其发展路径不易被改变。滞后性和制度路径依赖性很好地解释了全球金融治理体系的危机促进性。制度路径依赖性是滞后性的直接原因，滞后性在很大程度上是金融危机爆发的主要原因，而根据制度主义理论，金融危机作为一种主要的外部冲击（exogenous shock），是导致制度变化的主要原因。正因如此，全球金融治理体系的演变过程才体现出“危机—制度变迁—稳定（均衡）—滞后—危机”的循环过程（如图 2-2 所示）。

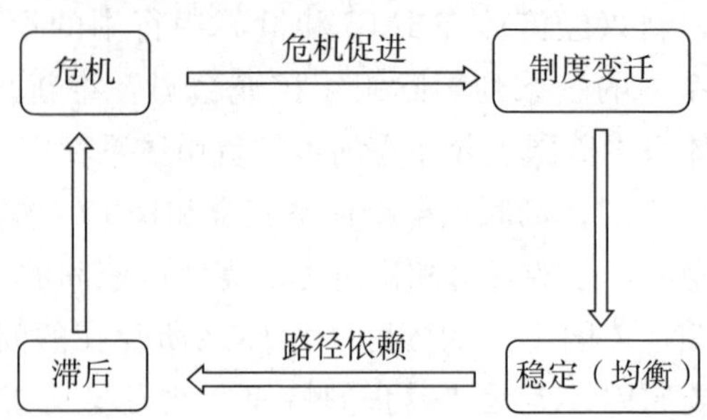

图 2-2 危机循环

全球金融治理体系的发展还表现出了累积发展性的特征。所谓累积发展性是指全球金融治理体系的变迁并不是简单的新体系取代旧体系的过程，而是存在累积效应。如上所述，全球金融治理在不同阶段里无论是组织结构还是体制都存在差异，当前体系是不同组织结构和体制在不同阶段的发展累积所形成的。这种累积发展表现为单个行为体或体制自身的演进、行为体间关系的发展以及不同体制间互动或联系的增加。行为体的发展变化主要表现在数量和多样性的增加上。从最初的美国独大到 G7 国家再到 G20 国家，越来越多的国家和地区加入了全球金融治理核心圈之中。此外，非国家行为体在全球金融治理中的作用愈发明显。例如，跨国企业凭借其物质、人力和政治资源对全球金融治理主要行为体进行游说；智囊机构提供专业技术支持和咨询。这些非国家行为体的作用被总结为私人权威和技术权威。①这两种权威与传统国家和国际组织的公共权威一起组成了全球金融治理体系中的权力来源。另外，作为全球金融治理体系中最重要的行为体，全球金融治理机构的数量不断增加（见表 2-1），其组织结构、会员和使命不断发展变化。例如，国际清算银行在成立之初是为了处理德国的战争赔款，在布雷顿森林体系下成了主要资本主义国家的结算机构，在后布雷顿森林时期发展成了央行的银行。后 2008 年金融危机时期，IMF 和世界银行的改革是全球金融治理体系改革的重要内容，其权力结构、使命和治理结构都发生了较大变化。再如，大多数国际组织的会员都会随着世界经济结构的变化而变化，但总体趋势是会员数量不断增加，会员的代表性不断增强，且大多数国际组织并没有会员退出机制。又如，国际审计与鉴证准则理事会（IAASB）、国际会计师联合会（IFAC）、国际会计准则理事会（IASB）等国际组织都是经过不同的重组过程而发展起

① Porter, Tony. Private Authority, Technical Authority, and the Globalization of Accounting Standards. *Business and Politics*, 2005, 7 (3): 1-30.

来的，其前身分别是国际审计实务委员会（IAPC）、国际会计职业协调委员会（ICCAP）和国际会计准则委员会（IASC）。

不同领域里的国际体制也在不断演变发展，并呈现出累积发展态势。银行业监管体制的发展就是一个很好的例子。随着银行业的发展和相应监管机构对信用风险、市场风险、操作风险以及系统性风险认识程度的加深，银行业监管也从1988年正式发布的《巴塞尔协议Ⅰ》发展到了当前的《巴塞尔协议Ⅲ》。不同领域里的国际组织制定出其领域内的不同规则体系，并随着金融和经济的发展而对其进行修订，如经济合作与发展组织于2004年对其1999年发布的《公司治理准则》进行修订，国际保险监督官协会于2015年对其2000年发布的《保险核心原则》进行修订等等。如表2-1所示，在不同阶段里发布并修订的不同规则体系共同累积发展成了当前全球金融治理体系下的体制复合体。

最后，主要行为体间的关系不断多样化和复杂化。在美国霸权时期，全球金融治理体系中的行为体主要是国家和政府间国际组织，因此行为体间的关系以正式关系为主。G7和G20的成立创造了一种半正式关系。随着行为体的数量和多样性的增加，行为体间的非正式合作和交流也增加了。制度主义对制度互动（institutional interplay）和体制互动（regime interplay）的研究很好地囊括了这些正式、半正式和非正式关系。第三章对全球金融治理体系现状的分析将详细讨论全球金融治理体系中的制度和体制互动。

总而言之，全球金融治理体系的形成不是一蹴而就的，它体现出了阶段性和累积发展性。本章对全球金融治理体系经验和研究起源的分析清晰地呈现了全球金融治理作为一个经验事实和学术领域的演变历程及演变特征。在关于全球治理的讨论中，正如劳伦斯·芬克尔斯坦（Lawrence Finkelstein）所观察的那样，全球治理的定义过于模糊，几乎涵盖了一切。[①]本书试图从偏物质性的组织结构和偏观念性的体制出发定义全球金融治理体系，并因此提供了观察全球金融治理体系发展的两个重要维度以及五个具体方面——结构核心、主要行为体、行为体间关系、体制核心目标、体制具体内容。从结构核心出发，本章将全球金融治理的发展过程分为三个大的阶段——美国霸权时代（1944—1971年）、G7时代（1972—2008年）和G20时代（2009年至今）。每个阶段的行为体及其关系、体制

① Finkelstein, Lawrence S. What Is Global Governance?. *Global Governance*, 1995, 1: 368.

核心目标以及体制具体内容都不尽相同，但是保持了一定程度的延续性和很大程度的累积性。划分阶段的目的是更清晰地梳理全球金融治理的演进和发展，并为后文研究中国在全球金融治理体系中的地位和角色的变化提供标准和依据。

第二部分　全球金融治理体系：历史与现状

第三章　全球金融治理体系的现状分析

如第二章中所述，全球金融治理体系的形成和变迁过程体现出了危机促进性特征。1929—1933 年的经济大萧条和第二次世界大战催生了以美国和美元为中心的布雷顿森林体系。20 世纪 70 年代的石油危机和美国经济滞胀促成了以 G7 和传统布雷顿森林机构（IMF、世界银行、关税与贸易总协定）共同掌舵国际金融体系的局面。20 世纪末，一系列的地区和国家经济金融危机最终塑造了当前全球金融治理体系的雏形——新国际金融结构（new international financial architecture）①。这些危机包括 1994—1995 年墨西哥金融危机、1997—1998 年亚洲金融危机以及 2001 年阿根廷金融危机等。这一新结构依然由 G7 主导，但出现了一些新的力量（新兴国家）和新的机构（G20 和 FSB）。2008 年爆发的全球金融危机再一次促进了全球金融治理体系的改革。当前的全球金融治理体系正是为应对 2008 年全球金融危机，并在“新国际金融结构”的基础上发展而来的。这一新体系是如何架构起来的，具体的行为体和体系结构是什么，体现了哪些特征，以及存在什么问题？如何解释全球金融治理体系的变迁？本章将运用上一章所提出的分析框架探寻这些问题的答案。

3.1　全球金融治理体系网状结构

2008 年的全球金融危机暴露了之前全球金融治理体系的缺陷，并由此激发了一系列的变化和改革。从宏观的金融监管体系角度而言，变化表现在三个主要方面：国际金融监管范围的扩展、碎片化的国际金融监管体

---

① Eichengreen, Barry. *Toward a New International Financial Architecture: A Practical Post-Asia Agenda*. Washington, DC: Institute for International Economics, 1999.

系里合作的增加，以及部分监督和监管的责任向私人市场行为体的转移。①从治理结构的角度而言，变化同样表现在三个主要方面。第一，G20财长与央行行长会议升级成为G20领导人峰会，并在2009年9月的G20匹兹堡金融峰会上正式取代G7，成为国际经济合作的主要论坛。第二，在2009年G20伦敦金融峰会上，金融稳定论坛正式升级为金融稳定理事会。第三，与国际金融治理相关的政府间和非政府间组织也发生了一系列的调整和改革。例如，IMF和世界银行根据世界经济实力的变化对其配额和投票权进行调整，给予了新兴国家更多的发言权。更为重要的是，这些组织成为G20和FSB的会员，在一定程度上让渡了全球金融治理的决策权。由此，一个网状治理结构逐渐形成。如图3-1所示，此网状治理结构由结点和连接线组成。结点是指全球金融治理体系中的主要行为体，而连接线是指这些行为体之间的关系。

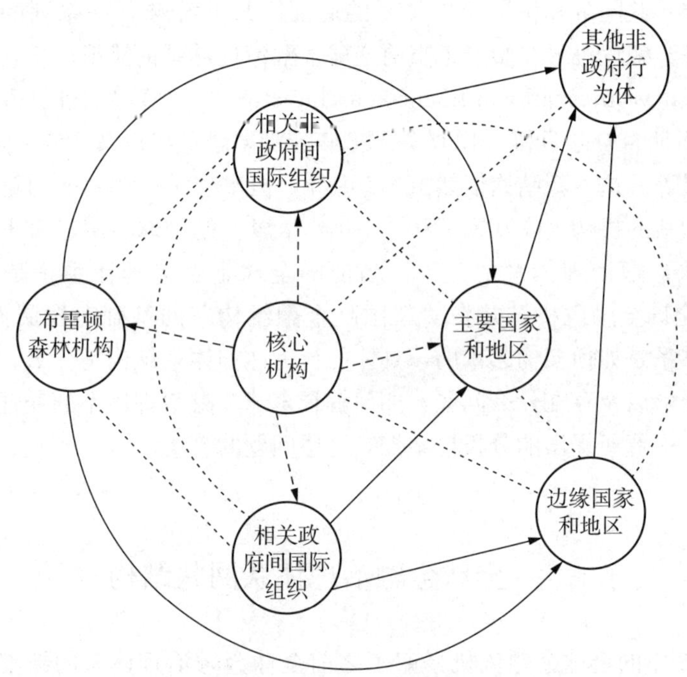

图3-1 网状组织结构

① Helleiner, Eric and Stefano Pagliari. Crisis and the Reform of International Financial Regulation. In E. Helleiner, S. Pagliari and H. Zimmermann. *Global Finance in Crisis: The Politics of International Regulatory Change*. London and New York: Routledge, 2009.

3.1.1 结点：行为体多元化

网状治理结构中有七类主要的行为体（或结点）：核心机构、布雷顿森林机构、主要国家和地区、相关政府间国际组织、相关非政府间国际组织、边缘国家和地区、其他非政府行为体。此网状治理结构的核心机构是G20和FSB。1997年亚洲金融危机后，G20财长和央行行长会议成立的初衷是协调传统国家和新兴国家在稳定国际金融市场上的作用和作为。但是，这一时期的主导力量依然是G7。2008年的金融危机一方面显示出G7主导的全球金融治理体系漏洞百出，亟须调整，另一方面更加凸显了新兴经济体在危机治理和经济恢复上不可或缺的作用。因此，作为传统经济体和新兴经济体协商沟通的最重要论坛，G20必然成为全球金融治理的核心。G20的工作机理是通过主要国家和国际组织间的沟通和协商，确定国际金融和经济治理的方向、议题及具体举措。但是，G20只是一个非正式的论坛，没有常设秘书处和工作人员，因此其决策和共识需要执行者。FSB便是G20在金融治理领域里最重要的执行者之一。[①] FSB的主要职责可以概括为国际金融体系脆弱性评估、国家和相关国际组织间政策协调、金融治理规则实施情况的监督和评估等，具体的问题领域涉及影子银行、银行业、系统重要性金融机构、金融衍生品市场、信用评级机构等各个方面。例如，在2009年伦敦峰会上，G20呼吁FSB建立一套促进相关金融标准和规则实施与国家间合作的政策工具。应此呼吁，2010年初FSB发布了《合作和信息交换倡议书》。再如，应G20 2011年峰会的要求，FSB对会议国金融标准和规则的实施情况进行了年度评估。

布雷顿森林机构包括IMF、世界银行以及WTO。顾名思义，这些机构是在布雷顿森林体系下成立并治理全球经济和金融的主要组织。它们都是政府间国际组织，都有既定的组织结构和广泛的会员，其主要区别在于专业分工不同。IMF主要关注货币和汇率问题，世界银行致力于国家的发展，尤其是贫困国家，WTO聚焦于国际贸易。其中，IMF在全球金融治理体系中有更加重要的作用。在布雷顿森林体系和G7领导的全球金融治理体系下，IMF一度是全球金融治理最重要的力量。然而，随着一系列问题的显现，IMF陷入了信任和合法性危机之中。这些问题包括其全球经济调控能力的缺乏、领导体制的缺陷、决策机制的问题、预警能力和监管能

---

① 其他领域的执行者还包括负责研究贸易问题的世界贸易组织（WTO）和经济合作与发展组织（OECD）、负责研究就业相关问题的国际劳工组织（ILO）等。详见金中夏，等.中国与G20：全球经济治理的高端博弈. 北京：中国经济出版社，2014。

力的不足以及其“旧规则”与“新经济”的脱轨等。[①]在当前体系下，IMF一方面通过列席G20会议和作为FSB的正式会员参与其中，另一方面不断推进自身的改革以规避潜在的被边缘化危机。

主要国家和地区包括G20和FSB中的25个会员国家和地区（见表3-1）。它们可以大致被分为传统强国和地区（G7国家和欧盟）、新兴工业化国家和地区（如中国、印度、巴西等）以及地缘大国（如澳大利亚和沙特阿拉伯等）。这些经济体通过单边、双边、小多边和多边等方式加入全球金融治理之中。单边方式是指国家和地区内部的金融政策和监管体系，如美国量化宽松的货币政策和以《多德-弗兰克法案》为核心的金融监管改革。这些政策和体系可能对全球金融产生负面或正面的溢出效应。双边方式是指主要国家和地区间的金融监管合作。例如，2014年中美两国签署了金融信息共享协议。再如，中国银行业监督管理委员会（银监会）与27个“一带一路”国家签署了双边金融监管合作谅解备忘录或合作换文。小多边（minilateralism）方式是当前全球金融治理的主流方式。所谓小多边是指“少数有相似想法的国家结成同盟实现共同利益或者建立它们都接受的规则体系”[②]。G20就是一个典型的小多边论坛。在2008年金融危机期间，G20会员拒绝联合国加入G20全球经济治理机制之中就是小规模多边主义的表现。[③]另外，巴塞尔银行监管委员会是另一个小规模多边主义实例。尽管很多经济体都接受了《巴塞尔协议Ⅲ》，但该协议的制定者是巴塞尔银行监管委员会的27个会员。除了G20以外，中国还参加了至少两个小多边论坛：金砖国家论坛和东盟。[④]多边方式是全球治理的传统方式。根据约翰·鲁杰的定义，多边主义是“一种在广义的行动原则基础上协调三个或者更多国家之间关系的制度形式”[⑤]。WTO、联合国、IMF和世界银行等组织都是在多边主义基础上建立起来的。在当前全球金融治理体系里，小规模多边主义正在不断地改变传统的多边主义全球金融治理格局。

---

① 崔建军，常天．IMF改革困境与中国的现实选择．当代经济科学，2013，35（3）：23-27.

② 寺田贵，王雅琦．中国的全球金融抱负：小多边框架．国际经济评论，2014（1）：166-168.

③ Knaack，Peter. Innovation and Deadlock in Global Financial Governance：Transatlantic Coordination Failure in OTC Derivatives Regulation. *Review of International Political Economy*，2015，22（6）：1217-1248.

④ 同②.

⑤ 约翰·鲁杰．多边主义．苏长和，等，译．杭州：浙江人民出版社，2002：12.

表 3-1　国际金融治理体系中的七类主要行为体

核心机构	G20 和 FSB
布雷顿森林机构	国际货币基金（IMF）、世界银行（WB）、世界贸易组织（WTO）
主要国家和地区	G20 会员：美国、日本、德国、法国、英国、意大利、加拿大、俄罗斯、欧盟、澳大利亚、中国、南非、阿根廷、巴西、印度、印度尼西亚、墨西哥、沙特阿拉伯、土耳其、韩国 除 G20 会员以外的 FSB 会员：西班牙、中国香港、新加坡、荷兰、瑞士
相关政府间国际组织	联合国（UN）、国际清算银行（BIS）、巴塞尔银行监管委员会（BCBS）、全球金融体系委员会（CGFS）、支付与市场基础设施委员会（CPMI）、市场委员会（MC）、中央银行治理论坛（Central Bank Governance Forum，CBGF）、欧文·费雪中央银行统计委员会（IFC）、国际保险监督官协会（IAIS）、国际证监会组织（IOSCO）、欧洲央行（ECB）、欧盟委员会（EC）、经济合作与发展组织（OECD）、反洗钱金融行动特别工作组（FATF）
相关非政府间国际组织	国际会计准则理事会（IASB）、国际会计师联合会（IFAC）、国际金融协会（IIF）、全球金融市场协会（GFMA）、世界交易所联合会（WFE）、国际掉期与衍生工具协会（ISDA）、国际资本市场协会（ICMA）、国际金融理财标准委员会（FPSB）等
边缘国家和地区	主要国家和地区以外的国家和地区
其他非政府行为体	跨国企业、金融机构、智囊机构、商业组织、公民社会组织以及个人等

与金融监管相关的政府和非政府间国际组织在具体监管规则的制定和实施上起到了主导作用。主要的相关政府间国际组织包括巴塞尔银行监管委员会、国际保险监督官协会、国际证监会组织、国际清算银行等。相关非政府间国际组织主要是各种行业协会或行业标准制定机构，如国际金融协会、世界证券交易所联合会、全球金融市场协会和国际会计准则理事会等。相关政府间国际组织的权力和合法性主要来源于会员国家和地区部分金融监管权力的让渡，而相关非政府间国际组织的权力和合法性主要来源于其在特定领域里的技术专长和市场力量，前者是公共权威（public authority），后者是技术权威（technical authority）和私人权威（private authority)。[①]

边缘国家和地区是指被排除在 G20 和 FSB 会员之外的国家和地区。这些经济体无论是在经济总量还是地缘政治重要性等方面都无法和前述的主要国家和地区相媲美。因此，它们参与全球金融治理的方式主要有三种。第一，被动接受关于金融监管的国际规则，成为国际规则的忠实践行者。对于大多数中小发展中国家而言，违背大国间磋商形成的国际规则或自行制定替代性规则的成本太高，且无法确保经济体内部金融稳定。第二，通过传统的多边机构表达诉求。大多数的中小发展中经济体都被排除在全球金融治理的小多边权力核心之外，但是它们依然是传统多边机构的会员，并可以通过其有限的投票权表达需求和意见。但是，这种方式的作用微乎其微，因为如 IMF 等主要多边机构的份额和投票权都是被主要大国和地区所控制。第三种较为有效的方式是通过其他地区性或国际性组织确保国家金融安全和提高影响力，如非洲联盟、东南亚国家联盟、非洲发展新伙伴计划、独立国家联合体以及全球治理集团（Global Governance Group，3G）等。每年的 G20 轮值主席国都会邀请这些组织当年的主席国参加 G20 峰会。例如，2015 年，土耳其邀请了津巴布韦、塞内加尔、阿塞拜疆、马来西亚和新加坡等参加安塔利亚峰会，讨论世界经济形势、包容性增长等诸多议题。

其他非政府行为体主要包括跨国企业、金融机构、智囊机构、商业组织、公民社会组织以及个人等。与相关非政府间国际组织类似，这些非政府行为体凭借其私人权威和技术权威参与全球金融治理。私人权威来源于这些行为体的物质资源、人力资源和政治资源，而技术权威来源于其专业技术资源。金融领域里的跨国企业，尤其是具有系统重要性的国际金融机构，凭借着私人权威游说和影响主要国家的金融监管机构。在国际层面，这些金融机构或者凭借其技术权威直接参与或影响，或者通过其所控制的行业协会间接参与或影响国际金融规则的制定。例如，作为银行业监管最为重要的国际规则，《巴塞尔协议Ⅱ》就是由主要国际金融机构所控制的国际金融协会起草的。这种国际金融机构在国内和国际层面通过直接或间接的方式影响金融监管和治理规则的现象被描述为“多层次规制俘虏”

① Porter, Tony. Private Authority, Technical Authority, and the Globalization of Accounting Standards. *Business and Politics*, 2005, 7 (3): 1-30.

(multilevel regulatory capture)。[①]一些智囊机构同样凭借其技术权威参与国际金融治理。例如，以澳大利亚罗伊国际政策研究所为代表的一些智库为 2014 年布里斯班峰会提供咨询和建议。中国社会科学院世界经济与政治研究所、上海国际问题研究院与中国人民大学重阳金融研究院等智库机构参与到了中国 2016 年杭州峰会的准备之中。另外，与 G20 领导人峰会配套的还有一系列其他非政府行为体参与的峰会，包括工商界（B20）峰会、智库（T20）峰会、青年（Y20）峰会、劳工（L20）峰会、公民社会（C20）峰会、妇女（W20）峰会等。另外，一些不代表国家和国际组织的个人也参与到全球金融治理体系中。例如，中国的张为国教授通过国际会计准则理事会成员的身份参与了国际会计规则的制定。

3.1.2 连接线：行为体间关系复杂化

这些不同结点间的连接线盘根错节、错综复杂（见图 3-1），代表着各行为体间的复杂关系。这些复杂的关系可以被归为三类：正式关系、半正式关系和非正式关系。正式关系是指被高度制度化的关系。在国内层面，这种制度化的高度结晶是法律和公共权威。国家内部的各种行为体，包括政府和非政府部门，通过宪法、法律、法规和惯例被组织在一起。国际社会和国内社会最大的不同是公共权威的缺失。因此，在国际层面，正式关系指的是基于国际法、国家间协议或共识而建立起来的，有严格组织构架、会员制度、决策体系以及相对约束力、强迫性和补偿性的关系。在全球金融治理体系里，国内的正式关系主要是指政府金融监管部门间平行或垂直的行政关系以及政府监管部门和被监管者之间的关系。以中国为例，中国的金融监管体系是“一行二会”的分业监管模式。当前国际上典型的监管模式还包括机构监管、功能监管、综合监管和双峰监管等。[②]在图 3-1 中，（主要和边缘）国家和地区与国内其他非政府行为体间的实线箭头代表的是国家内部监管者与被监管者以及其他非金融市场行为体间的关系。箭头的方向代表了监管规则从制定者向接受者的实施方向。

在国际层面，最主要的正式关系是国际金融监管机构通过国际条约、会员制度、组织构架和决策机制与其会员间所建立的制度化的关系。这种

① Baker, Andrew. Restraining Regulatory Capture? Anglo-America, Crisis Politics and Trajectories of Change in Global Financial Governance. *International Affairs*, 2010, 86 (3): 647-663.

② 黄梅波，范修礼．金融监管模式的国际比较：五国案例分析．福建论坛：人文社会科学版，2010（12）：10-16.

会员关系意味着国际组织的规则对会员行为的约束，以及会员对国际组织所承诺和承担的责任和义务。例如，IMF 目前有 188 个会员，这些会员通过 IMF 的配额和投票权分配体系以及决策体系被组织在一起。会员的配额数量决定了会费、投票权、接受资金援助的数量等。IMF 的决策采取加权投票表决制，由会员相等的基本投票权和依据配额多少调整的加权投票权两部分组成。诸如 IMF、WTO、世界银行等国际组织的会员是以国家和地区为单位的，而另一些相关政府间国际组织则是以国家特定部门为会员单位的。例如国际清算银行的会员是 60 个国家和地区的中央银行或货币当局；国际保险监督官协会的会员是国家的保险监管组织；国际证监会组织的会员是各国的证券监管机构。图 3－1 中布雷顿森林机构与（主要或边缘）国家和地区间的实线箭头代表的就是这种正式的会员关系。

除了这些相关政府间国际组织外，相关非政府间国际组织也与相关的非政府行为体建立了基于特定会员和决策机制的正式关系。例如，国际会计准则理事会是由 14 名行业内的专家组成的，包括中国的张为国教授。国际金融协会的会员来自 70 多个国家的主要金融机构，包括商业银行、保险公司、金融投资机构、养老基金等。国际金融理财标准委员会的成员来自 26 个国家和地区致力于发展、促进和执行国际统一金融理财标准的非营利组织。图 3－1 中相关非政府间国际组织和其他非政府行为体间的实线箭头代表了这种正式关系。这种正式关系同样还体现在国际组织之间。例如，FSB 的会员既包括来自 25 个国家和地区的 54 个金融监管机构，也包括 4 个国际金融监管机构和 6 个国际金融规则制定机构。

非正式关系是指没有通过国际条约、会员制度、组织构架和决策机制被制度化的关系。在全球金融治理体系中，行为体间的非正式关系主要存在于国际组织和非会员之间以及国际组织之间。从正式的组织构架和决策机制而言，非会员行为体在国际金融监管机构中既不承担任何的责任和成本，也不享有任何权力和利益。但事实上，两者之间依然产生各种非正式关系，如金融机构对监管组织的规制俘获、非成员国家对相关金融监管规制的借鉴或全盘接受、与金融监管和市场相关的信息共享、金融监管组织向非会员主体的技术和政策咨询等。国际组织间的非正式关系主要是指政策协调和合作、人才流动、信息共享和政策咨询，其中国际组织间非制度化的合作尤为突出。例如，FSB 在中央对手方（central counterparty）政策评估方面同支付与市场基础设施委员会和国际证监会组织进行合作，在宏观审慎政策方面与 IMF 和国际清算银行进行合作，在保险行业薪酬政策方面与国际保险监督官协会进行合作。图 3－1 中的无箭头虚线代表的就是这种非正式关系。

当前全球金融治理体系的一个创新是一种以 G20 为核心的半正式关系。不同于传统国际组织，G20 没有正式的组织构架、会员制度和决策机制。但是，G20 也并非完全非正式，因为它拥有正式的会员、相对固定的会议机制以及基于协调和共识的决策过程和体系。凭借于此，G20 成为主要国家和国际组织意见交流和政策协调的平台。一方面，这种半正式关系比传统的正式关系在应对金融危机和市场动荡上更加灵活和迅捷，因为它摆脱了国内政治程序的冗繁（尤其是相关国家的立法程序）以及传统国际组织决策过程的低效。另一方面，它比上述非正式关系更加具有合法性和有效性。因为 G20 虽然只是一个论坛，但主要国家领导间所达成的共识对国家和国际组织产生了一种潜在的行为约束和政策方向指导。在历届峰会上，G20 都会呼吁或要求相关国家和国际组织采取相应的措施应对峰会上所达成共识的问题。相对于传统国际组织制度化的决策体系，这种呼吁或要求更加缺乏国际法意义上的合法性和约束力。但是，相关国家和国际组织依然会积极响应，并通过一种非正式的汇报机制向 G20 反馈。因此，G20 与全球金融治理体系中的其他政府或非政府行为体形成了一种基于事实汇报机制的指导与被指导的半正式关系。图 3-1 中的虚线箭头表示的就是这种半正式关系。G20 的这种政治性功能是上述正式和非正式关系所无法比拟的。例如，在 2009 年匹兹堡峰会上，G20 要求财长们同 IMF 和 FSB 一起继续制定合作与协调的撤出战略，要求反洗钱金融行动特别工作组通过加强客户身份尽职审查、实际收益人和透明度标准，在查明、遏制腐败所得方面提供帮助，呼吁成员财长和央行行长启动一个合作性的互相评估过程，呼吁国际会计准则机构制定一套全球统一的会计准则。这些呼吁和要求都得到了相关行为体的积极响应，如前面所提到的 FSB 对 G20 相关要求和呼吁的积极行动和成果。

当前全球金融治理结构可以概括为七类不同行为体通过三种不同关系而结合在一起的网状体系。图 3-1 是对这一网状体系的抽象和简化描述。具体到主要行为体及其之间的关系，这一网状体系更加复杂。图 3-2 更加详尽地描述了全球金融治理体系中主要行为体间的关系。图 3-2 中的实线箭头代表了上述正式及/或半正式关系，主要表现为正式会员关系、事实上的汇报制度以及组织构架上的联系。正式会员关系是此网络体系中最为普遍的一种正式关系。如图 3-2 所示，几乎所有国际组织都有会员，这些会员包括国家和地区、中央银行、金融行业监管机构、金融机构和个人等。组织构架上的联系是指不同国际组织在组织机构上的共享、重合或互动。例如，国际清算银行的组织构架不仅要完成其章程中所列明的使命，同时还为其他六个国际组织提供秘书处服务。反洗钱金融行动特别工作组（FATF）的秘书处设在OECD总部。这种会员关系和组织构架上的联系在传统金融治理体系中已经存在。G20和FSB的出现和发展将传统的、较为分散的全球金融治理体系串联起来，形成了一个网络。FSB是通过其正式的会员制度和组织构架，而G20则是通过其政治领导力和主要国际组织与其所形成的事实上的汇报机制，即上文所指的半正式关系。虚线箭头代表非正式的合作关系。值得注意的是，图3-2反映的主要是正式和半正式关系以及少数较重要行为体间的非正式关系。

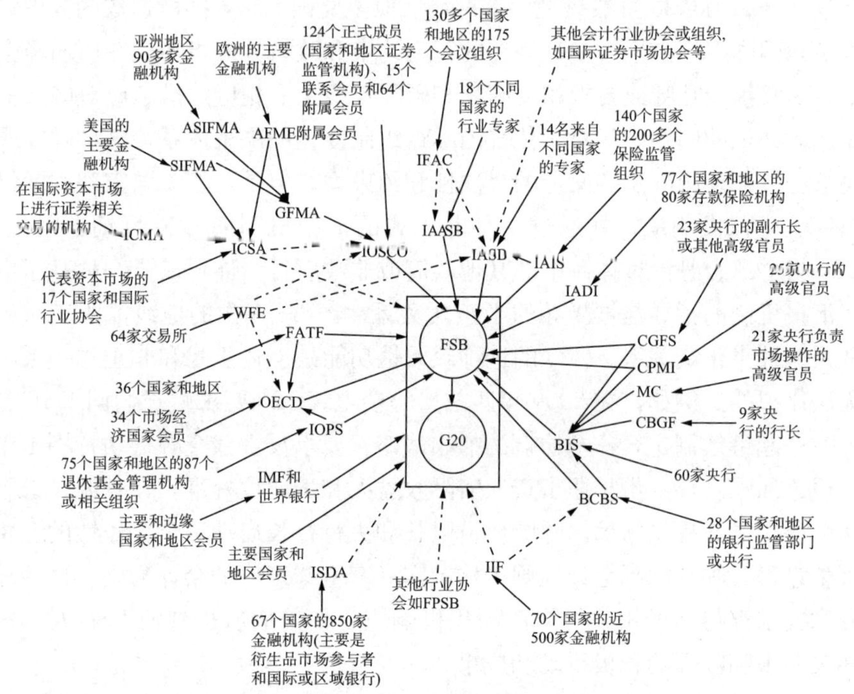

图3-2 行为体间复杂的网状组织结构

3.1.3 制度互动

上述全球金融治理体系中抽象和具体的复杂关系可以从制度互动的角度被归为三类：组织构架互动、功能性互动和政治性互动，这三种互动还有水平和垂直两个维度。如上所述，组织构架互动是不同行为体组织结构上的联系。借鉴奥兰·扬对制度互动的研究，功能性互动是指在具体问题领域里某个行为体的行为会直接影响其他行为体活动的有效性，因此行为体间所产生的具体业务上的联系。政治性互动是指行为体积极寻求相互联系、合作或融合以提升整体行动的有效性而产生的联系。①水平互动是指在国内或国际同一层面上的联系，而垂直互动是指国际、区域和国内层面之间的联系。因此，全球金融治理结构中的复杂关系表现为六种制度互动：（垂直或水平）组织构架互动、（垂直或水平）功能性互动以及（垂直或水平）政治性互动（见表3-2）。

表3-2　全球金融体系中的制度互动

	水平互动	垂直互动
组织构架互动	巴塞尔银行监管委员会同支付与市场基础设施委员会、国际清算银行间的组织结构联系	全球金融市场协会同欧洲金融市场协会（AFME）、亚洲证券业与金融市场协会（ASIFMA）和证券业与金融市场协会（SIFMA）间的融合
功能性互动	金融稳定理事会同支付与市场基础设施委员会、国际证监会组织、国际货币基金组织、国际清算银行以及国际保险监督官协会在中央对手方政策评估、宏观审慎政策以及保险行业薪酬政策方面进行非制度化的合作。国际货币基金组织和世界银行合作建立了基于《关于遵守标准和守则的报告》（ROSCs）和金融部门评估规划（FSAP）的评估机制	国际货币基金组织与许多区域组织开展关于稳定汇率和维护国际金融体系稳定的合作。国际会计准则理事会与美国财务会计准则委员会（FASB）就国际会计准则的融合和统一进行了深入合作
政治性互动	G20与相关国际组织的事实指导关系	G20与国家和地区间的事实指导关系。主要国际组织对国家和非国家行为体行为的制度化或事实上的指导关系

水平组织构架互动主要是指国际层面行为体组织结构上的联系。例如，如前文所提，包括巴塞尔银行监管委员会和支付与市场基础设施委员会等在内的国际组织将秘书处设置在国际清算银行总部。垂直组织构架互动是指国际、区域和国内组织在组织结构上的联系。例如，全球金融市场协会将三个国家或区域性的金融贸易行业协会——欧洲金融市场协会、亚

① Young，Oran R. et al. Science Plan：Institutional Dimensions of Global Environmental Change. IHDP Report No. 9. Bonn：International Human Dimensions Programme on Global Environmental Change，1999.

洲证券业与金融市场协会以及证券业与金融市场协会——的组织结构融合在一起，形成了一个新的国际性组织。水平功能性互动是全球金融治理体系里最常见的一种联系，主要指的是国际组织间就具体问题进行的合作。例如，如前所述，FSB同支付与市场基础设施委员会、国际证监会组织、IMF、国际清算银行以及国际保险监督官协会在中央对手方政策评估、宏观审慎政策以及保险行业薪酬政策方面进行非制度化的合作。支付与市场基础设施委员会和国际证监会组织就清算、结算等领域里的标准实施和政策协调展开了广泛合作。此外，有些水平功能性互动被相对制度化。例如IMF和世界银行合作建立了基于《关于遵守标准和守则的报告》和金融部门评估规划的评估机制。垂直功能性互动是指国内、区域和国际组织在具体问题领域所展开的合作。例如，IMF与许多区域组织开展关于稳定汇率和维护国际金融体系稳定的合作。[①]再如，国际会计准则理事会与美国财务会计准则委员会就国际会计准则的融合和统一进行了深入合作。水平政治性互动是指在国际层面G20对其他国际组织所发挥的政治领导作用。如前所述，当前全球金融治理体系的最重要特征之一是G20这个介于传统正式和完全非正式组织间的领导人论坛的出现。此论坛的主要作用是协调主要国家间的利益和观念冲突，并指引全球治理的方向。因此，G20被称为全球治理甚至是当代外交的“指导委员会”。[②]如前所述，一些主要国际组织和G20间形成了事实上的汇报制度。因此，在金融治理领域，G20与相关国际组织已经形成了事实上的指导和被指导的政治功能性关系。垂直政治性互动是国际组织与国家和非国家行为体间的制度上或事实上的指导关系。例如，G20峰会的决议对主要和边缘国家和地区都产生了事实上的行动指导。一些传统国际组织通过其章程和决策机制形成了对政府行为体制度化的行为指导和约束。

3.2 全球金融治理体制复合体

除了组织结构以外，全球金融治理体系的另一个重要维度是体制，即

① IMF 2013年的一份报告《评估基金参与区域融资安排的情况》（Stocktaking the Fund's Engagement with Regional Financing Arrangements）详细梳理了IMF与区域金融组织的合作和关系。

② Martin, Paul. The G20: From Global Crisis Responder to Steering Committee, in Andrew F. Cooper et al. *The Oxford Handbook of Modern Diplomacy*. Oxford University Press, 2013: 729-744.

“一整套明示或默示的原则、规范、规则和决策程序”①。在这四个组成部分中，原则和规范是体制的定性特征，规则和决策程序是体制的定义特征。换言之，原则和规范的变化会导致一个体制向另一个新体制转变，而规制和决策程序的变化会导致固有体制内的微调。②例如，在布雷顿森林体系下，全球金融治理体系的基本原则是通过美元和黄金挂钩的固定汇率制度维护国际金融稳定。这一基本原则所对应的行为规范是：美国必须保证其他国家用美元与黄金以官价进行自由兑换；其他国家的货币不能与黄金进行直接兑换；IMF 和世界银行分别通过提供短期资金借贷和长期信贷维护国家收支平衡和国际货币体系的稳定。20 世纪 70 年代，这些基本原则和规范的改变导致了整个全球金融治理体制的改变。G7 领导下的全球金融治理体系的基本原则是通过协调主要国家间政策，在浮动汇率制的基础上促进金融自由化发展。因此，主要行为体的行为规范也发生了变化：美国和布雷顿森林机构积极推动金融全球化和自由化。相对于基于国际货币体制的布雷顿森林体系，当前的全球金融治理体系不再集中表现为某一单一体制，而是发展成为一个体制复合体（regime complex）。③

体制复合体是指在某一领域内一系列相互关联的体制所形成的一个相对松散的整体。它不是一种故意的制度安排，而是一系列政策选择的结果。④由于体制复合体包含了若干拥有具体原则、规范、规则和决策体系的体制，因此体制复合体并没有高度统一的原则、规范、规则和决策体系。但是，在同一体制复合体内的体制共享一些核心的原则和规范。当前全球金融治理体制复合体的核心原则是通过加强金融监管和政策协调维护金融稳定和预防金融危机。与这一核心原则相对应的规范是：国家和地区加强经济体内金融监管；相关国际金融监管组织改革国际金融监管体系；相关国际规则制定机构完善具体领域内的监管规则和行为准则。这一核心原则显然不同于 G7 领导下的金融自由化和去监管。当前全球金融治理体制复合体是由不同国际组织在不同领域里所主导的一系列相互关联的体制所组成的（见图 3-3）。这些体制包括以 FSB 为核心的国际金融监管规则体系和协调机制、以 BIS 和 BCBS 等为核心的银行业监管规则体系、以 IOSCO 等为核心的证券行业监管规则体系、以 IAIS 等为核心的保险业监管规则体系、以 IMF 为核心的国际货币规则体系、以 IASB 等为核心的国

①② Krasner, Stephen. Structural Causes and Regime Consequences: Regimes as Intervening Variables. *International Organizations*, 1982, 36 (2): 186.

③④ Keohane, Robert O. and David G. Victor. The Regime Complex for Climate Change. *Perspectives on Politics*, 2011, 9 (1): 7-23.

际会计和审计规则体系等。

全球金融治理体制复合体内的各种体制是相互关联的，这种关联性表现为体制间的互动。奥兰·扬将体制互动及其结果归为四个类别——嵌入式体制（embedded regimes）互动、嵌套式体制（nested regimes）互动、集束式体制（clustered regimes）互动和交叠式体制（overlapping regimes）互动。[1] 这四种体制互动都出现在了全球金融治理机制复合体里。嵌入式体制互动是指具体问题领域里的体制在很大程度上嵌入整体的制度安排之中，并构成了国际社会整体的深层次结构。[2] 当前的全球金融治理网状结构和体制复合体就是具体问题领域里的行为体和体制嵌入整体制度安排中的结果。图 3-1 和图 3-2 反映了不同的行为体被嵌入整体结构体系之中，而图 3-3 则反映了单个体制被纳入一个体制复合体之中。

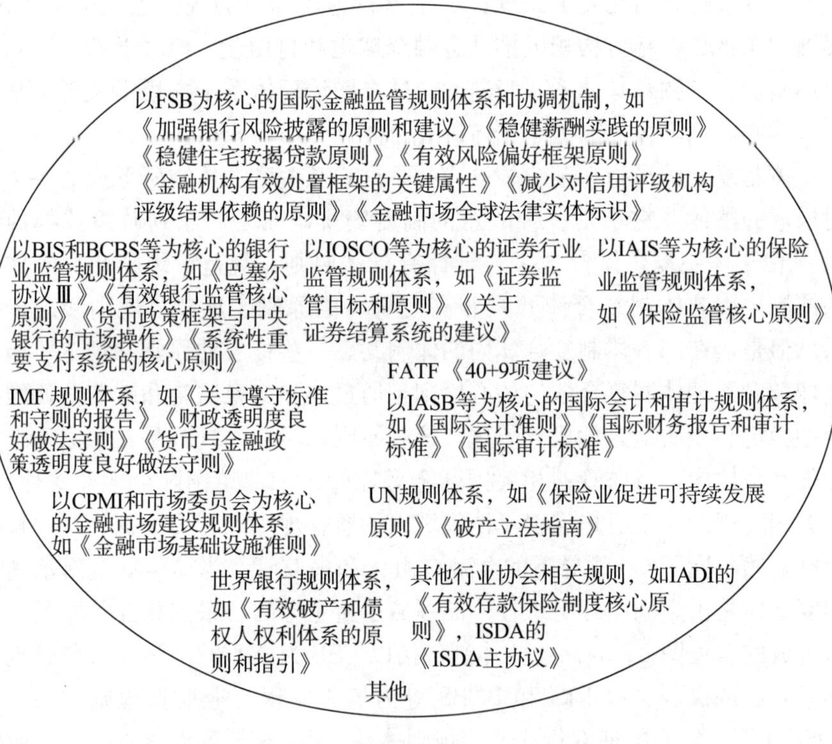

以FSB为核心的国际金融监管规则体系和协调机制，如《加强银行风险披露的原则和建议》《稳健薪酬实践的原则》《稳健住宅按揭贷款原则》《有效风险偏好框架原则》《金融机构有效处置框架的关键属性》《减少对信用评级机构评级结果依赖的原则》《金融市场全球法律实体标识》

以BIS和BCBS等为核心的银行业监管规则体系，如《巴塞尔协议Ⅲ》《有效银行监管核心原则》《货币政策框架与中央银行的市场操作》《系统性重要支付系统的核心原则》

以IOSCO等为核心的证券行业监管规则体系，如《证券监管目标和原则》《关于证券结算系统的建议》

以IAIS等为核心的保险业监管规则体系，如《保险监管核心原则》

FATF《40+9项建议》

IMF 规则体系，如《关于遵守标准和守则的报告》《财政透明度良好做法守则》《货币与金融政策透明度良好做法守则》

以IASB等为核心的国际会计和审计规则体系，如《国际会计准则》《国际财务报告和审计标准》《国际审计标准》

以CPMI和市场委员会为核心的金融市场建设规则体系，如《金融市场基础设施准则》

UN规则体系，如《保险业促进可持续发展原则》《破产立法指南》

世界银行规则体系，如《有效破产和债权人权利体系的原则和指引》

其他行业协会相关规则，如IADI的《有效存款保险制度核心原则》，ISDA的《ISDA主协议》

其他

图 3-3 全球金融治理体制复合体

①② 奥兰·扬. 世界事务中的治理. 陈玉刚，薄燕，译. 上海：上海世纪出版集团，2007.

嵌套式体制互动是指在同一个问题领域里，“那些功能规模、地理范畴或者其他相关标准有限的具体安排被调入更加宽泛的制度框架中”①。例如，2010年FSB发起一项倡议，将BCBS《有效银行监管核心原则》、IAIS《保险监管核心原则》和IOSCO《证券监管目标和原则》中关于合作和信息交换的相关内容整合起来，形成一个评估主要国家参与国际合作的框架体系。又如，IASB与FASB密切合作，将一套基于国际市场的会计准则和基于美国市场的会计准则融合在一起，逐渐形成一套趋同的全球会计准则。再如，BCBS、IOSCO和IAIS成立了一个联合论坛（Joint Forum）以应对银行业、证券业和保险业所共同面临的问题，如对跨行业金融集团的监管。

集束式体制互动是指把几个体制结合成一揽子制度，但这些制度彼此并没有嵌套在一起。②例如，IMF和世界银行共同建立了一套评估机制，对12项关键国际准则和守则的执行情况进行评估，并通过《关于遵守标准和守则的报告》公布其评估成果。G20伦敦峰会将这12项关键的国际准则和守则集中在一起，组成了加强金融部门开放性和透明度的国际金融一揽子标准。与其类似，FSB也将宏观经济政策和数据透明、金融监管以及市场基础设施等方面的主要标准汇集在一起，构建了一个标准汇编，并对该标准汇编的执行情况进行监督。

交叠式体制互动是指“个体体制成立的目的不同并且在很大程度上彼此无关，但是它们事实上互相交叉，从而对彼此产生巨大的影响”③。在当前全球金融治理体系中，不同的国际组织建立了旨在监管不同行业的国际规则体系。但是，在这些规则体系中，很多内容相互交叉且彼此影响。例如，在银行、保险和证券业内相对独立的监管规则体系中，有些内容相互重叠，如会计标准和上文所提及的合作和信息交换。金融三大领域的主要监管规则都不同程度涉及了会计准则。同时，如IASB等专门制定和规范会计准则的机构也发布了《国际会计准则》等标准。类似交叠式体制互动的存在是上述嵌套式体制互动的一个重要原因。表3-3总结了全球金融治理体系中的体制互动。

全球金融治理体制复合体的出现有两个主要原因。第一，金融全球化和不同金融领域关联性的不断增加对高度融合的综合性全球金融治理体制产生了强烈需求。2008年全球金融危机带来的最深刻教训之一便是：针

①②③　奥兰·扬. 世界事务中的治理. 陈玉刚，薄燕，译. 上海：上海世纪出版集团，2007.

对单个金融机构制定的监管规则和风险管理体系无法预防、预警和应对系统性风险。因此，国家和国际组织的信息沟通和政策协调成为危机后全球金融治理的重要方向。一个极端的形式是建立一个高度融合的综合性全球金融治理体制，如贸易领域里的 WTO 体系。第二，这种高度融合的体制由于主要大国在利益认同和分配上的分歧而变得不现实，因此，一个以 G20 半正式论坛为核心的网状结构以及相对应的体制复合体便建立了起来。这个网状结构和体制复合体正是处于高度分散的制度安排和基于单一法律文件的综合性监管体系之间的一种中间形态。这一网状结构和体制复合体共同组成了当前的全球金融治理体系。

表 3-3　全球金融治理体系中的体制互动

体制互动的种类	定义	例子
嵌入式体制互动	具体问题领域里的体制在很大程度上嵌入到整体的制度安排之中，并构成了国际社会整体的深层次结构	当前的全球金融治理网状结构和体制复合体就是具体问题领域里的行为体和体制嵌入到整体制度安排中的结果
嵌套式体制互动	在同一个问题领域里，“那些功能规模、地理范畴或者其他相关标准有限的具体安排被调入更加宽泛的制度框架中”①	2010 年 FSB 发起一项倡议，将 BCBS《有效银行监管核心原则》、IAIS《保险监管核心原则》和 IOSCO《证券监管目标和原则》中关于合作和信息交换的相关内容整合起来，形成了一个评估主要国家参与国际合作的框架体系
集束式体制互动	把几个体制结合成一揽子制度，但这些制度彼此并没有嵌套在一起	FSB 将宏观经济政策和数据透明、金融监管以及市场基础设施等方面的主要标准汇集在一起，构建了一个标准汇编，并对该标准汇编的执行情况进行监督
交叠式体制互动	“个体体制成立的目的不同并且在很大程度上彼此无关，但是它们事实上互相交叉，从而对彼此产生巨大影响”②	在银行、保险和证券业内相对独立的监管规则体系中，有些内容相互重叠，如会计标准和上文所提及的合作和信息交换

①② 奥兰·扬. 世界事务中的治理. 陈玉刚，薄燕，译. 上海：上海世纪出版集团，2007.

3.3　特征和困境

通过前面对全球金融治理体系组织结构和体制的分析，全球金融治理体系表现出了以下特征：半正式性、小规模多边主义和多元多层次性。半正式性是指当前全球金融治理体系是一个介于正式国际机制和完全非正式制度安排之间的半正式体系。从体系组织结构而言，不同行为体通过正式、非正式和半正式的关系连接在一起并组成一个复杂的网络。其中，以G20为核心的半正式关系是将这些不同行为体连接在一起的关键。一方面，这种半正式关系没有传统正式制度安排的法律基础、制度化的组织结构和行为约束力。但是，另一方面，这种半正式关系形成了事实上的领导与执行的政治性互动关系。这种政治性互动关系所产生的事实上的行为约束力是完全非正式制度安排所不具备的。从体制层面而言，全球金融治理体制复合体也是介于非正式和高度分散的制度安排与基于单一法律文件的综合性正式监管体系之间的一种半正式形态。小规模多边主义是指少数主要国家和地区（G20会员）通过多边协商的方式治理全球性的金融问题。小规模多边方式不是对传统多边、双边和单边方式的取代，而是对其的补充。正是基于G20和FSB的小规模多边框架将传统的基于多边主义的国际组织、双边国家间关系以及单边国家行为联系了起来。多元多层次性是指全球金融治理体系涉及国际、地区和国家层面的不同行为体。前面详述了这些行为体间的关系以及三个层面的体系结构互动和体制互动。

全球金融治理体系所表现出的这些特征是后危机时代改革的结果，是在弥补之前体系的缺点和不足的前提下发展而来的。但是，这一体系依然存在三大困境——合作困境、合法性困境和有效性困境。

首先，虽然当前全球金融治理体系的核心原则是通过加强不同行为体间的沟通和合作以确保国际金融稳定，但是当前体系依然面临着合作困境。这一困境的形成原因和表现形式主要有以下两个方面：第一，集体行动中的“搭便车”现象依然无法避免。全球金融稳定显然不只是一个国家的利益，在金融全球化背景下，某一国家或地区的金融动荡会波及整个国际市场，因此，全球金融稳定是所有国家共同的利益。根据奥尔森的观点，集团共同的利益便是一种公共产品，理性的、寻求自我利益最大化的个人或国家没有动机和理由提供这种公共产品以实现集团的共同利益。①G20 领导人峰会的成立某种程度上正是为了解决这一合作困境和集体行动困境。主要国家领导汇聚在一起，就主要问题达成共识，主要国际组织负责具体国际规则的制定并监督这些规则的执行。但是，在 G20 各会员间以及 G20 会员与非会员间的责任推诿和“搭便车”现象依然存在。例如，杜朝运和叶芳的研究显示，在对现行国际货币体系进行改革这种公共产品的提供上存在着集体行动的困境。② G20 在解决集体行动困境上乏力的原因正是给其带来灵活性这一相对优势的半正式性以及下文中所讨论的合法性不足。

第二，基于 G20 的半正式关系依然无法将碎片化的全球金融治理体系粘合起来。尽管建立了一个网状体系，但当前全球金融治理体系的碎片化性质依然存在。这种碎片化表现在制度结构和观念两个方面。在制度结构方面，在过去几十年的发展过程中，银行、保险和证券等业内都形成了相对独立的监管体系和规则。G20 和 FSB 的一项重点工作便是加强这些不同亚体系内的制度和体制互动，以弥合彼此之间的监管冲突和漏洞。但是，制度惯性和既得利益使得合作和融合十分困难，而以 G20 和 FSB 为核心的、并不具备法律约束力的规则体系尚无法克服这些困难。例如，彼得·克纳克（Peter Knaack）的研究显示了在对场外衍生品交易的监管中全球金融监管碎片化所导致的合作失败。③在观念方面，全球金融治理行为体间，尤其是主要大国间存在冲突。例如，对于 2008 年金融危机爆发的原因，美国指责中国的货币和贸易政策导致了全球贸易失衡；中国则将其主要归咎于不合理的全球货币和金融体系；欧洲则更加关注美国和国际层面监管的不足。因此，在后危机时代的金融治理改革中，各主要行为体的利益诉求和政策也不尽相同。美国量化宽松的货币政策针对的主要就是全球贸易失衡问题；中国积极推动人民币国际化和国际货币体系的改革；欧洲则力主加强国内和国际的金融监管。约阿希姆·贝茨（Joachim Betz）更加详尽地分析了主要国际组织和国家关于 2008 年金融危机原因的观念分歧及后危机时代的不同行动。④

其次，建立在小规模多边主义基础上的网状结构和体制复合体缺乏国

① 奥尔森. 集团行动的逻辑. 陈郁，等，译. 上海：上海人民出版社，1995.

② 杜朝运，叶芳. 集体行动困境下的国际货币体系变革：基于全球公共产品的视角. 国际金融研究，2010 (10)：21-26.

③ Knaack, Peter. Innovation and Deadlock in Global Financial Governance: Transatlantic Coordination Failure in OTC Derivatives Regulation, 2015.

④ Betz, Joachim. Emerging Powers and Global Financial Governance. *Strategic Analysis*, 2014, 38 (3): 293-306.

际合法性。在 G20 和 FSB 中，大多数中小国家都被排除在核心权力之外。因此，当前全球金融治理体系的合法性来源于主要大国的影响力及其之间的共识以及其他国家在金融危机时对全球金融治理这一公共产品的需求。这种合法性没有法律和制度基础，因此缺乏稳定性和持久性。换言之，当大国影响力下降（世界多极化趋势更加明显）、大国间无法就某些问题达成共识（分歧加剧）或对全球金融治理作为公共产品的需求随着经济恢复而下降时，当前全球金融治理体系的合法性将被削弱。这也正是在全球经济逐渐恢复的背景下，一些学者急切呼吁 G20 从一个临时性的"危机应对委员会"向一个更加制度化的全球金融"指导委员会"转变的原因。①

最后，合作困境和合法性困境的直接后果是全球金融治理体系有效性不足。后危机时代以 G20 和 FSB 为核心的全球金融治理体系的议题范围正逐步扩大，从危机时的金融和货币政策协调和金融监管逐步泛化到经济领域的许多方面，如劳工、农业、能源和环境等。议题泛化使得金融治理成为 G20 主导的全球经济治理体系的一部分。显然，这一变化使得全球金融治理和其他治理领域的边界变得更加模糊，并使全球金融治理的力度和强度随着议题的泛化而下降。金融和非金融问题在 G20 体系中的融合使得合作更加困难、合法性困境更加明显，因为不同行为体在不同领域里的利益交织在一起使得原本复杂的问题变得更加复杂。

3.4 体系变迁、特征和困境的国际制度学解释

基欧汉和奈在《权力与相互依赖》中从四个方面对国际制度的变迁做出了解释，即经济进程、世界的总体权力结构、单个问题领域内的权力结构和受国际组织影响的权力能力。②这四种模式对解释当前全球金融治理体系的变化和困境依然有很强的借鉴意义。第一，技术变革和金融创新使得传统的金融治理体系不能应对高度全球化和相互关联的国际金融问题。基欧汉和奈认为，"技术变革与经济相互依赖的增加将使现有的国际机制过时"，因此，"原有的制度、规则和程序面临无效或崩溃的威胁"。③信息

① Cooper，Andrew. The G20 as an Improvised Crisis Committee and/or a Contested "Steering Committee" for the World. *International Affairs*，2010，86 (3)：741 - 757.

② 罗伯特·基欧汉，约瑟夫·奈．权力与相互依赖．门洪华，译．北京：北京大学出版社，2002：39.

③ 同②41.

技术和互联网的发展极大地简化了金融交易并颠覆了传统的金融交易结构和模式。在此基础上，全球金融市场的规模、流动性、相互关联性和复杂性都大幅提升。而与此同时，由于制度惯性和既得利益的阻挠，金融监管体系的发展却相对缓慢，没有及时对金融市场的发展和创新做出相应的调整。例如，詹姆斯·伦茨和赵晓斌的研究揭示了金融创新和信息技术如何使得美国国内的次级贷款转变成一种全球发行的金融衍生品，以及金融监管的发展相对于这种技术进步和金融创新的滞后。①因此，当前全球金融治理体系变迁的一个直接原因是全球金融领域里的技术变革和金融创新使得传统的治理模式无法预防和治理复杂且相互关联的国际金融体系所存在的风险和危机。技术变革和金融创新所带来的金融治理的技术性和复杂性赋予具有技术和私人权威的非政府行为体以权力。这从某种程度上解释了全球金融治理体系的多元多层次性。

第二，国家总体权力的变化，尤其是美国霸权地位的相对衰落和新兴国家的异军突起，是全球金融治理体系改革的原动力。当前国际体系的一个核心特征是多极化。在以美国为首的传统强国依然主宰全球治理话语权的同时，新兴国家，尤其是金砖国家已经成为全球治理无法缺少的部分。20 世纪末，在 1997 年亚洲金融危机背景下，G7 国家就已经意识到新兴国家在全球金融治理体系中的重要性，于是成立 G20 财长和央行行长会议。但是，在这一时期 G7 依然是全球治理的权力核心。2008 年全球金融危机的爆发和危机后的全球救市行动再一次证明新兴国家的不可或缺性。于是 G20 部长级会议升级成了 G20 领导峰会，并逐渐取代 G7 成为全球金融治理体系的核心。这一变化过程直接反映了国家总体实力和与此相对应的总体权力的变化，即传统国家实力和权力相对减弱，新兴国家实力和权力则相对增强。这种变化是小规模多边主义的直接原因。但是，国家实力的增加和权力的转移并不是主动和自愿的，而往往是被动和无奈之举。因此，小规模多边主义可以在具体问题上促进国家间的沟通与合作，但无法从根本上调和观念和利益的冲突。于是，全球金融治理体系中的合作困境便无法最终被解决。

第三，在具体问题领域里，治理体制和权力分配各有不同。全球金融治理体系的组织结构和体制显然不同于全球气候、贸易、安全等领域的治理组织结构和体制。不同国家对不同的领域有不同的偏好和重要性排序。

---

① Lenzer Jr., James H. and Simon Xiaobin Zhao. Roles of Financial Innovation and Information Technology: Lessons from the US Sub-Prime Mortgage Crisis and Its Implications for China. *Chinese Geographical Science*, 2012, 22 (3): 343-355.

贸易依存度高的国家，如中国，更加关注全球贸易治理和国际货币体系改革；金融体系高度发展和金融自由化程度高的国家和地区更关注全球金融治理；沿海国家在全球海洋管理上投入更多资源。但是，总体而言，国家在不同领域里的发言权取决于其关注程度、总体实力和在具体问题领域里的实力。即使是在同一领域里的不同亚领域里，如金融治理体系中的银行、保险和证券等领域，权力结构和治理体制都是不同的。例如，欧洲国家和位于欧洲的国际组织在银行业规则制定上有更大影响力，而美国则主宰了以 IMF 为核心的国际货币体系改革，一些行业组织在会计规则制定和金融衍生品管理等领域有较大影响力。这种现象正反映了全球金融治理的碎片化，并给全球金融治理体系合法性的构建和合作的加强带来了困难。

第四，组成广义国际组织的网络、规范和制度一旦建立起来就难以根除或做出重大调整。[①]这就是历史制度主义所强调的制度路径依赖。全球金融治理体系中的路径依赖表现为如 IMF 等传统国际组织改革进程的缓慢以及旧全球金融治理体系对世界经济和金融变化的迟钝反应。以 G20 为核心的半正式关系正是绕开了这种路径依赖，寻求国际金融体系的半正式和非正式合作。无论是推崇制度路径依赖的历史制度主义，还是信奉适应性逻辑（logic of appropriateness）的社会学制度主义和信奉计算逻辑（logic of calculation）的理性制度主义，它们都认为外部冲击是制度变化的最重要诱因。[②]这解释了全球金融治理体系的危机促进性特征。换言之，作为外部冲击的金融危机导致了相应全球金融治理制度的变化。反过来，随着金融危机的平息，制度变化将再次变得缓慢，全球金融治理体系的合法性和有效性将逐渐下降直至下次外部冲击到来并导致新的制度变化。这正是一些学者呼吁在金融危机余波未平之时将 G20 半正式体系制度化，并将其从一个危机应对机构转变成一个全球治理指导委员会的重要原因。

在后危机时代，全球金融治理已经成为一个全球性的议题，全球金融治理体系发生了重要变化。本章从组织结构和体制两个角度对当前全球金融治理体系进行了全面的描述和分析。从结构而言，一个由七类不同行为体以及三种不同关系组成的网状治理体系已经形成。在此网状体系里，不

---

① 罗伯特·基欧汉，约瑟夫·奈．权力与相互依赖．门洪华，译．北京：北京大学出版社，2002：56.

② Schmidt, Vivien A. Taking Ideas and Discourse Seriously: Explaining Change through Discursive Institutionalism as the Fourth "New Institutionalism". *European Political Science Review*, 2010, 2 (1): 1-25.

同行为体间的制度互动加强了行为体间的联系。从体制而言，全球金融治理体系不同领域里的不同体制通过体制互动形成了一个体制复合体。全球金融治理体系就是这一网状结构体系和体制复合体的总称。这一体系体现出了多元多层次性、小规模多边主义属性以及半正式性。这些新的特征是全球金融治理体系对变化的世界经济形势和金融发展状况做出反应的结果。但是，这一新的体系依然面临着合作困境、合法性困境和有效性困境，因此，全球金融治理体系的发展与改革远未结束。依据历史制度主义路径依赖的观点，制度变化和发展的最佳时期就是危机后时期。随着世界经济的复苏，当前全球金融治理体系的各种困境将愈发难以解决。因此，在 2008 年全球金融危机余波未平之际，对当前全球金融治理体系进行更深层次的改革有其必要性和紧迫性。

第四章　国际货币制度变迁及问题

后布雷顿森林时期国际货币体系的缺陷是导致2008年全球金融危机的重要因素，因此，在后危机时代的全球金融治理体系改革中，国际货币体系的问题和改革成为焦点。全球金融危机的爆发和巨大影响，为国际货币体系的制度变迁创造了强大的外部动力，并使之成为G20主导的全球金融治理改革的核心议程之一。在危机爆发10年后，国际货币体系改革有所进展，如国际货币基金组织（IMF）的配额和特别提款权（SDRs）篮子货币构成的调整。但是，随着危机影响的逐渐消散，国际货币体系改革陷入了“均衡困境”。所谓均衡困境是指制度变迁在达到或持续趋近于最优状态之前，便停滞于某种相对稳定的状态，变迁动力逐渐减弱。当前国际货币体系的改革并未达到或持续趋近于最优状态，但国际货币体系改革的动力式微，其诸多问题虽有缓解，但依然存在，如汇率波动和失调、美元不负责任的“嚣张的特权”、宏观经济失衡等。

4.1　国际货币制度及变迁

制度变迁是制度主义理论的核心内容之一。比较政治学理论中的新制度主义的三个重要分支——历史制度主义、理性选择制度主义和社会学制度主义——都致力于回答制度如何影响行为体的行为，但对行为体本身的理解不同。[①]理性选择制度主义认为行为体是理性的，能够按照“计算的

---

① 所谓的“新”是相对于19世纪末和20世纪初政治学研究中讨论政府和现代国家等正式组织的“旧”制度主义而言的。Bell，Stephen. Institutionalism：Old and New. In Dennis Woodward，Andrew Parkin & John Summers. *Government*，*Politics*，*Policy and Power in Australia*. 8th，2002：1－16. Pearson Education Australia；Steinmo，Sven. What is Historical Institutionalism?. In Donatella Della Porta & Michael Keating. *Approaches in the Social Sciences*. Cambridge：Cambridge University Press，2008：150－178.

逻辑”做出战略性的决策，并追求个人利益最大化，而社会学制度主义认为社会行为体会按照一种“适当性的逻辑”采取行动。①历史制度主义认为人“既是被规范约束的规则遵守者，又是追逐自我利益的理性行为体”②。虽有重要分歧，新制度主义对制度变迁的解释却有很多相似之处。他们认为，由于制度间的相互关联、路径依赖、变迁高成本或习惯黏性等原因③，制度变迁是困难的，只有在发生外部冲击时，现行制度才能够被改变，即所谓的“刻点均衡”(punctuated equilibrium)。④这种制度变迁的解释受到较多质疑。例如，欧洲大学学院（European University Institute）教授斯文·斯坦莫（Sven Steinmo）认为，这种理解只关注重大或革命性的变化，并将制度变迁完全视为命运的产物。⑤一些学者更加关注渐进和细微的变化，并从权力关系的视角将制度变迁总结为四种模式——取代、叠加、偏离和转变。⑥另外一些学者试图将观念和话语带入对制度变迁的解释中，并逐渐形成一个新的理论流派——话语制度主义⑦或建构制度主义⑧。虽有诸多批评，但外部冲击可作为制度变迁充分条件的观点鲜有争议。

比较政治学视角下的制度更多被理解为一种制约或影响人的行为的正规约束（如法律、法规、规则以及契约）和非正规约束（如文化传统、伦

① Schmidt，Vivien A. Taking Ideas and Discourse Seriously：Explaining Change through Discursive Institutionalism as the Fourth “New Institutionalism” . *European Political Science Review*，2010（2）：1－25.

② Steinmo，Sven. What is Historical Institutionalism?. In Donatella Della Porta & Michael Keating. *Approaches in the Social Sciences*. Cambridge：Cambridge University Press，2008：150－178.

③ 同①.

④ Thelen，Kathleen and Steinmo，Sven. *Structuring Politics*：*Historical Institutionalism in Comparative Analysis*. Cambridge：Cambridge University Press，1992；Pierson，Paul. *Politics in Time*：*History*，*Institutions*，*and Social Analysis*. Princeton：Princeton University Press，2004.

⑤ 同②.

⑥ Mahoney，James and Thelen，Kathleen. A Theory of Gradual Institutional Change. In Mahoney James & Kathleen Thelen. *Explaining Institutional Change*：*Ambiguity*，*Agency*，*and Power*. Cambridge：Cambridge University Press，2010：1－33.

⑦ 同①.

⑧ Hay，Colin. Constructivist Institutionalism. In R. A. W. Rhodes，Sarah S. Binder and Bert A. Rockman. Oxford Handbook of Political Institutions. Oxford：Oxford University Press，2006：56－74.

理道德等)[①]，其“代理人-结构”模式中的代理人是个人。相比之下，在国际关系学研究中，制度的地理边界被拓宽（从国内到国际），即国际体制或国际制度，代理人被泛化（包括国家和非国家行为体）。借鉴美国斯坦福大学教授斯蒂芬·克拉斯纳对体制的定义，国际体制可被理解为在国际层面形成的原则、规范、规则和决策程序的集合，其中“原则是对事实、因果关系和公正的信念。规范是由权利与义务所确定的行为标准。规则是对行为的特别规定或禁令。决策程序则是做出和执行共同选择时所通行的实践。”[②] 国际体制的内涵是无形的、抽象的和观念性的，因此被新自由主义制度学派指责脱离了物质性的组织基础。基于此，以基欧汉为代表的制度学派强调“国际制度”的概念，认为其既包含观念性的体制和非正式国际惯例，又包含偏物质性的国际组织。国际组织有广义和狭义两种内涵。广义的国际组织既包含有正式组织构架的国家间或非国家间国际机构，又包含非正式的联系。[③]狭义的国际组织专指有组织章程、会员制度、决策机构等正式组织构架的国际机构。

据上述定义，国际货币体系是一种国际制度，包含了观念性的国际货币体制和偏物质性的国际货币组织。[④] 国际货币体制是指特定时期内关于国家间货币关系的原则、规范、规则和决策程序，其中原则和规范是定性要素，规则和决策程序是具体内容。原则和规范的变化会导致一个体制向另一个新体制的转变，而规则和决策程序的变化会导致固有体制内的微调。[⑤]国际货币组织是指维护这种特定国家间货币关系的正式国际机构或非正式的国家间联系。国际货币体制的原则和规范主要涉及本位货币、汇率制度和国际收支调节方式三个方面。例如，布雷顿森林体系的基本原则和规范是：美元是唯一的国际货币；实行美元与黄金挂钩的固定汇率制度；国际收支通过主要国际机构进行调节。其所对应的具体规则和决策程序是：美国必须保证其他国家用美元与黄金以官价进行自由兑换；其他国

① North，Douglass C. Institutions，Institutional Change and Economic Performance. Cambridge. Cambridge University Press，1990.

② Stephen Krasner. Structural Causes and Regime Consequences：Regimes as Intervening Variables. *International Organization*，1982，v. 36，n. 3：186. 任东来. 对国际体制和国际制度的理解和翻译. 国际问题研究，2000 (6)：50.

③ 罗伯特·基欧汉，约瑟夫·奈. 权力与相互依赖. 门洪华，译. 北京：北京大学出版社，2002：50.

④ 本书交替使用国际货币体系与国际货币制度。

⑤ Stephen Krasner. Structural Causes and Regime Consequences：Regimes as Intervening Variables. *International Organization*，1982，v. 36，n. 3：186.

家的货币不能与黄金进行直接兑换；IMF 和世界银行分别通过提供短期资金借贷和长期信贷维护国际收支平衡和国际货币体系稳定。与此体制对应的国际组织是基于《国际货币基金组织协定》而成立的正式政府间国际机构 IMF。进入牙买加体系后，多种汇率制度、多元储备货币和多种国际收支调节方式成为新原则和规范，具体的规则和决策程序也发生变化，如 IMF 开始致力于推动汇率浮动化和金融自由化。相应的国际组织除了传统的正式国际机构外，还出现了非正式的机构，主要包括 G7 和 G20 等。表 4-1 从国际体制和国际组织的角度对比了几种主要的国际货币体系，并为后面的分析提供了四个具体维度：本位货币、汇率制度、国际收支调节手段和国际货币组织。

表 4-1 中三种国际货币体系的形成方式各有不同，国际金本位制的形成是从英国向外拓展，主要体现了当时英国的结构性权力，即“基于一国金融市场的国际吸引力和其货币的国际价值储藏功能”而间接影响他国的能力。①相比之下，布雷顿森林体系是自上而下制度建设的结果，即主要国家通过博弈而直接构建一个新体系，然后通过自上而下的方式在相关国家中实施。这一过程更多地体现了美国作为战后世界经济新霸主的关系性权力，即“一国通过施加金融压力或者提供金融激励直接影响他国行为的能力”，拥有此种权力的国家通常处于债权国地位。②牙买加体系的形成是主要国家关系性权力、制度性权力③和结构性权力综合博弈的结果。相比布雷顿森林体系，美国的结构性权力、关系性权力和制度性权力都有所下降，欧元、日元、英镑挑战或试图挑战美元的国际货币地位。在此状况下，牙买加体系更像一种各国货币博弈自下而上形成的体系，更多地表现为各国货币政策及国家间货币关系变动的结果。

黄金被作为贮藏手段和流通手段的历史悠久，但金本位制到 19 世纪早期才在英国开始实行，到 19 世纪后期逐渐发展成为一种国际货币体系，在第一次世界大战以前，主要资本主义国家都已采用了金本位制。金本位制有几种不同的形式——金币本位制、金块本位制、金汇兑本位制。金本位制顾名思义是以黄金为本位货币的货币体系，但在不同形式的金本位制下，本位货币的具体形式、汇率制度和国际收支调节手段不同（见表 4-1）。金币本位制是金本位制的最初形态，也是存在时间最长的金本位制，在这

①② 桑德拉·希普. 全球金融中的中国：国内金融抑制与国际金融权力. 辛平，罗文静，译. 上海：上海人民出版社，2016：4.

③ 制度性权力是指“一国通过国际金融机构有关信贷供给和供给所依赖条件的决定间接影响他国的能力”。同①.

种货币体制下，黄金铸币成为具有无限法偿能力的法定本位币，金币可以自由铸造、自由流动，黄金可自由输入和输出。金币本位制的一个优点是其自动调节国际收支的机制，这种机制被大卫·休谟称为“铸币-物价流动机制”。具体而言，当一国出现国际收支赤字时，本国的黄金外流，黄金存量的下降会导致货币供给减少，国内物价水平会因此下降，较低的物价水平在国际贸易中为该国的商品带来比较优势，于是出口增加，国际收支状况得到改善。最终，由于黄金产量增幅相对缓慢、黄金数量有限且存量分配不平衡等诸多内外部原因，传统金本位制，即金币本位制，相继被各国放弃，取而代之的是变形的金本位制和其他形式的货币体系。

表 4-1　　国际货币制度对比

<table>
<tr><th colspan="2" rowspan="2">国际货币体系</th><th colspan="3">国际体制</th><th rowspan="2">国际货币组织</th></tr>
<tr><th>本位货币</th><th>汇率制度</th><th>国际收支调节手段</th></tr>
<tr><td rowspan="3">金本位制</td><td>金币本位制</td><td>黄金铸币（自由铸造、自由流通）</td><td>货币含金量之比即为铸币平价</td><td>铸币-物价流动机制自动调节汇率和国际收支</td><td rowspan="3">无管理国际货币体系的正式组织，基于国家间的非正式关系和共识</td></tr>
<tr><td>金块本位制</td><td>金块。流通中的货币为代表一定重量黄金的纸币、银行券等价值符号，金币不流通</td><td>银行券在一定数额上按含金量与黄金兑换，银行券等价值符号的含金量之比决定汇率</td><td>黄金不允许自由输出入</td></tr>
<tr><td>金汇兑本位制</td><td>黄金。国内只流通银行券、纸币等价值符号</td><td>纸币、银行券等不能兑换黄金，货币间保持固定比价</td><td>无限制地买卖外汇</td></tr>
<tr><td colspan="2">布雷顿森林体系</td><td>美元-黄金</td><td>美元与黄金挂钩，其他货币与美元挂钩，实行可调整的固定汇率</td><td>IMF 贷款（短期），调整汇率平价（长期）</td><td>IMF 等正式组织</td></tr>
<tr><td colspan="2">牙买加体系</td><td>以美元为主体的多元化国际本位货币</td><td>多种汇率制度并存</td><td>汇率、利率、国际金融市场、IMF 协调等多重手段</td><td>IMF 等正式组织和 G7、G20 等非正式组织</td></tr>
</table>

金块本位制和金汇兑本位制就是金币本位制的一种变形和发展，主要

存在于第一次世界大战及其之后的一段时期里。在金块本位制下，金币已不再流通，流通中的货币是代表一定重量黄金的纸币或银行券，且这些价值符号只能在一定数额上按黄金含量与黄金兑换。在金汇兑本位制下，纸币或银行券已不能与黄金兑换，货币间按固定的比价进行兑换，国际收支的调节主要通过无限制地买卖外汇。在金块本位制和金汇兑本位制下，黄金自动调节国际收支的作用已不复存在。

两次世界大战期间分裂的国际货币体系以及各货币集团间的恶性竞争是导致第二次世界大战的重要经济原因之一。因此，第二次世界大战结束后，构建新的国际货币体系成为维护和平的重要内容。在美国“怀特计划”和英国“凯恩斯计划”的竞争和博弈中，美国凭借其全球四分之三的黄金储备和强大的经济实力取得了制定战后国际货币体系的主导权，并最终于 1944 年建立起了一个新的国际货币体系——布雷顿森林体系。布雷顿森林体系本质上是一种金汇兑本位制，在这种体系下，美元按一定比例与黄金挂钩，其他国家政府规定其货币的含金量并以此与美元挂钩，各国货币与美元的汇率可在一定幅度上进行调整。该体系建立了国际货币基金组织，并赋予其维护国际货币体系稳定的使命。国际货币基金组织的重要任务之一便是通过其贷款帮助成员国调整国际收支。该体系对战后经济的恢复和发展起到了重要作用，但也因其固有的缺点而难逃崩溃的宿命。美国经济学家罗伯特·特里芬将布雷顿森林体系的主要问题概括为“特里芬两难”，即美元作为国际货币在其政策目标上的矛盾。①具体而言，美元成为国际货币后，各国用美元进行贸易结算或作为储备货币，这导致美元外流和美国的长期国际收支逆差。然而，作为国际货币的发行国，美国的长期国际收支逆差不利于其保持美元币值稳定。这一矛盾是主权国家货币成为国际货币的主要缺陷。

20 世纪 70 年代，布雷顿森林体系最终因这一矛盾无法调和而崩溃，取而代之的是“牙买加体系”。之所以称之为“牙买加体系”，是因为 1976 年国际货币基金组织理事会在牙买加举行会议，签订了《牙买加协议》，该协议确定了新货币体系的主要内容。这些内容的主要特征是浮动汇率制度、汇率制度多元化、黄金非货币化、储备货币多元化、国际收支调节手段多元化。如表 4－2 所示，牙买加体系下各国的汇率制度大致可被分为 4 大类（硬钉住、软钉住、浮动制度、其他有管理的安排）和 10 小类（无独立法定货币的安排、货币局、传统固定钉住、稳定化安排、水

① 罗伯特·特里芬．黄金与美元危机：自由兑换的未来．北京：商务印书馆，1997．

平带钉住、爬行钉住、类似爬行、浮动、自由浮动、其他）。[①]国际货币基金组织从1950年开始发布《汇兑安排与汇兑限制年报》（Annual Report on Exchange Arrangements and Exchange Restrictions），2016年发布了第67份年报。该年报系列对国际货币基金组织成员的汇率制度安排和汇兑限制状况进行年度评估。根据2016年的年报，被采用最多的三种汇率制度安排是传统固定钉住（44个国家）、浮动汇率制度（40个国家）和自由浮动汇率制度（31个国家）。[②] 自牙买加体系建立以来，各国汇率制度安排越发多样化和差异化。

表4-2　　国家汇率制度安排及数量

类型	分类（国家个数）
硬钉住	无独立法定货币的安排（14）、货币局（11）
软钉住	传统固定钉住（44）、水平带钉住（1）、稳定化安排（18）、爬行钉住（3）、类似爬行（10）
浮动制度	浮动（40）、自由浮动（31）
其他有管理的安排	其他（20）

在牙买加体系下，国际储备货币也开始多元化，主要包括美元、欧元、英镑、日元等，但是美元依然是最主要的储备货币，占世界官方外汇储备的约64%。调节国际收支的手段也日趋多元化，包括国内货币和财政政策、汇率、IMF协调等。但是，正如第一章中所讨论的，当前的牙买加体系也存在诸多问题，如汇率大幅波动、汇率失调、美元不负责任的"嚣张的特权"等等。正是这些问题使国际货币体系改革势在必行，但同时也困难重重，阻力重重。在2008年金融危机爆发10年后，危机前的国际货币体系并未出现实质性的改革。在从国际制度层面推动国际货币体系改革收效甚微且进展缓慢的状况下，中国政府近年来加大了国内汇率制度改革和人民币国际化的力度。国内汇率制度改革是人民币国际化的前提和基础。后面将对中国国内汇率制度的改革进行回顾和分析，对人民币的国际化战略和现状进行评价。

① IMF. Annual Report on Exchange Arrangements and Exchange Restrictions，2014.

② IMF. Annual Report on Exchange Arrangements and Exchange Restrictions，2016.

4.2 国际货币体系改革的均衡困境

前述新制度主义关于制度变迁的理论对国际货币制度的重要启示是：2008年金融危机作为外部冲击导致了国际货币体系的变革。当前国际货币体系的问题在2008年金融危机中越发凸显，国际货币体系改革的必要性和公共产品属性已成为国际社会的共识。虽然一些学者认为历史上历次国际货币体系的改革及其成果是集体行动的结果①，但是，当前国际货币体系改革在很大程度上体现出了非合作性，主要表现为大国基于个体理性的自我利益最大化往往优先于国际社会基于集体理性的共同利益最大化，并因此导致集体行动的困境。主要主权国家货币关于国际货币地位的竞争就是此非合作性和集体行动困境的表现。国际货币体系的一个重要问题是主权国家货币成为国际货币而带来的“特里芬两难”，因此基于集体理性的改革方案应该是国际货币的去主权化。由于主权国家货币成为国际货币所带来的“嚣张的特权”②，主要经济体依然不遗余力地推进其货币国际化。同时，国际货币体系改革中的主要国家行为体对彼此之间的利益诉求和策略相对了解。不同于在信息不对称情况下的军事冲突等短期决策，国际货币体系的改革是一个中长期且较为透明的过程。在这个较长期的过程中，主要经济体会考虑其他经济体的策略，但主要依据自身的利益和具体情况采取行动，因此，国际货币体系改革中的经济体间博弈是相对静态的。

在此博弈中，由于如新制度主义所提出的制度变迁的种种阻力，譬如路径依赖、既得利益、习惯黏性、观念固化等，在没有外部冲击的情况下，国际货币体系中非既得利益者的利益诉求很难实现。2008年金融危机提供了制度变迁的外部动力，并创造了非既得利益者表达和实现利益诉求的契机。但是，危机近十年后，国际货币体系的改革依然举步维艰，并逐渐进入一种均衡状态。此均衡不是最优，而是利益攸关方接受现状或无力改变现状的一种相对稳定状态。此处的“均衡”不是经济学“一般均衡”概念中的均衡，它描述的是消费效用最大化、企业利润最大化和市场

① 李晓，冯永琦．国际货币体系改革的集体行动与二十国集团的作用．世界经济与政治，2012（2）：119-145．

② 巴里·埃森格林．嚣张的特权：美元的兴衰和货币的未来．陈召强，译．北京：中信出版社，2011．

供求平衡的一种经济效率最优状态，亦不同于博弈论中的均衡概念，即所有参与人最优策略的组合。当经济行为体（消费者和企业）和博弈者数量增加，效用最大化和最优策略的选择困难增加时，一般均衡和博弈均衡就会变成现实中很难实现的理想状态。本章中的"均衡"描述的是制度变迁动力减弱或消失时的一种现实状态，"最优"是一个规范性概念，描述的是基于集体理性的集体利益最大化状态，类似于"帕累托最优"所描述的理想状态。均衡的现实状态向最优的理想状态发展需要强大的制度变迁动力，如 2008 年全球金融危机的外部冲击。而当制度变迁的动力减弱或消失时，国际制度便出现一个"均衡困境"——外部冲击所导致的制度变迁在达到或持续趋近于最优状态之前，便停滞于某种相对稳定的均衡状态，制度的固有问题依然存在。

随着 2008 年金融危机影响的消退，以及国际经济和金融逐渐恢复常态，国际货币体系改革的外部动力逐渐减弱。作为后危机时代国际货币体系改革的主要平台，G20 峰会的议题范围逐渐拓展，从最初应对危机的宏观经济政策协调和国际金融体系改革扩展到反腐败、气候变化、粮食安全、绿色增长、反洗钱、反逃税等诸多领域。虽然国际货币体系改革、金融监管、经济增长等议题在历届峰会上保持了一定的延续性，但是随着议题泛化，这些核心议题的相对重要性和受关注程度减弱。在 2017 年 G20 汉堡峰会上，讨论议题广泛涉及了世界经济形势、全球化、可持续的全球供应链、贸易与投资、金融、数字经济、能源、气候变化、可持续发展、非洲、食品安全、农村青年就业、妇女权益、卫生、难民移民、反恐、反腐败、公共健康等方方面面。①在 2017 年汉堡峰会的领导人声明中，国际货币体系的改革只是在关于"国际金融机构"的段落里间接提及。②一些学者将议题泛化解释为 G20 机制的非正式性、成员偏好的异质性、议题的关联性以及联合国合作平台的低效。③另一个被忽略的重要原因是促使 G20 峰会成立的原始动力在减弱。此原始动力可被总结为救市需求和危机预防需求，救市需求是指在金融危机全球蔓延，实体经济遭受冲击的背景下协调各国政策恢复经济的需求，危机预防需求是指解决导致 2008 年金融危机的主要问题，预防类似危机再次发生的需求，其中前述国际货币体系的问题便是需要解决的重要问题之一。

国际货币体系制度变迁动力减弱的原因可被总结如下。首先，随着危

①② G20 Leaders' Declaration：Shaping an Interconnected World. Hamburg，2017.

③ 刘宏松．G20 议题的扩展及其对机制有效性的影响．国际论坛，2015（3）：7－11.

机远去和改革初见成效，需求迫切性减弱，利益的共同性降低。在危机爆发之初，解决导致危机的制度问题是国际社会和各国决策的核心议题，原本充满观念分歧和利益竞争的各国在这一些问题上短暂地形成了利益共同体，G20 峰会的召开便是此利益共同体形成的体现。各国或地区经济差异性的恢复和国际货币体系选择性的改革使此利益共同体出现分歧，尤其中美之间关于国际货币体系改革的不同利益诉求愈发显著①，美元体系下的外围国家随着美国经济复苏和美元走强而重新获利，并因此失去对国际货币体系改革的需求②。

其次，国际货币体系的问题根深蒂固，改革周期长、难度大、成本高，其全球公共产品属性使搭便车现象无可避免。当前国际货币体系的核心问题与布雷顿森林体系的缺陷在内在逻辑上是一致的，即充当国际货币的主权货币发行国内外政策目标的矛盾。此问题由来已久，源自当前国际货币体制的基本原则和规范，仅仅对具体规则和决策程序的修改无法从根本上解决这一问题，因此改革周期长、难度大、成本高。国际货币体系的全球公共产品属性使改革成本分配不均，导致搭便车现象，并因此使国际货币体系改革陷入共同利益困境。③

再次，大国既得利益阻挠使制度变迁举步维艰。美国是当前国际货币体系的最大受益者，表现为其国际货币的垄断权，这种垄断权赋予美元“嚣张的特权”，如恣意收取国际铸币税，转移国际收支失衡的压力，打击美元的国际竞争对手等。④譬如，刘明礼的研究指出，美国为维系货币霸权，利用国际货币体系向欧元区转嫁风险。⑤ 改革国际货币体系会削弱或取消美元的特权，这必然招致美国的竭力反对，美国在 IMF 改革上多次行使事实上的否决权就是很好的例证。

最后，制度路径依赖削弱制度变迁动力。诺思认为，制度演进一旦走

---

① 例如，叶荷和岳星认为美国对国际体系的利益诉求是维护以美元为国际主要储备货币的软制度安排，维护货币政策的自主性，掌控美元汇率变化的主动权，而中国的利益诉求是建立与中国在全球经济中的地位相匹配的人民币国际地位，通过双边、区域机制局部改善国际货币体系的运行，建立有利于国际贸易与实体经济的国际货币规则，拓展更加自主平等的货币关系。参见叶荷，岳星．货币合作还是货币战争？——中美在国际货币体系改革中的利益导向和合作前景．国际经济评论，2015（6）：9－26。

② 王晋斌．论国际货币体系演变特点及现实启示．安徽大学学报：哲学社会科学版，2010（5）：1－14.

③ 杜朝运，叶芳．集体行动困境下的国际货币体系变革．国际金融研究，2010（10）：21－26.

④ 段军山，刘璐．美元“嚣张的特权”分析及展望．江淮论坛，2014（1）：82－89.

⑤ 刘明礼．美元霸权与欧洲金融安全．国际安全研究，2017（6）：91－107.

上某种路径，就会朝着既定方向发展，且发展趋势得到自我强化，并形成对此发展路径的依赖。① 当前国际货币体系的发展路径形成于 20 世纪 70 年代早期，具体内容是以美元为核心的储备货币和汇率制度多元化。此后近半个世纪，国际货币体系一直沿着此路径演进。如前所述，即使在 2008 年金融危机后多种改革方案被提出，国际货币体系的改革最终还是沿此路径推进。一些学者对国际货币体系演进历史的研究也得出类似的结论，认为政府担心国际货币体系剧烈变化所带来的不确定性冲击，并因此对国际货币体系的使用产生惯性。②

在上述因素的共同作用下，2008 年金融危机（外部冲击）所带来的制度变迁动力逐渐减弱，利益攸关方逐渐接受或无力继续改革当前国际货币体系，其结果是危机前国际货币体系所存在的诸多问题虽有所缓解，但依然存在。

4.3　新均衡困境下的旧问题

后危机时代 G20 主导的国际货币体系改革有所进展，但目前尚未建立一个更加安全和稳定的国际货币体系。由于前述国际货币体系改革的均衡困境，其固有的问题依然存在。正如美国经济学家埃德温·杜鲁门的分析，G20 和 IMF 尝试建立一个更加稳健和更富弹性的国际货币体系的努力确实有一些有益的教育作用，但是没有取得实质性的成绩，其在金融监管、最后贷款人、资本流动管理和金融治理等方面的改革措施无足轻重。③ 虽然杜鲁门的观点在很多细节方面存在争议，值得商榷，但是，杜鲁门的一个基本判断至今依然正确：国际货币体系尚未发生实质性的变革，固有问题未得到解决。

4.3.1　主权货币国际化的困境

非主权国际货币的缺失和主权货币的国际化是当前国际货币体系核心

① 道格拉斯·诺思．制度、制度变迁与经济绩效．杭行，译．上海：格致出版社，2014.

② Barry Eichengreen and Nathan Sussman. The International Monetary System in the (Very) Long Run. IMF Working Paper No. 00/43，2000；王晋斌．论国际货币体系演变特点及现实启示．安徽大学学报：哲学社会科学版，2010（5）：1-14.

③ Truman，Edwin M. G20 Reforms of the International Monetary System：An Evaluation. Peterson Institute for International Economics Policy Brief No. PB11-19，2011.

问题的根源，后危机时代的改革未触及此问题的根本。在后布雷顿森林时期，美国免去了美元作为国际货币所应承担的国际责任，但仍然拥有美元“嚣张的特权”[①]，美元霸权成为国际货币体系不稳定的重要因素[②]。在实施《牙买加协议》后，美国的资本流入和公共债务开始大幅增加，一个新的美国模式开始形成。在此模式中，美国经常项目的巨额赤字由资本项目的盈余和公共债务来弥补，并因此形成了所谓的“美元循环”或“复兴的布雷顿森林体系”。[③]在这一循环或体系中，以中国为代表的新兴国家向美国大量出口并积累了巨额以美元为主的外汇储备，这些储备美元通过购买美国国债或其他形式的投资再流回美国市场，并因此形成美元流动循环。在此循环中，以美元为事实本位货币和国际储备货币的非均衡国际货币体系最终导致“国际货币失衡”[④] 和全球经济失衡，或宏观经济失调[⑤]。

在 2008 年金融危机十余年后，美元依然位于当前国际货币体系的核心并享有“嚣张的特权”[⑥]，宏观经济失调依然显著，美国经常项目赤字一定程度收窄，但绝对数值依然巨大。根据美联储的数据，2006 年美国经常项目赤字一度达到了 8 000 多亿美元，尽管在 2008 年金融危机期间和之后赤字有所减少，但 2016 年经常项目的赤字依然高达 4 800 亿美元。同时，美国的资本账户在危机后也陷入小规模赤字之中（除 2012 年外）。双赤字刺激美国政府发行或借贷更多美元，即量化宽松的货币政策。2000—2017 年美国货币供应 M2 存量逐年大幅增加，尤其自金融危机后，增加趋

① Kirshner, Jonathan. Same as It Ever Was? Continuity and Change in the International Monetary System. *Review of International Political Economy*, 2014, 21: 1007 - 1016; Norrlof, Carla. Dollar Hegemony: A Power Analysis. *Review of International Political Economy*, 2014 (21): 1042 - 1070.

② 何帆，张明. 国际货币体系不稳定中的美元霸权因素. 财经问题研究，2005 (7): 32 - 37.

③ Dooley, Michael P. et al. The Revived Bretton Woods System. *International Journal of Finance and Economics*, 2004, 9: 307 - 313.

④ 国际货币失衡被理解为国际货币格局偏离世界贸易格局。王芳，李霄阳. 全球经济失衡：来自国际货币失衡的解释. 中国软科学，2016 (5): 143 - 153.

⑤ 阙澄宇，李丹捷. 全球经济失衡与国际货币体系改革. 财经问题研究，2014 (2): 37 - 45.

⑥ Cohen, Benjamin J. and Tabitha M. Benney. What Does the International Currency System Really Look Like?. *Review of International Political Economy*, 2014, 21: 1017 - 1041; Kirshner, Jonathan. Same as It Ever Was? Continuity and Change in the International Monetary System. *Review of International Political Economy*, 2014, 21: 1007 - 1016; Norrlof, Carla. Dollar Hegemony: A Power Analysis. *Review of International Political Economy*, 2014, 21: 1042 - 1070.

势更加明显，到 2017 年 1 月，M2 存量已到达 13 万多亿美元。[①] 美国的对外债务规模也逐年增大，在 2008 年金融危机后增速更快，2016 年末已达到大约 6.3 万亿美元。[②]美国在后布雷顿森林时期形成的“赤字经济”[③]或“债务经济”[④] 模式依然延续。

同时，为了应对可能出现的资本外流或金融危机，新兴国家和发展中国家持续累积外汇储备。图 4－1 对比了 2006 年和 2016 年主要国家和地区的非黄金外汇储备总额。对比结果显示，后危机时代国际货币体系的改革并没有改变新兴国家和地区以及发展中国家和地区通过累积外汇储备预防金融危机和维护本国或本地区金融稳定的客观需求和主观愿望。更为重要的是，大多数外汇储备货币依然是美元，这显示美元国际货币的地位并未改变，且依然享有“嚣张的特权”。截至 2017 年第一季度，大约 64%的世界官方外汇储备货币为美元（见图 4－2），国际储备货币构成的基本形态未被改变，储备货币体系的改革停滞不前。与美国的双赤字不同，如之后详述，中国的经常账户和资本账户出现双盈余，且中国一直是美国最大的债权国之一。[⑤]这一双赤字和双盈余的状况以及债权债务关系，显示出中美经济的宏观失衡问题在后危机时代尚未得到妥善解决。

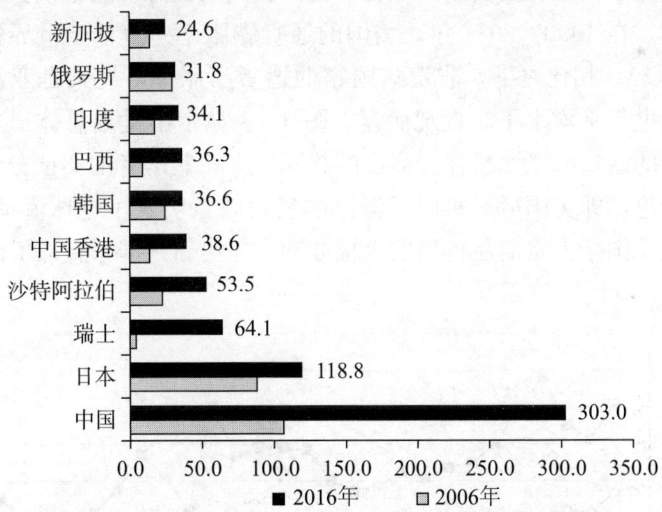

图 4－1　主要国家和地区 2006 年和 2016 年外汇储备（不包括黄金）对比（百亿美元）

资料来源：世界银行。

①② 资料来源：美联储。

③ 菲利普·凯甘. 赤字经济. 谭本源，等，编译. 北京：中国经济出版社，1988.

④ 丁振辉，陈苗. 美国债务经济与国际货币体系. 当代经济研究，2013 (9)：78－82.

⑤ 在后危机时代，中国和日本交替为美国的第一债权国。

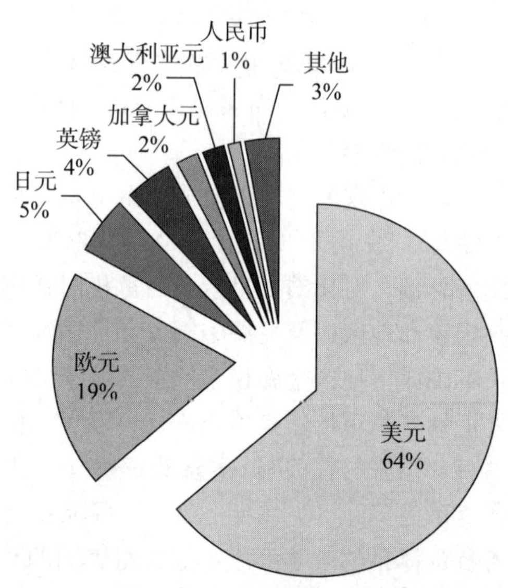

图 4－2　官方外汇储备货币构成

资料来源：IMF。

正是凭借美元特殊的国际地位，美国长期向国际社会输出其国内通货膨胀压力。在 1990—2017 年，美国的通货膨胀率一直低于世界平均水平（见图 4－3）。相比之下，非发达国家的通货膨胀率，尤其是亚洲地区要明显高于世界平均水平。直观而言，图 4－3 显示出世界总体通货膨胀水平与美国的通货膨胀水平保持高度的趋同性。一些学者的实证分析也证实了这一结论，即美国后危机时代激进的货币政策引发了全球流动性过剩，不仅导致了国际大宗商品价格的大幅波动，还给新兴国家施加了巨大的通

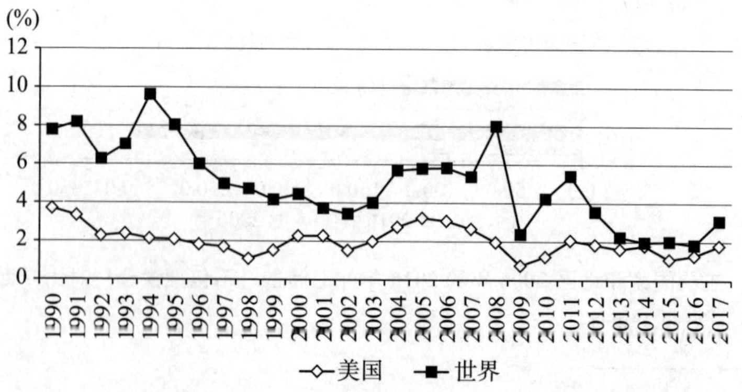

图 4－3　1990—2017 年美国与世界通货膨胀率的比较

资料来源：世界银行。

货膨胀压力。①

4.3.2 国际收支调节不力

与宏观经济失衡存在因果联系的一个重要问题是国际收支调节不力。在牙买加体系下，具体调节手段包括汇率和利率（即货币政策和财政政策）、国际金融市场、国际金融机构、外汇储备以及国际协调等。后危机时代并未有创新性的国际收支调节手段出现，既有调节手段存在很多不足和问题。汇率调节通过影响该国货币的汇率进而影响其进出口状况，最终起到调节国际收支的作用，但此种手段往往导致汇率失调。利率调节通过调节实际利率来改变资本流向，从而达到调节国际收支的目的。利率调节的使用存在很多局限，通常会对本国和全球经济产生显著的负面影响，美联储数次加息导致的市场动荡便是很好的例子。相对而言，国际金融市场调节是一种更为常见的手段，即向国际金融市场存借款以调节并维持本国的国际收支平衡，但此种手段多为权宜之计，美国正是运用这种调节手段累积了巨额的政府外债和债务风险。国际金融机构调节是指一些国际机构通过贷款等形式向面临国际收支困难的国家提供资金，并帮助其改善国际收支状况，最典型的此类国际机构是IMF和世界银行。当前，这些机构自身都面临各种困境，改革步伐缓慢，因此对国际收支的调节作用较弱。外汇储备调节是一种被新兴国家广泛使用的手段，即在出现国际收支逆差时通过其外汇储备进行调节。一些国家正是出于调节国际收支和预防金融风险的目的积累了巨额外汇储备，并被视为全球宏观经济失衡的一个重要原因。另外一种调节手段是国际协调，即相关国家通过正式或非正式的国际组织进行磋商，并就相关问题达成共识，形成解决方案，如G20峰会。这种手段缺乏约束力，很难从根本上协调主要国家间的观念分歧和利益矛盾。

4.3.3 汇率波动与汇率失调

当前国际货币体系的另一个重要问题是汇率制度多样化导致的汇率大幅波动和汇率失调。如第一章所述，当前体系的核心体制特征之一是汇率制度的多样化（见表4-1）。诸多汇率制度安排的直接后果便是汇率大幅波动。本章使用人民币、日元、英镑、欧元等主要货币的日均兑美元汇率，对1999年1月2日至2017年5月22日间的汇率波动情况进行测

① 陈磊，侯鹏．量化宽松、流动性溢出与新兴市场通货膨胀．财经科学，2010（10）：48-56．

量。[①]选择以 1999 年作为观察起点，是出于减少 1997 年亚洲金融危机对汇率的影响的考虑。本章使用移动标准差对汇率波动进行测量。假设该时期内一国货币日均兑美元汇率为 ER_1，ER_2，ER_3，…，ER_t，…，ER_N，该国货币兑美元汇率在 k 期时，时间长度（或窗宽）为 s 的标准差为

$$SD_{k,s}=\sqrt{\frac{\sum_{t=k-s}^{k}\left(ER_t-\frac{\sum_{t=k-s}^{k}ER_t}{s}\right)^2}{s}}$$

到 k 期时，时间长度（或窗宽）为 s 的移动标准差为 $SD_{s,s}$，$SD_{s+1,s}$，$SD_{s+2,s}$，…，$SD_{k,s}$。

笔者将时间窗宽 s 设定为三个月、半年和一年，并分别计算人民币、日元、英镑、欧元、加拿大元、澳大利亚元，以及金砖国家的南非兰特、巴西雷亚尔、印度卢比兑美元日汇率在 1999—2017 年的移动标准差。以图 4 - 4 的三个月移动标准差为例，直观上，主要货币兑美元的汇率波动没有明显改善，甚至恶化。半年期和一年期的移动标准差结果与三个月移动标准差结果一致。[②] 表 4 - 3 进一步比较 2008 年前后主要货币兑美元汇率的振荡程度。考虑到 2008 年汇率大幅振荡可能会拉高移动标准差的整体水平，因此表 4 - 3 对 1999—2007 年和 2009—2017 年的三个月移动标准差进行比较。如表 4 - 3 所示，在后危机时代，只有日元和雷亚尔的平均波动程度小幅降低，日元、英镑和加拿大元的三个月移动标准差的中位数小幅降低。表 4 - 3 的最后一列考察了危机前后日汇率三个月移动标准差均值之差及其显著性。[③] 可见，除了日元、雷亚尔在后半段时间（2009—2017 年）里的汇率波动相对前半段时间（1999—2007 年）显著减少外，其他货币在后半段时间的汇率波动幅度并没有降低，甚至继续扩大。具体而言，英镑和加拿大元的汇率波动与之前持平（即没有显著差异），而人民币、欧元、澳大利亚元、兰特、卢比的汇率波动在次贷危机后显著扩大。其他定量研究也证实了金融动荡和汇率大幅波动之间互为因果关系。[④]具

① 资料来源：IMF。此处汇率均采用直接标价法，且均以美元为锚。

② 限于篇幅，此处不呈现半年和一年的移动标准差结果。

③ 这里考察的显著性是二者之差在统计上是否显著不为 0，如果不显著，说明二者没有差异，如果显著，则根据差异的符号判断二者的大小。

④ Virginie Coudert et al. Exchange Rate Volatility across Financial Crises. *Journal of Banking & Finance*，2011，35：3010 - 2018；Morales-Zumaquero，Amalia and Simón Sosvilla-Rivero. Real Exchange Rate Volatility，Financial Crises and Nominal Exchange Regimes. ICEI Working Papers 06/13，2013.

体而言，后危机时代各国的救市政策（如量化宽松货币政策）、对本国汇率的市场化和非市场化干预（如全球货币战争），以及市场对金融动荡的自发反应都是汇率波动的诱因。

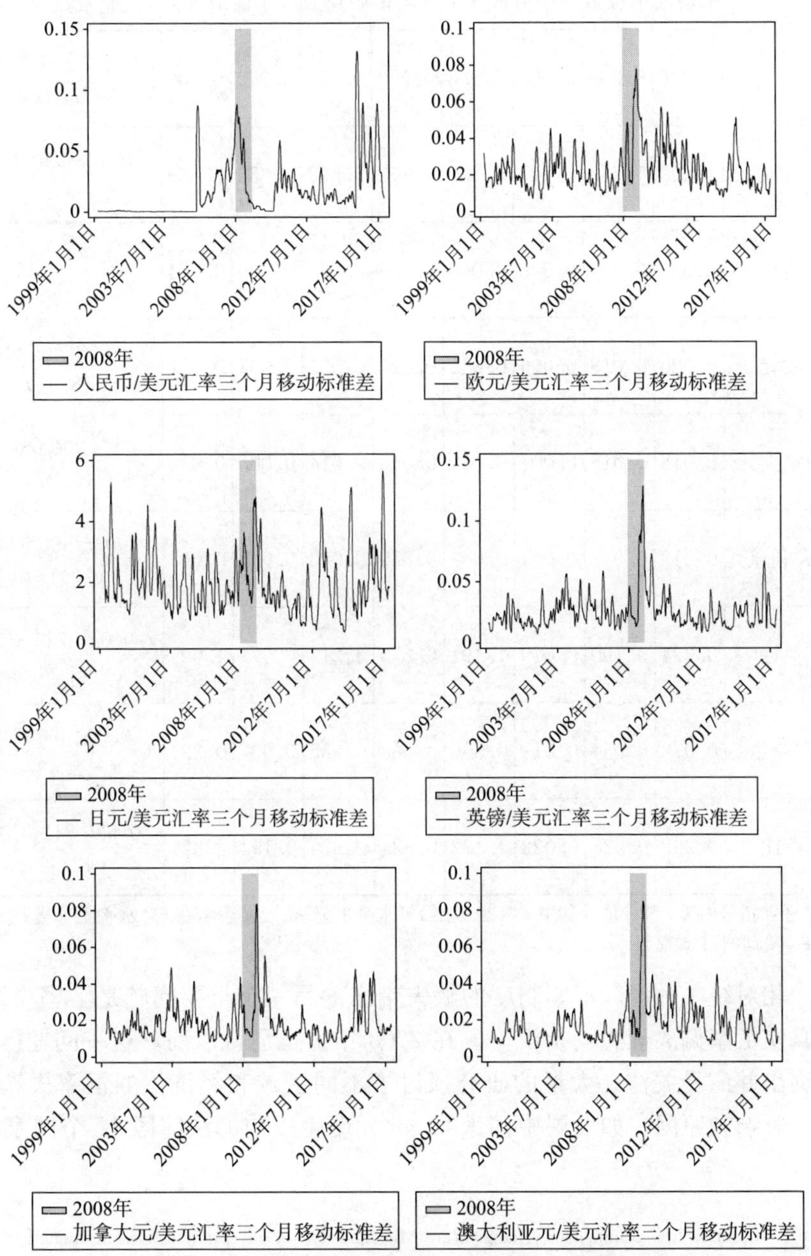

图 4-4 部分货币兑美元日汇率的三个月移动标准差

资料来源：IMF。

表 4-3 危机前后汇率波动情况比较（三个月移动标准差）

	1999—2007年				2009—2017年				2009—2017年与1999—2007年均值之差及其显著性
	平均值	中位数	最小值	最大值	平均值	中位数	最小值	最大值	
人民币	0.008	0.000	0.000	0.088	0.023	0.016	0.000	0.132	0.014 837 3*** (23.21)
日元	1.990	1.790	0.747	5.327	1.812	1.592	0.355	5.689	−0.178 920 7*** (−6.21)
英镑	0.025	0.023	0.008	0.060	0.025	0.022	0.009	0.074	0.000 234 7 (0.55)
欧元	0.020	0.018	0.006	0.045	0.023	0.021	0.007	0.057	0.002 715 4*** (8.46)
加拿大元	0.018	0.016	0.007	0.049	0.018	0.014	0.005	0.056	0.000 084 (0.27)
澳大利亚元	0.013	0.012	0.004	0.043	0.019	0.018	0.005	0.045	0.005 880 5*** (20.12)
兰特	0.224	0.190	0.019	1.191	0.273	0.213	0.071	1.005	0.048 723 3*** (9.21)
雷亚尔	0.072	0.054	0.012	0.350	0.068	0.055	0.007	0.294	−0.004 041 2** (−2.42)
卢比	0.298	0.228	0.022	1.432	0.824	0.674	0.194	2.827	0.526 712 8*** (42.47)

注：括号内为t统计值，其中 *** 表示在1%水平上显著；** 表示在5%水平上显著；* 表示在10%水平上显著。

相对统一的国际汇率制度的缺失带来的另一个重要问题是汇率失调，即真实汇率偏离理想均衡汇率。在2008年金融危机以前，这一问题已十分突出并广受关注。大量的研究探讨了不同区域和经济体的汇率失调程度、影响和原因，如发展中国家①、欧元诞生以前的法郎区12个国家②、

① Campa, Jose Manuel. Exchange Rate Misalignment: Concepts and Measurement for Developing Countries. *Journal of International Economics*, 2002, 57 (1): 257-260.

② Devarajan, Shantayanan. Real Exchange Rate Misalignment in the CFA Zone. *Journal of African Economies*, 1997, 6 (1): 35-53.

中国[1]、土耳其[2]、南非[3]等等。在后危机时代，汇率失调问题依然存在，且有更加严重的趋势，亚洲[4]、欧元区[5]、发展中国家[6]、拉丁美洲[7]、非洲[8]、新兴经济体[9]等主要货币都存在不同程度的汇率失调。后危机时代国际汇率失调主要表现为核心国家竞相贬值本国货币，即所谓的“全球货币战争”。发达经济体往往通过国内货币政策干预汇率，后危机时代最典型的政策是量化宽松货币政策。以欧美为主的发达经济体通过量化宽松的货币政策给国内和全球经济注入大量流动性，但同时也对全球经济产生了极大的负面影响，使其陷入了“滥币陷阱”[10]。例如，大规模的资产购买，尤其是对长期国债和资产抵押债券的购买减少了市场上易获得且安全的投资选择，迫使美国和国际投资者转向风险相对更高的投资。[11]同时，流动性大量增加为较高风险的投资行为提供了充足的资金。正如美国学者丹·施泰因博克（Dan Steinbock）所观察到的，随着投资者追求更高的回报，量化宽松政策使大量的投机性短期资金（热钱）流入新兴国家，并导致了市场泡沫，这增加了全球市场的不稳定性和其他风险。[12]

发展中国家和新兴国家则主要通过非市场化的手段对汇率进行干预。例如，一些西方国家和国际组织一直以来指责中国人民币汇率市场化程度

① Zhang, Zhichao. Real Exchange. Rate Misalignment in China: An Empirical Investigation. *Journal of Comparative Economics*, 2001, 29 (1): 80 - 94.

② Ü. Özlale and E. Yeldan. Measuring Exchange Rate Misalignment in Turkey. *Applied Economics*, 2004, 36: 1839 - 1849.

③ Mainardi, Stefano. Economic Growth and Exchange Rate Misalignment: The Role of Gold in South Africa. *Savings and Development*, 1996, 10 (4): 407 - 430.

④ Toulaboe, Dosse. Real Exchange Rate Misalignment of Asian Currencies. *Asian-Pacific Economic Literature*, 2017, 31 (1): 39 - 52.

⑤ El-Shagi, Makram et al. Real Effective Exchange Rate Misalignment in the Euro Area: A Counterfactual Analysis. Review of International Economics, 2016, 24 (1): 37 - 66.

⑥ Sekkat, Khalid. Exchange Rate Misalignment and Export Diversification in Developing Countries. *The Quarterly Review of Economics and Finance*, 2016, 59: 1 - 14.

⑦ Giannellis, Nikolaos and Minoas Koukouritakis. Exchange Rate Misalignment and Inflation Rate Persistence: Evidence from Latin American Countries. *International Review of Economics and Finance*, 2013, 25: 202 - 218.

⑧ Ibrahim A. Elbadawi et al. Aid, Real Exchange Rate Misalignment, and Economic Growth in Sub-Saharan Africa. *World Development*, 2012, 40 (4): 681 - 700.

⑨ Kargbo, Joseph. Capital Flows, Real Exchange Rate Misalignment and PPP Tests in Emerging Market Countries. *Applied Economics*, 2011, 43 (15): 1883 - 1897.

⑩ 许平祥. “滥币陷阱”与国际货币体系的不稳定性. 经济学家，2017 (4): 74 - 81.

⑪ Lavigne, Robert et al. Spillover Effects of Quantitative Easing on Emerging-Market Economies. *Bank of Canada Review*, 2014: 23 - 33.

⑫ Steinbock, Dan. The Hot Money Trap. *Project Syndicate*, 2010, 23 November.

低以及中国市场经济体制不完善，因此认为被低估的人民币给中国贸易带来了巨大的优势，并最终导致了中美之间的宏观经济失衡。以此为依据，这些国家和国际组织给中国的汇率政策施加了巨大的压力。一些学者甚至认为："推动人民币升值的主要因素便是来自美国的压力，因为中国不愿意损害其从中获利颇丰的中美贸易关系的稳定。"① IMF 曾数次在其官方文件中评价人民币币值被"大幅低估"② 或"从根本上失调"③。发达经济体市场化的干预与非发达经济体非市场化的控制之间形成了观念和利益上的冲突，这一方面给国际货币体系稳定带来了挑战，另一方面阻碍了国际货币体系的改革。

4.3.4 国际货币组织低效

除上述关于国际货币体制的问题外，国际货币组织的相关问题在后危机时代也得到了更多关注，但截至目前还没有得到实质性解决。国际金融机构改革是 G20 主导的后危机时代国际金融体系改革的核心内容之一。此改革初见成效，如 IMF 和世界银行配额调整，国际清算银行等国际机构的会员扩充，SDR 一篮子货币的调整等等。但是，国际货币组织的根本问题依然未得到妥善解决，即较为集中的国际货币组织构架与松散的国际货币体制不匹配，因此无法解决前述该体制中的各种复杂问题。危机前国际货币组织构架的核心是 G7 和 IMF，危机后最大的变化是 G7 升级成 G20。但是，无论是 G7 还是 G20，其"小规模多边主义"④ 或大国"俱乐部"⑤ 的本质属性没有改变，在国际货币体系中，依然是少数国家试图替多数国家做决定。但是，与布雷顿森林体系相比，国际货币体制的选择却极大地自由化，并逐渐变得十分松散和不统一，如多种储备货币、多种汇率制度、多种国际收支调节手段，这使得少数国家在替多数国家做决定时无法兼顾集体利益，出现集体利益困境。G7 和 G20 本身并不是正式的国

---

① Buckley, Lee Taylor. China's Response to US Pressure to Revalue the RMB. *China Research Center*, 2012, 11 (1).

② IMF. 2009 Article IV Consultation with the People's Republic of China. Public Information Notice (PIN) No. 09/87, 2009.

③ Beattie, Alan. IMF in Discord over Renminbi. *Financial Times*, 2009, January 26.

④ Wade, Robert H. Emerging World Order? From Multipolarity to Multilateralism in the G20, the World Bank, and the IMF. *Politics & Society*, 2011, 39 (3) 347 - 378.

⑤ Tsingou, Eleni. The Club Rules in Global Financial Governance. *The Political Quarterly*, 2014, 85 (4): 417 - 419.

际机构，其合法性以及政策建议的执行力度和有效性一直受到质疑。①IMF 则由于对全球经济调控能力的缺乏、领导体制的缺陷、决策机制的问题、预警能力和监管能力的不足以及其“旧规则”与“新经济”脱轨等问题而陷入了信任和合法性危机之中。②

总结而言，从金融治理的角度，2008 年金融危机的原因可归纳为三个主要因素：国际货币体系的缺陷、美国国内政策失误和金融监管不足，以及国际金融监管不力。这三个原因代表了危机形成的三个不同阶段。由于国际货币体系所存在的缺陷，大量流动性进入美国市场，并导致了中美之间所谓的宏观经济失衡，即美国经常项目的巨额赤字对应中国经常项目的巨额盈余。美国国内货币政策失误和金融监管松弛，导致并纵容了房地产市场泡沫、住房按揭的证券化以及其他无节制的金融创新，并最终导致了美国房地产市场的次级贷款危机。国际金融监管体系无力预测、预防和阻止美国次贷危机向金融行业和实体经济的蔓延，尤其是从美国向国际市场的扩散。危机爆发后，国内和国际金融监管者迅速采取行动，解决或缓解上述三大主要问题。国际货币体系改革与全球金融安全机制间的关联与问题也得到了学者们的关注。③

但是，当前国际货币体系改革陷入均衡困境，危机前存在的问题并未被实质性地解决，而制度变迁的动力却逐渐消失，相关国家行为体维护（如美国）、接受（如美元体系下的外围国家）④ 或无力独自改变（如中国）当前存在缺陷的国际货币体系，于是关于国际货币体系改革的国家间博弈进入一种相对均衡状态，这种状态并不是博弈论的均衡概念所描述的行为体最优策略组合，而是不同利益诉求冲突或合作后的一种相对稳定的现实状态。在这种现实状态下，体系固有问题依然存在，个体理性超越集体理性，体系制度变迁进程变慢，近乎停滞。因此，从国际货币制度变迁的角度而言，后危机时代的改革并未带来一个更加安全的金融世界。导致均衡困境的直接原因是制度变迁动力减弱，因此解决均衡困境的方法是创

① Pettis，Michael. The G20 Meeting：No Common Framework，No Consensus. Carnegie Endowment for International Peace，Policy Brief，2009，79；沈伟. 后金融危机时代的国际经济治理体系与二十国集团. 中外法学，2016（4）：1014－1037.

② 崔建军，常天. IMF 改革困境与中国的现实选择. 当代经济科学，2013，35（3）：23－27.

③ 郑联盛，张明. 国际货币体系改革与全球金融安全机制构建：关联与问题. 国际安全研究，2015（6）：3－23.

④ 王晋斌. 论国际货币体系演变特点及现实启示. 安徽大学学报：哲学社会科学版，2010（5）：1－14.

造足够强大的制度变迁动力。在国际货币体系历史上的两次主要制度变革中，美国霸权（布雷顿森林体系成立）和体系内在缺陷所导致的体系崩溃（牙买加体系成立）是制度变迁的主要动力。在当前体系下，霸权已不复存在，体系崩溃的成本太高，因此，寻找新的制度变迁动力来源是国际货币体系持续完善的关键。随着国际格局多极化趋势不断加强，制度化的国际协调和合作可能是未来可供探讨的新动力。

第五章　宏观审慎金融监管

正如本书其他章节所述，2008年全球金融危机暴露了危机前全球金融治理的诸多问题，并推动了其改革和发展。诸多问题之中的重要问题之一是针对单个金融机构的微观审慎监管无法确保系统性安全，或无法预防和解决系统性风险（systemic risk）。因此，在后危机时代，除了继续强化微观审慎监管，即针对单个金融机构的风险监测和监管外，全球金融治理开始更多地关注宏观审慎监管（macroprudential regulation），并已逐步建立了一个宏观审慎金融监管政策框架。这一政策框架已经成为全球金融治理体制复合体的重要部分。从微观审慎到宏观审慎的转变甚至被认为是危机后全球金融治理体系改革的核心内容。①本章对宏观审慎概念的起源和发展、内在逻辑以及危机后建立的宏观审慎政策框架进行总结和分析。

5.1　宏观审慎概念的起源和发展

宏观审慎政策的经验起源至少可以追溯到20世纪30年代末。当时，美国等西方国家采用了一系列的措施，通过影响信用供给维护国内金融体系的稳定，这些措施被认为具有宏观审慎。②然而，宏观审慎概念的起源却是在20世纪70年代末。学术界和政策界一般认为“宏观审慎”（macroprudential）一词最初出现于库克委员会（Cooke Committee）（即巴塞尔银行监管委员会的前身）1979年召开的第16次会议的一份非正式会议记录中。此会议记录中的记载如下：

---

① Clement, Piet. The Term “Macroprudential”: Origins and Evolutions, 2010: 59.

② Galati, Gabriele and Richhild Moessner. *What Do We Know about the Effects of Macroprudential Policy?*. DNB Working Paper No. 440, September, 2014: 6.

主席说，随着微观审慎问题变成可被称为宏观审慎的问题，微观经济问题开始汇集成宏观经济问题。委员会对宏观审慎问题给予了适当的关注，且正是宏观审慎问题和宏观经济问题间的联系构成了委员会的兴趣范围。①

此报告中虽然出现了宏观审慎的概念，但此概念的含义比较模糊。在随后（1979 年 11 月）关于银行期限转换的报告中，宏观审慎的概念再一次被提出，并得到了更加清晰的阐释。该报告明确写道：

除了单个银行所面临的流动性风险以外，国际银行系统作为一个整体还可能面临着风险。这种风险无法从单个银行及其资产负债表所呈现出的期限结构上观察到。这种“宏观审慎”风险某种程度上是与国际银行市场自身的特性联系在一起的，即最初的资金提供者与最终的使用者之间是通过一个精心设计的银行间交易网络联系在一起的。②

在“宏观审慎”概念的提出、发展和推广过程中，时任国际清算银行经济顾问的欧洲货币常设委员会（Euro-currency Standing Committee）的比利时经济学家亚历山大·拉姆法卢西（Alexandre Lamfalussy）起到了重要作用。在其任职于国际清算银行期间（1976—1993 年），他的学术观点在很大程度上塑造了国际清算银行对金融稳定的看法。在 1979—1980 年，拉姆法卢西带领的工作小组给予了金融稳定的宏观审慎层面较多的关注。该小组的最终报告多次使用了“宏观审慎监管”一词，并强调了从微观审慎和宏观审慎两个角度加强国际银行体系监管的必要性。③虽然“宏观审慎”术语和概念在 20 世纪 70 年代末就已经出现，但是这一术语在公共文件中出现是在 1986 年。在当年国际清算银行关于国际银行业创新的《克罗斯报告》（Cross Report）中，宏观审慎被定义为“金融体系和支付

① Informal Record of the 16th Meeting of the Committee on Banking Regulations and Supervisory Practices Held in Basle on 28 and 29 June 1979（BS/79/42）. BIS Archives-Banking Supervision. Informal Record. file 2. 转引自：Clement，Piet. The Term“Macroprudential”：Origins and Evolutions，2010：60.

② 巴塞尔银行管理和监督行动委员会关于银行期限转换的报告（BS/79/44，1979 年 11 月）。转引自：Clement，Piet. The Term“Macroprudential”：Origins and Evolutions，2010：60.

③ Maes，Ivo. On the Origins of the BIS Macro-prudential Approach to Financial Stability：Alexandre Lamfalussy and Financial Fragility. National Bank of Belgium Working Paper Research No. 176，Brussels，2009.

系统整体上的安全性和稳健性”①。这一定义和金融监管的思路强调金融体系的整体性和金融机构的集体行动以及由此产生的总体风险（aggregate risk）。这种新的思路与传统的强调单个金融机构监管和安全的微观审慎监管间的差异逐渐变得更加清晰。此后，“宏观审慎”的概念又零星地出现在国际清算银行和其他国际组织的文件中。②例如，在 1998 年的一份文件中，IMF 第一次使用了这一概念。③但是，对于此概念更加精确内涵的讨论直到 21 世纪之初才开始。

如果说拉姆法卢西在宏观审慎概念的提出和形成过程中起到了重要作用，将这一概念更加清晰化的重要人物便是国际清算银行前总裁和金融稳定论坛前主席安德鲁·克罗基特（Andrew Crockett）。在 2000 年 9 月于巴塞尔市召开的第 11 届国际银行监督官大会上，克罗基特做了主题为“将金融稳定的微观和宏观审慎层面结合起来”（Marring the Micro- and Macro-prudential Dimensions of Financial Stability）的演讲。在该演讲中，克罗基特从任务目标和风险来源两个层面区分了微观和宏观审慎监管。就目标而言，微观审慎监管是尽可能地降低单个金融机构失败的可能性，即限制“个别风险”或“非系统性风险”（idiosyncratic risk），并因此保护银行储户，而宏观审慎监管是尽可能地降低金融体系失败的可能性，即限制“系统性风险”，并因此对经济和金融体系整体进行保护。就风险来源而言，金融稳定的微观审慎层面所应对的个别风险是外生性的（exogenous），风险的传导路径是自下而上的，即从单个金融机构传播到整个金融体系，而宏观审慎层面所应对的系统性风险是内生的（endogenous），风险的传导路径是自上而下的，即从整个金融体系到单个金融机构。④在同一年 10 月国际清算银行主持召开的中央银行经济学家秋季会议上，“将金融稳定的微观和宏观审慎层面结合起来”成了会议的主题。会议上来自各国的经济学家从

① Bank for International Settlements. Recent Innovations in International Banking. Prepared by a Study Group Established by the Central Banks of the Group of Ten Countries (Cross Report), Basel, 1986.

② Piet Clement 对这一概念的演变过程进行了详细的总结。详见：Clement, Piet. The Term “Macroprudential”: Origins and Evolutions, 2010.

③ IMF. Toward a Framework for Financial Stability, 1998: 13; IMF. Macroprudential Policy: An Organizing Framework, 2011.

④ Crockett, Andrew D. Marrying the Micro- and Macro-prudential Dimensions of Financial Stability. Remarks before the Eleventh International Conference of Banking Supervisors, Held in Basel, 2000: 20-21.

不同的角度对相关的问题进行了讨论。①这在很大程度上显示出宏观审慎的概念已被视为一种监管理念而被国际清算银行广泛推广。除了国际清算银行外，IMF 在这一推广过程中也起到了重要作用。不同于国际清算银行对宏观审慎概念界定所做出的贡献，IMF 侧重于系统性风险的识别和测量以及金融体系整体稳健性的评估。在 20 世纪 90 年代中后期一系列国际金融动荡爆发的背景下，IMF 与其他国际组织、国家权威部门和私人部门一起提出了一系列致力于建立一个更加稳健和高效的金融体系并更好地解决系统性问题的倡议。在这些倡议下，IMF 设计出了一套宏观审慎指标，即衡量金融体系整体健康和稳定程度的指标。②后面将更加详细地介绍国际货币基金组织在系统性风险识别和测量方面所做出的努力。

进入 21 世纪后直到 2008 年全球金融危机爆发，宏观审慎政策框架的研究和实践虽然进展较为缓慢，但就概念界定而言已经取得了一定的成绩。在 2002 年以“金融体系的风险和稳定”为主题的博科尼大学百年纪念大会上，科斯塔斯·塔萨洛尼斯（Kostas Tsatsaronis）进一步阐释了系统性风险和宏观审慎监管之间的联系。塔萨洛尼斯认为主要有四种系统性风险——共同风险敞口、机构间的相互联系、风险传染和反馈效应——存在，它们使得宏观审慎监管有其必要性，并对监管的机构设置进行了一些探索。③在前人研究和讨论的基础上，克劳迪奥·博里奥（Claudio Borio）2003 年撰写的一篇国际清算银行工作报告对宏观审慎监管的定义、必要性和政策工具进行了总结和进一步分析。博里奥对微观和宏观审慎监管视角的区分和定义继承和借鉴了前文提及的克罗基特的目标和风险来源两个层面的分析，并将其总结如表 5-1。④ 关于宏观审慎监管的必要性，即为什么需要加强宏观审慎导向的监管体系，博里奥从三个主要方面给出了解释——金融体系不稳定性的巨大成本、市场原则与政府监管间的平衡以及金融动荡的本质。关于政策反应，博里奥从跨行业和时间两个维度进行了

① Bank for International Settlements. Marring the Macro-and Micro-prudential Dimensions of Financial Stability, 2001.

② IMF. Macroprudential Indicators of Financial System Soundness. IMF Occasional Paper 192. Washington, DC: IMF, 2000.

③ Tsatsaronis, Kostas. Systemic Financial Risk and Macro-prudential Supervision. Paper Presented at the Bocconi University Centennial Conference on "Risk and Stability in the Financial System: What Roles for Regulators, Management and Market Discipline?". Basel, 2002.

④ Borio, Claudio. Towards a Macroprudential Framework for Financial Supervision and Regulation?. BIS Working Paper No. 128, Basel: Bank for International Settlements, 2003: 2.

较为详细的讨论。简言之，跨行业维度强调的是金融机构的规模和相关性，而时间维度强调的是金融体系的顺周期性特征。上述对定义的讨论和对政策反应的分析为之后关于宏观审慎监管的研究和相应政策工具的分析提供了一个基础性的框架，具有重要意义。在克罗基特做主题演讲“将金融稳定的微观和宏观审慎层面结合起来”六年后的 2006 年，时任国际清算银行总经理的马尔科姆·奈特（Malcolm Knight）在第 14 届国际银行监督官大会上总结了这六年以来宏观审慎观念在金融管理和监督框架中的发展，并指出宏观审慎监管继续发展所面临的困难。这些发展具体表现在三个方面——对宏观审慎监管重要性的认识、风险和脆弱性的识别以及政策工具的调整，而这些困难主要是相关知识的局限、制度设计的复杂性和多样性以及其实施所带来的政治经济影响。①这一主题演讲进一步推动了宏观审慎概念的发展，同时也印证了克罗基特 2000 年关于宏观审慎监管演讲的重要意义。

表 5-1　宏观审慎和微观审慎的对比

	宏观审慎	微观审慎
直接目标	防止金融体系陷入困境	防止单个金融机构陷入困境
终极目标	避免产出（GDP）损失	保护消费者（投资者/储蓄者）
风险模式	（部分）内生的	外生的
金融机构间的相关性和共同风险敞口	重要	不相关
审慎控制的校准	根据系统性的困境；自上而下	根据单个金融机构的风险；自下而上

虽然在 2008 年金融危机爆发以前宏观审慎监管的概念已基本清晰，并在国际清算银行和主要国家中央银行的经济学家和官员间逐渐形成了一种共识，即宏观审慎监管是传统微观审慎监管的有益且必要的补充。但是，这一概念以及其所代表的监管思路的受重视程度和流传度并不高。图 5-1 是通过 ProQuest 数据库对关键词“macroprudential”和“macro-prudential”进行检索的结果。该结果显示，在 2008 年以前，宏观审慎概

① Knight, Malcolm D. Marring the Micro-and Macro-prudential Dimensions of Financial Stability. Address at the 14th International Conference of Banking Supervisors, 2006, 10: 4-5.

念在英文文献中出现的频数很低。由于数据库自身的局限性和其他一些原因，该统计结果的精确性可能存在问题，但其反映出了一个整体的趋势——宏观审慎概念在2008年金融危机爆发后受到了空前的关注和讨论。

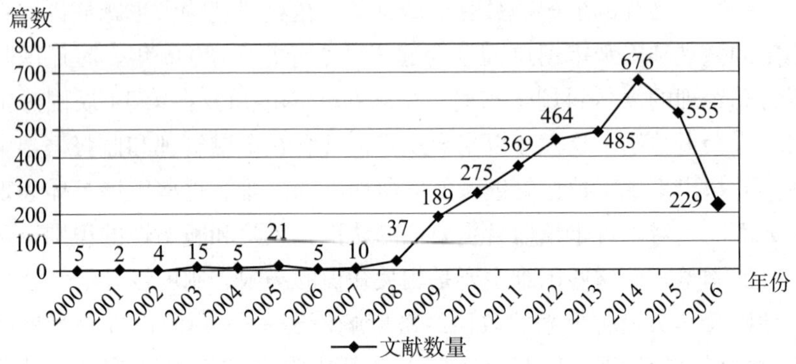

图5-1　2000—2016年使用“宏观审慎”概念的文献统计

在2008年金融危机爆发以后，宏观审慎监管在政策界和学术界都得到了高度的重视，从传统微观审慎监管的一个有益补充变成了全球金融治理的一种主流观念，并逐渐形成了一个被多数全球金融治理机构和主要国家认可的政策框架。2009年初，国际清算银行的相关文件中用宏观审慎概念概括导致金融危机的一系列问题，包括“大而不能倒”、顺周期性、监管不足等。[①] 2009年G20匹兹堡峰会正式采用了这一概念，并指出：“应确保在宏观审慎监管和微观审慎监管之间保持适当平衡以控制风险，并开发必要工具监督和评估金融体系宏观审慎风险的累积。”[②] 2010年G20首尔峰会呼吁金融稳定理事会、国际货币基金组织和国际清算银行采取行动制定宏观审慎政策框架。首尔峰会的领导人声明中提道：

> 为在现有基础上以全面综合手段处理金融部门的系统性风险，我们要求金融稳定理事会、国际货币基金组织和国际清算银行进一步研究宏观审慎政策框架，包括用来减轻过度资本流动影响的工具，并向下一次财长和央行行长会议做报告。这些框架应充分考虑国家和区域的制度安排。我们期待详尽说明在甄别最佳实践方面进展的联合报告，这将在框架的设计和实施过程中为未来国际原则或准则的确立奠

① 周小川．宏观审慎政策框架的形成背景、内在逻辑、相关理论解释和主要内容．西部金融，2011（3）：5.

② G20. Leaders' Statement：The Pittsburgh Summit. September 24－25，2009. 中文译文来源于2016年G20杭州峰会官网。

定基础。[①]

这是后危机时代宏观审慎由一种监管理念向监管实践转变的重要一步。此后，主要全球金融治理机构积极响应G20的号召，研究和探索宏观审慎政策框架。2011年金融稳定理事会、国际货币基金组织和国际清算银行联合发布了名为《宏观审慎政策工具和框架》（Macroprudential Policy Tools and Frameworks）的报告。几乎同时，国际货币基金组织发布报告《宏观审慎政策：一个组织框架》（Macroprudential Policy：An Organizing Framework）。这两份报告对宏观审慎监管的相关概念、内在逻辑、政策工具、制度设计等重要问题进行了较为系统的阐述，可被视为后危机时代宏观审慎监管发展的两份指导性文件。2013年和2014年国际货币基金组织还发布了另外两份报告，即《宏观审慎政策的主要方面》（Key Aspects of Macroprudential Policy）和《宏观审慎政策工具概述》（An Overview of Macroprudential Policy Tools）。这一系列报告呈现出了一个关于宏观审慎监管较为完整的体系。这一体系包含了五个部分的具体内容——定义性要素、系统性风险的识别和测量、政策工具、机构设置以及政策的执行和效果。围绕这五个方面，不同的全球金融治理机构侧重于不同的方面，并通过前面所提及的体制互动和制度互动共同推动了后危机时代以宏观审慎监管为导向的全球金融治理改革。下面逐一对宏观审慎监管五个部分的具体内容进行总结和分析。

5.2　定义性要素

前面介绍了宏观审慎概念从20世纪70年代以来在维护金融稳定方面的演进过程。但是，在2008年金融危机爆发以前近30年的时间里，学术界和政策界并没有一个关于宏观审慎监管的共识性定义出现。广义而言，宏观审慎政策与微观审慎政策一样都致力于金融稳定，而关于金融稳定的定义本身都存在争论。一些学者将金融稳定定义为金融体系应对外部冲击的稳健性，而另一些学者则强调金融动荡的内生属性并将金融稳定定义为金融体系应对源发于体系内部冲击的稳健性。[②]但是，危机前关于宏观审

① G20. The G20 Seoul Summit Leaders' Declaration. November 11－12，2010. 中文译文来源于2016年G20杭州峰会官网。

② Galati，Gabriele and Richhild Moessner. Macroprudential Policy-A Literature Review. Bank for International Settlements Working Paper No. 337. Basel：BIS，2011.

慎政策的讨论已经为其危机后的发展奠定了知识层面和意识形态层面的基础。诚如之前所述，库克委员会和拉姆法卢西领导的工作小组将宏观审慎的观念带入了国际清算银行关于金融稳定的认知体系之中。1986 年的《克罗斯报告》将宏观审慎监管定义为“金融体系和支付系统整体上的安全性和稳健性”，并第一次尝试对其进行正式的阐释。克罗基特和博里奥从任务目标和风险来源两个层面对微观和宏观审慎监管所进行的区分直到今日依然被引用或参考。因此，危机后宏观审慎监管的发展是对危机前长时间知识积累和意识形态准备的一个系统总结，而 2008 年金融危机的爆发为这次总结提供了动力。所谓意识形态准备是指危机前宏观审慎政策的缓慢发展过程恰恰为从微观审慎监管向宏观审慎监管的监管意识形态转变提供了足够的准备和适应时间。

在 2011 年提交给 G20 的联合报告中，金融稳定理事会、IMF 和国际清算银行将宏观审慎政策定义为“使用审慎工具对系统性或系统层面的风险进行限制的政策，其目的是在提供主要金融服务的过程中对可能会给实体经济带来严重影响的金融动荡加以限制”①。具体的方式有两种：一种是抑制金融失衡和构筑能够限制金融衰退速度和程度及其对经济的影响的安全壁垒；另一种是识别和解决共同风险敞口、风险集中、导致风险传染的相互联系和依附以及可能损害整个系统运转的溢出风险（spillover risk）。②具体而言，宏观审慎政策包含了几个定义性要素——目标、分析范围、政策工具和治理结构，这些要素将宏观审慎政策与其他诸如微观审慎政策、宏观经济政策等区别开来。关于宏观审慎政策的具体目标，学术界有不同的观点。例如，布鲁那米尔（Brunnermeier）等人认为宏观审慎监管的主要目标是为经济繁荣时风险自然降低和经济萧条时风险随之上升的现象提供一种反作用力。③而来自英格兰银行的一份报告则认为，宏观审慎政策的主要目标是为经济发展提供稳定的金融中介服务，并试图避免信用和流动性供给也出现类似的经济兴衰周期。④ 2011 年国际清算银行的一份工作报告《宏观审慎政策：文献综述》（Macroprudential Policy—A Literature Review）对宏观审慎政策目标的不同观点进行了更加详细的总

①② FSB-IMF-BIS. Macroprudential Policy Tools and Frameworks：Update to G20 Finance Ministers and Central Bank Governors，2011.

③ Brunnermeier，Markus K. and Yuliy Sannikov. A Macroeconomic Model with a Financial Sector. Mimeo，Princeton University，2009. 转引自：Galati，Gabriele and Richhild Moessner. Macroprudential Policy-A Literature Review，2011.

④ Bank of England，. The Role of Macroprudential Policy. Bank of England Discussion Paper，2009.

结。虽然这些观点的措辞和具体内容有所不同，但总体而言，对于宏观审慎政策的宏观目标鲜有争议。事实上，对于此宏观目标，克罗基特和博里奥通过与微观审慎政策进行对比，在21世纪初就得出了清晰的结论，即限制系统性或系统层面的金融风险。宏观审慎政策的分析范围从传统的微观审慎政策所关注的单个金融机构转变为作为一个整体的金融体系及其与实体经济之间的联系。政策界和学术界对于宏观审慎政策的总体目标、内在逻辑和分析范围已基本达成共识，并无实质性的分歧，但对于宏观审慎政策工具的设计和选择、制度安排以及政策有效性存在不同的观点（之后将进一步讨论）。

“系统性风险”一词在危机前就已经被广泛使用和讨论。与政治和经济学里的很多概念一样，系统性风险尚没有一个精确且具有共识性的定义。考夫曼（Kaufman）和斯科特（Scott）早期的研究将系统性风险的概念归纳为三类。第一类是指几乎同时对大多数或所有国内经济或体系产生大规模负面影响的宏观冲击（macroshock）。这类定义强调的是风险从宏观冲击所引发的系统不稳定向单个金融机构的传播，有自上而下的特性。不同于此宏观层面的分析以及风险自上而下的传播路径，另外两类定义关注的都是微观层面以及风险在金融机构之间的水平传递。不同之处在于，一种定义侧重于金融机构之间直接的业务联系所导致的风险传播的多米诺效应，而另一种则侧重于不同金融机构所面临的来自第三方的风险敞口的相似性。在上述分析的基础上，考夫曼和斯科特提出了一个相对更加抽象和宏观的定义，即系统性风险指的是整个体系崩溃的风险或可能性。①但是，上述分类强调的是金融机构之间以及金融机构与金融体系之间的相互关联性（interconnectedness），忽略了金融体系和经济体系内部的顺周期性。帕维尔·斯马伽（Pawel Smaga）近期的研究对自1994年以来的关于系统性风险的55个定义进行了对比分析，对比的维度包括突发性、金融体系功能受阻、系统性的影响、爆发的可能性、现象的变化性、传染性、关联性、破产/违约、对实体经济的影响和信心下降（见表5-2）。这一对比一方面显示了关于系统性风险定义的多样性和缺乏共识性，另一方面为研究系统性风险的特征性要素提供了参考和启发。在55个被研究的定义中，受到广泛关注的特征性要素是系统性的影响（34个定义）、传染性（24个定义）、对实体经济的影响（23个定义）、金融体系功能受阻（22

① Kaufman，George G. and Kenneth E. Scott. What Is Systemic Risk，and Do Bank Regulators Retard or Contribute to It?. *The Independent Review*，2003，v. VII，n. 3：371-391.

个定义)。

在后危机时代全球金融治理体系里的宏观审慎政策框架构建过程中，来自金融稳定理事会、国际清算银行和国际货币基金组织的联合报告的定义具有一定的指导意义。该报告将系统性风险定义为“金融服务被中断的风险”，且这种风险是由金融体系整体或部分受损所致，并有可能会对实体经济带来严重的影响。①这一定义强调的一个重点是所有形式的金融中介服务、金融市场和金融基础设施都可能在某种程度上具有系统重要性，因此其中断或失败所带来的负面外部性都可能带来系统性风险。来自世界银行的一份报告区分了系统性金融风险（systemic financial risk）和系统性真实风险（systemic real risk）。前者是指“一次冲击将引发金融体系的大部分经济价值或信心丢失以及随之而来的不确定性上升的风险”，后者是指“一次冲击将引发真实活动显著减少的风险”。区分这两种风险有利于更好地评估金融事件对实体经济和社会福利的影响以及金融风险的来源——实体部门冲击在金融部门的放大或源发于金融体系内部。②

表 5－2　对系统性风险定义的比较③

	突发性	金融体系功能受阻	系统性的影响	爆发的可能性	现象的变化性	传染性	关联性	破产/违约	对实体经济的影响	信心下降
BIS (1994)			X			X		X		
Kaufmann (1995)				X		X	X			
Bartholomew and Whalen (1995)	X		X	X					X	X
Davis (1995)		X				X				
Rochet and Tirole (1996)						X	X			
G30 (1997)	X		X						X	
De Bandt and Hartmann (1998)			X		X	X				
Lacker (1998)	X	X								
Staub (1998)	X	X		X		X	X			
G10 (2001)	X		X	X	X				X	X
De Nicol'o and Kwast (2001)	X		X	X					X	X
Kaufman and Scott (2003)			X	X	X	X	X	X		
Cifuentes (2003)			X	X				X		

① FSB-IMF-BIS. Report to G20 Finance Ministers and Governors Guidance to Assess the Systemic Importance of Financial Institutions. Markets and Instruments. Initial Considerations, October 2009: 2.

② De Nicolò, Gianni and Marcella Lucchetta. Systemic Risks and the Macroeconomy. IMF Working Paper WP/10/29, 2010: 5.

③ Smaga, Pawel. The Concept of Systemic Risk. SRC Special Paper No 5, London: Systemic Risk Centre, 2014.

续前表

	突发性	金融体系功能受阻	系统性的影响	爆发的可能性	现象的变化性	传染性	关联性	破产/违约	对实体经济的影响	信心下降
Minderhound (2003)	X	X	X							
Boss et al. (2004)		X	X			X	X	X		
Andersen (2004)						X	X			
ECB (2004)		X				X				X
Kupiec and Nickerson (2004)	X	X	X					X		
Schinasi (2005)			X						X	X
Chan et al. (2005)	X			X		X		X		
Bancarewicz (2005)		X		X		X	X			
EFDI (2006)			X						X	
Mishkin (2007)	X	X	X						X	
Ryan (2007)					X	X	X			
Kotyński (2007)			X			X		X	X	
Jurkowska-Zeidler (2008)			X			X				
Schwarcz (2008)	X					X	X	X		
Martínez-Jaramillo et al. (2008)		X		X						
Solarz (2008)	X		X	X						X
IMF (2009)		X	X					X		
Huang et al. (2009)	X		X					X		
IMF/BIS/FSB (2009)		X	X		X			X	X	
Adrian and Brunnermeier (2009)		X				X			X	
Korinek (2009)		X	X							
Kayne (2009)			X		X	X	X	X	X	
Summer (2009)						X		X		
Perotti and Suarez (2009)	X					X			X	
Acharya et al. (2010)		X	X					X	X	
IMF (2010)			X				X	X		
Billio et al. (2011)						X	X	X		
Moussa (2011)			X	X					X	
Giesecke and Kim (2011)			X	X		X	X	X		
Hautsch et al. (2011)		X	X				X		X	
Selody (2011)		X		X	X				X	
Beau et al. (2011)		X	X						X	
Tucker (2011)					X		X			
ESRB (2011)		X							X	
BIS (2011)		X			X		X		X	
Niedzióika (2011)						X		X		
Szpunar (2012)			X	X	X				X	
Maino (2012)			X		X					
Patro et al. (2012)	X		X	X				X	X	
De Nicolò et al. (2012)			X						X	
Zigrand (2014)		X	X	X			X			
Smaga (2014)	X	X	X	X		X			X	
总计	16	22	34	18	11	24	17	19	23	6

系统性风险定义的多样性在很大程度上导致了对系统性风险种类的不同分类。如之前所述，早在 2002 年，塔萨洛尼斯认为系统性风险主要包括四种——共同风险敞口、机构间的相互联系、风险传染和反馈效应。富兰克林·艾伦（Franklin Allen）和艾琳娜·卡勒迪（Elena Carletti）认为系统性风险主要包括六类——对资产价格泡沫（尤其是不动产泡沫）的共同风险敞口、流动性供给和资产错误定价、多重均衡和恐慌、传染性、主权违约以及银行系统里的货币错配。①这些不同的系统性风险还可以从宏观和微观两个层面进行分析。宏观系统性风险是指金融体系作为一个整体暴露于总体风险之中，而微观系统性风险是指单个金融机构的失败（如系统重要性金融机构的失败）对金融体系带来的负面影响。这种分类的一个重要启示是，宏观审慎监管主要针对和解决系统性风险，但是聚焦于单个金融机构的微观审慎监管，尤其是针对具有系统重要性的金融机构的监管依然有利于预防和解决系统性风险。因此，宏观审慎监管只针对系统性风险，而微观审慎监管只针对非系统性风险的简单划分并不准确。当前关于系统性风险分类的一种主流观点是从时间和结构性（跨行业）两个维度对系统性风险进行分类，并由此制定一个宏观审慎政策框架。如之前所述，较早从这两个维度进行分析的是博里奥于 2003 年所撰写的国际清算银行工作报告。

宏观审慎政策的内在逻辑是解决两个层面——跨行业层面和时间层面——的系统性风险。跨行业层面的系统性风险是指在某个特定的时间点上风险的集中（risk concentration），包括金融机构间的相似或共同风险敞口和资产负债表上的直接联系。②之前所提及的系统性风险定义大多数是从跨行业层面的角度出发的，考虑的重点是风险在金融机构之间或金融体系和实体经济之间的传染性。具体而言，跨行业层面的系统性风险有两个主要来源——金融机构的规模过大和相互关联性。金融机构的规模过大带来了“大而不能倒”的问题，即由于其系统重要性，某个金融机构的破产将给系统的稳定性带来威胁。相互关联性即之前所提及的金融机构之间以及金融机构和实体经济之间的紧密联系。时间层面的系统性风险指的是金融体系内部以及金融体系和实体经济之间所存在的消极或积极影响放大的

① Allen，Franklin and Elena Carletti. Systemic Risk and Macroprudential Regulation，in Franklin Allen et al. *The Global Macro Economy and Finance*. Palgrave Macmillan UK，2012：191 - 210.

② FSB-IMF-BIS. Macroprudential Policy Tools and Frameworks：Update to G20 Finance Ministers and Central Bank Governors，2011.

机制，或“正向反馈”机制，这种机制被称为“顺周期性”。如第一章中所述，在顺周期性的作用下，繁荣带来了更加繁荣并最终产生泡沫和过度风险行为，而萧条减少了本应增加的市场信心、投资和流动性，并最终可能导致经济衰退。金融体系的顺周期性有两个最根本的来源。①一个来源是风险测量的局限性，即在经济扩张时期，金融风险可能也在累积，但风险的测量相对宽松，而在经济收缩时期，金融风险并不一定高于经济扩张时期，但风险的测量通常更加严格。第二个来源是激励的扭曲，包括资金提供者和使用者间的利益冲突以及集体非理性。资金提供者为了确保资金的安全通常通过抵押贷款或保证金要求等方式将资金和资产的价值直接联系起来，并因此在很大程度上增加了顺周期性。市场中的行为个体通常认为价格和宏观经济状况是独立于其个人行为的，因此其所谓的理性行为考虑的是自我利益的最大化，而这种个人理性通常会导致集体的非理性。一个典型的例子是在经济扩张时期，个人为获得更多的收益而进行风险更高的投资，这些个人行为的集合给金融体系整体带来了巨大的风险。因此，后危机时代宏观审慎政策框架的构建正是围绕着系统性风险的这两个层面而展开的，其首要任务便是更好地识别和测量这些系统性风险。

上述目标和内在逻辑将宏观审慎政策与其他经济政策区分开来，如货币政策、财政或结构性政策、竞争政策、危机管理和处置政策以及微观审慎政策。一方面，宏观审慎政策与上述其他经济政策是不同的。就目标而言，宏观审慎政策致力于金融体系的稳定，而货币政策的首要目标是价格稳定，财政政策的首要目标是公平分配和经济增长，竞争政策的首要目标是维护公平竞争，危机管理和处置政策的首要目标是通过事后手段减少危机带来的损失，微观审慎政策的目标是确保单个金融机构的稳健。这些不同政策的内在逻辑和政策工具也存在差异。例如，货币政策是通过如法定准备金、公开市场操作和贴现政策等工具影响货币供给量和调节市场利率的方式影响宏观经济运行的。另一方面，宏观审慎政策与前述经济政策存在交集和相互补充。金融体系的稳定是宏观审慎政策的首要目标，同时也是其他如货币、危机管理和处置等政策的目标之一。其他政策的执行和效果在一定程度上影响了宏观审慎政策的效果，因此，宏观审慎政策的一个重要方面是协调这些不同的政策，最终致力于金融体系整体的稳健。如图 5-2，宏观审慎政策与其他 5 种政策都有某种程度上的关联，如事前危机管理与事后危机处理的关联、系

① Bank for International Settlements. Addressing Financial System Procyclicality: A Possible Framework. Note for the FSF Working Group on Market and Institutional Resilience, 2008.

统性与非系统性风险的关联、物价稳定与金融体系稳定的关联等。

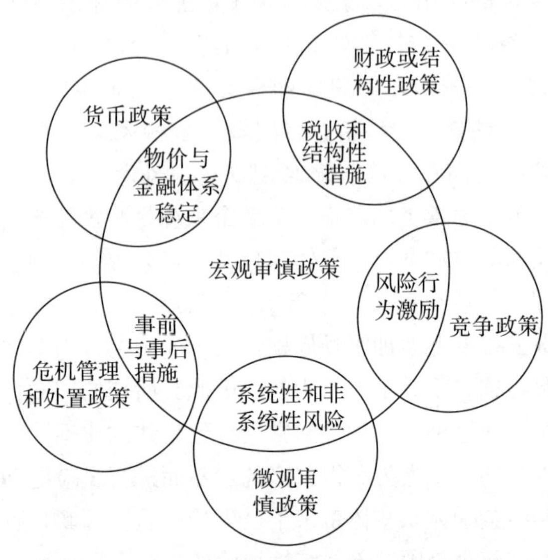

图 5-2　宏观审慎政策与其他政策的关系

资料来源：IMF. Key Aspects of Macroprudential Policy，2013.

5.3　系统性风险的识别和测量

如之前所述，对系统性风险的监测和管理不足是导致 2008 年全球金融危机的一个重要因素，也是促进后危机时代宏观审慎政策框架建立和发展的主要动因。对系统性风险的有效诊断（包括识别和测量）是制定和执行宏观审慎政策的必要前提。因此，后危机时代主要全球金融治理机构提出各种倡议并采取实际行动推动系统性风险的有效识别和测量。事实上，早在 2000 年国际货币基金组织就提出了一套关于金融体系稳健性的宏观审慎指标，如表 5-3 所示。

表 5-3　IMF 宏观审慎指标汇总

加总的微观审慎指标		宏观经济指标	
资本充足率	总资本比率	经济增长率	总增长率
	资本比率频率分布		行业萧条

续前表

加总的微观审慎指标			宏观经济指标	
资产质量	贷款机构	信贷行业集中度	国际收支	经常项目赤字
		以外币计价的贷款		外汇储备充足率
		不良贷款和准备金		外债（包括期限结构）
		向亏损公共部门的贷款		贸易条件
		资产风险概括		资本流动结构和期限
		关联贷款	通货膨胀	通货膨胀率的波动
		杠杆比率	利率和汇率	利率和汇率的波动
	借款实体	债务-股权比率		国内实际利率水平
		企业利润率		汇率的可持续性
		企业状况的其他指标		汇率担保
		家庭债务	贷款额和资产价格暴涨	贷款剧增
管理稳健性	费用比率			资产价格暴涨
	雇员人均收益		传染效应	贸易溢出效应
	金融机构数量的增长			金融市场的关联性
盈利能力	资产收益率		其他因素	指令性的贷款和投资
	股本收益率			银行业对政府提供的资金
	收入和支出比率			经济中的债务拖欠
	结构性盈利能力指标			
流动性	中央银行对金融机构的贷款			
	同业利率分割			
	存款与货币总量的比率			
	贷款与存款比率			
	资产和负债的期限结构（流动资产比率）			
	二级市场流动性手段			
对市场风险的敏感度	外汇风险			
	利率风险			
	股票价格风险			
	商品价格风险			

续前表

加总的微观审慎指标		宏观经济指标
以市场为基础的指标	金融工具的市场价格	
	过度收益率指标	
	信用评级	
	国债收益率利差	

资料来源：IMF. Macroprudential Indicators of Financial System Soundness. Occasional Paper 192. Washington，DC：IMF，2000.

这套指标包含了加总的微观审慎指标（aggregated microprudential indicators）和宏观经济指标（macroeconomic indicators）两个大的部分以及一系列具体的指标。该指标体系一方面认为衡量金融体系健康性的指标主要是衡量单个金融机构健康性指标的汇总，另一方面强调宏观经济状况对金融体系稳定性的影响。①这一指标体系存在一些局限性，尤其是在对系统性风险的测量上。该指标体系将系统性风险约等于单个金融机构风险的汇总，因此将金融体系的稳健视为所有或大多数金融机构自身稳健发展的必然结果。这种逻辑在 2008 年金融危机中被证明是不适用且不正确的。2008 年金融危机的一个重要教训是某个具有系统重要性的金融机构、市场和工具所暴露的风险将导致金融体系整体的动荡，因此针对单个金融机构、市场和工具的微观审慎监管无法带来金融体系整体的稳健。同时，金融体系中的“信息缺口”（information gap）问题在危机中暴露得十分明显。后危机时代关于加强系统性风险的识别和测量的努力和成果可以被归纳为三个方面。

第一，“信息缺口”问题得到相关全球金融治理机构的高度关注，金融数据统计日趋完善。2009 年 4 月，G20 财政部部长和央行行长会议的一个工作小组（加强国际合作和促进金融市场完善工作小组）呼吁国际货币基金组织和金融稳定理事会研究信息缺口问题，提出适当的方案加强数据收集，并向 G20 财政部部长和央行行长会议汇报。应此呼吁，国际货币基金组织和金融稳定理事会广泛咨询和征集意见，最终于 2009 年末向 G20 财政部部长和央行行长会议提交了一份名为《金融危机和信息缺口》（The Financial Crisis and Information Gaps）的报告，该报告获得了 G20 的赞同，成为 G20 数据缺口动议（data gaps initiative）的核心内容。该报

① IMF. Macroprudential Indicators of Financial System Soundness. Occasional Paper 192. Washington，DC：IMF，2000.

告提出了弥补信息缺口的四大类共 20 条具体的建议。这四大类建议分别涉及了监测金融部门的风险、国际网络体系的关联性、部门与其他金融和经济数据以及官方统计数据的交流。[①]这 20 条建议中的第一条便是金融稳定理事会和国际货币基金组织每年对这些建议的实施进展进行评估和汇报。此后，国际货币基金组织和金融稳定理事会每年联合发布一份关于执行 G20 数据缺口动议的进度报告，数据缺口动议第一阶段已于 2015 年成功完成，并进入了第二阶段，其目标和任务也相应进行了升级和调整。[②]

G20 数据缺口动议得到了相关全球金融治理机构的积极反馈和支持。这种 G20 倡导、相关全球金融治理机构执行的模式正是之前所提及的半正式关系的真实写照，即 G20 对全球金融治理机构并没有法律意义和组织权力结构上的约束力，但其倡议往往会对这些机构产生事实上的行为指导和约束。G20 数据缺口动议的执行过程就是相关全球金融治理机构针对其具体建议采取行动的过程。这些全球金融治理机构包括金融稳定理事会、国际货币基金组织、经济和金融统计机构间组织（IAG）[③]、国际清算银行等等（详见本章后面的图 5-3）。例如，响应该倡议，国际货币基金组织将定期向其汇报金融稳健性指标（financial soundness indicators）的国家从 2009 年的 46 个增加到了 2018 年的 138 个，包括了所有的 G20 经济体，并对《货币与金融统计手册》进行全面修改；经济和金融统计机构间组织对主要全球指标（principal global indicators，PGI）网站及其数据进行了改善，其数据范围已囊括了所有的 G20 经济体和 14 个具有系统重要性金融部门的非 G20 成员；国际清算银行的国际银行业统计（international banking statistics，IBS）和国际货币基金组织的协调证券投资调查（coordinated portfolio investment survey，CPIS）的覆盖范围扩展到了主要的金融中心和除了 G20 经济体之外的其他经济体。金融稳定理事会和国际货币基金组织 2015 年联合发布的《关于执行 G20 数据缺口动议的第六次进度报告》系统且详细地总结了自 G20 数据缺口动议第一阶段发起以来主要全球金融治理机构所采取的具体行动和取得的成果，并于 2018 年 9 月发布了数据缺口动议第二

① FSB-IMF. The Financial Crisis and Information Gaps. Report to the G20 Finance Ministers and Central Bank Governors，2009.

② 2018 年数据缺口动议全球会议已在瑞士巴塞尔召开，详细议程参见 https：//www.imf.org/external/np/seminars/eng/dgi/pdf/2018/dgi2018agenda.pdf.

③ 经济和金融统计机构间组织（Inter-Agency Group on Economic and Financial Statistics）是为解决金融危机所暴露出来的相关数据统计问题和数据缺口而由主要国际组织（国际清算银行、欧洲中央银行、欧洲统计局、国际货币基金组织、经济合作与发展组织、联合国和世界银行）于 2008 年联合成立的一个机构。

阶段实施以来的第三次进步报告。①

第二，对系统重要性金融机构、金融市场和金融工具的识别成为系统性风险测量的重要内容。2009 年 4 月 G20 伦敦金融峰会呼吁改革金融系统，尤其是增强单个金融机构和金融部门整体的抗风险能力。同年 10 月，金融稳定理事会、国际货币基金组织和国际清算银行联合发布了一份关于识别全球系统重要性金融机构、市场和工具的指导性文件。这份文件是基于对 27 家中央银行和一些全球金融治理机构（巴塞尔银行监管委员会、国际保险监督官协会、国际证监会组织）进行的问卷调查。其结果显示，在后危机时代，规模和相互关联性被视为最主要的两个风险因素，杠杆率、期限错配、集中风险等风险因素也受到了更多的关注。银行、保险公司和退休基金继续被视为主要的具有“系统性”特征的金融机构，其中银行最具系统重要性特征。关于金融市场和工具，在危机前，股票市场、银行间市场、外汇市场和政府债券市场被视为最具系统性特征，其中外汇市场被给予了尤为重要的关注。危机后，银行间货币市场被认为对系统的稳定相对最为重要；各国对影响金融市场和工具的主要风险因素的认识更加多样化，但总体而言，规模和相互关联性依然是最重要的风险因素；此外，不透明度、复杂性、货币政策的作用等因素也受到高度关注。②随后（2010 年 10 月），金融稳定理事会发布了一份关于减少系统重要性金融机构所面临的道德风险和系统性风险的报告。该报告提出了一些具体的建议和相关全球金融治理机构的实施时间表和路线图。③之后在讨论宏观审慎政策工具时将详细介绍这些建议的内容，本小节主要从系统性风险测量的角度讨论对系统重要性的识别。同年 11 月在韩国首尔召开的 G20 峰会核准了该报告，并进一步鼓励相关全球金融治理机构根据确定的工作进度和时间表采取行动。2011 年 11 月，金融稳定理事会发布了一份针对系统重要性金融机构的政策措施的简短报告。该报告将系统重要性金融机构（systemically important financial institutions，SIFI）定义为“由于其规模、复杂性和系统关联性，其经营困境或失败将对整个金融体系和经济活

---

① FSB-IMF. The Financial Crisis and Information Gaps- Sixth Progress Report on the Implementation of the G20 Data Gaps Initiative，2015：49－61；FSB-IMF. Second Phase of the G20 Data Gaps Initiative (DGI 2) Third Progress Report，2018.

② FSB-IMF-BIS. Guidance to Assess the Systemic Importance of Financial Institutions，Markets and Instruments：Initial Considerations. Report to the G20 Finance Ministers and Central Bank Governors，2009.

③ FSB. Reducing the Moral Hazard Posed by Systemically Important Financial Institutions-FSB Recommendations and Time Lines，2010.

动带来显著负面影响的金融机构”①。

在 G20 的呼吁下，相关全球金融治理机构积极制定标准和采取措施识别不同金融子领域内的系统重要性。2010 年金融稳定理事会的报告建议巴塞尔银行监管委员会建立一套由定性和定量指标组成的评估全球系统重要性金融机构的方法体系。响应此呼吁，巴塞尔银行监管委员会(BCBS) 于 2011 年 11 月发布了关于全球系统重要性银行的评估方法报告，并决定每三年对其进行审议，随后此评估方法在 2013 年和 2018 年得到两次修订。这种评估方法采用了指标测量法（indicator-based measurement approach)，即特定的指标被选定以衡量能够产生负面外部性，并使某一银行对金融体系整体稳定性产生重要影响的因素。②修订后的评估方法涉及 5 个大的方面共 13 个具体的指标。这 5 个方面分别是跨境活动（cross-jurisdictional activity)、规模（size)、相互关联性（interconnectedness)、可替代性/金融机构基础设施（substitutability/financial institution infrastructure）和复杂性（complexity)。表 5 - 4 列出了 13 个具体的指标及其相对应的权重。根据 2011 年和 2013 年更新的指标体系，金融稳定理事会发布了全球系统重要性银行（global systemically important banks，G-SIBs）名单，并于每年 11 月进行更新。2018 年的名单见表 5 - 5。此外，巴塞尔银行监管委员会还在 2012 年 10 月发布了《国内系统重要性银行治理框架》，对治理国内系统重要性银行机构提出了 12 条原则。③

表 5 - 4　　BCBS 基于指标的评估方法

类别及权重	具体指标	各项权重
跨境活动（20%）	跨境债权	10%
	跨境债务	10%
规模（20%）	表内外总资产	20%
相互关联性（20%）	银行间资产	6.67%
	银行间负债	6.67%

① FSB. Policy Measures to Address Systemically Important Financial Institutions，2011.

② BCBS. Global Systemically Important Banks：Updated Assessment Methodology and the Higher Loss Absorbency Requirement，2013.

③ 巴塞尔银行监管委员会发布《国内系统重要性银行治理框架》. http：//www.cbrc.gov.cn/chinese/home/docView/BAB8FAF1534E4E40B96C68507CFAFEA7.html.

续前表

类别及权重	具体指标	各项权重
	批发融资比例	6.67%
	托管融资比例	6.67%
可替代性/金融机构基础设施（20%）	托管资产总额	6.67%
	通过支付系统结算的数额	6.67%
	债券和股票的承销额	6.67%
复杂性（20%）	场外衍生品的票面价值	6.67%
	第三级资产	6.67%
	交易账户总额及可供出售资产总额	6.67%

注：原报告中后三项类别具体指标的权重之和与类别总权重不等，此处直接引用。

资料来源：BCBS. Global Systemically Important Banks: Updated Assessment Methodology and the Higher Loss Absorbency Requirement，2013. 中文翻译部分参考：廖凡. 系统重要性金融机构国际监管的发展与趋势. 国际经济法学刊，2013，20(1)：241.

表 5-5　全球系统重要性银行及其分档

分档	全球系统重要性银行
5 (3.5%)	无
4 (2.5%)	摩根大通
3 (2.0%)	花旗银行、德意志银行、汇丰银行
2 (1.5%)	美国银行、中国银行、巴克莱银行、法国巴黎银行、高盛集团、中国工商银行、三菱日联金融集团、富国银行集团
1 (1.0%)	中国农业银行、纽约梅隆银行、中国建设银行、瑞士信贷集团、法国 BPCE 银行集团、法国农业信贷银行、ING 集团、瑞穗金融集团、摩根士丹利、加拿大皇家银行、桑坦德银行、法国兴业银行、渣打银行、美国道富银行、三井住友银行、瑞银集团、裕信银行

资料来源：FSB，2018 List of Global Systemically Important Banks (G-SIBs)，2018.

在保险业里，同样是在金融稳定理事会的呼吁下，国际保险监督官协会 2013 年发布了识别全球系统重要性保险机构（globally systemically important insurers，G-SII）的评估方法，并于 2016 年对这一方法进行了修订。和上述巴塞尔银行监管委员会评估全球系统重要性银行的方法较为类似，国际保险监督官协会发布的评估方法也是基于指标测量法，只是分类类别、具体指标和权重不一样。表 5-6 和表 5-7 分别是国际保险监督官协会 2013 年发布和 2016 年修订的评估方法。根据修订的评估方法，金融稳定理事会 2016 年发布的 G-SII 名单包含了 9 家保险公司——全球保险集团（Aegon N. V.）、安联集团（Allianz SE）、美国国际集团（American International Group,

Inc.)、英杰华保险集团（Aviva plc）、法国安盛集团（Axa S. A.）、美国大都会集团（MetLife，Inc.）、中国平安保险［Ping An Insurance（Group）Company of China，Ltd.］、美国保德信集团（Prudential Financial，Inc.）、英国保诚集团（Prudential plc）。①

表 5-6　　IAIS 全球系统重要性保险机构评估方法（2013 年版）

类别	类别权重	指标	指标权重
规模	5%	总资产	2.5%
		总收入	2.5%
全球活跃性	5%	母国之外的收入	2.5%
		分支机构的国家数量	2.5%
关联性	40%	金融体系内资产	5.7%
		金融体系内负债	5.7%
		再保险	5.7%
		衍生品	5.7%
		大额暴露	5.7%
		金融市场上的活跃程度	5.7%
		三级资产	5.7%
非传统保险业务/非保险业务	45%	非保险负债和非保险收入	6.4%
		衍生品交易	6.4%
		短期融资	6.4%
		财务担保	6.4%
		变额年金产品的最低担保	6.4%
		集团内担保	6.4%
		负债流动性	6.4%
可替代性	5%	特定业务保费收入	5%

资料来源：IAIS. Global Systemically Important Insurers：Initial Assessment Methodology，2013：20. 翻译部分参考：刘兴亚，等．全球系统重要性保险机构的评估方法和政策措施．金融发展评论，2013（9）：95.

① FSB. 2016 List of Global Systemically Important Insurers（G-SIIs），2016. http：//www.fsb.org/wp-content/uploads/2016-list-of-global-systemically-important-insurers-G-SIIs.pdf.

表 5-7　　IAIS 全球系统重要性保险机构评估方法（2016 年版）

类别	子类别	指标	权重
规模		总资产	2.5%
		总收入	2.5%
全球活跃性		母国之外的收入	2.5%
		分支机构的国家数量	2.5%
关联性	交易对手风险	金融体系内资产	6.7%
		金融体系内负债	6.7%
		再保险	6.7%
		衍生品	6.7%
	宏观经济风险	衍生品交易	7.5%
		财务担保	7.5%
		变额产品的最低担保	7.5%
资产流动性		非保险负债和非保险收入	7.5%
		短期融资	7.5%
		三级资产	6.7%
		金融市场上的活跃程度	6.7%
		负债流动性	7.5%
可替代性		特定业务保费收入	5%

资料来源：IAIS. Global Systemically Important Insurers：Updated Assessment Methodology，2016：14.

全球系统重要性非银行非保险金融机构（systemically important non-bank non-insurer G-SIFIs）也开始受到了相关全球金融治理机构的关注。2011 年 G20 戛纳峰会呼吁金融稳定理事会与国际证监会组织合作建立一套测量全球系统重要性非银行非保险金融机构的方法体系。在此呼吁下，金融稳定理事会与国际证监会组织于 2014 年 1 月发布了一份关于全球系统重要性非银行非保险金融机构评估方法的咨询文件，并于 2015 年 3 月发布了该咨询文件的第二稿。根据该咨询文件，非银行非保险金融机构主要包括四大类——财务公司、市场中介机构（market intermediary）、投资公司和资产管理公司，其系统重要性的评估方法和上述 G-SIBs 和 G-SIIs 的评估方法较为类似，也是一种基于指标的测量方法，且主要的指标也被归为五大类，即规模、关联性、可替代性、复杂性和全球活跃性。[①]

在G20和金融稳定理事会的呼吁下，证券业国际监管机构对系统性风险的监控在后危机时代也更加重视。2010年国际证监会组织在其之前发布的《证券监管的目标和原则》中加入两条新的原则：

> 原则6：监管机构应根据其职权制定或促成相应程序，以监控、减少并管理系统性风险。
>
> 原则7：监管机构应制定或促成相应程序，以定期评估其监管范围。

国际证监会组织随后发布了名为《降低系统性风险：证券监管者的角色》（Mitigating Systemic Risk：A Role for Securities Regulators）的报告，并建立了一个新的系统性风险工作组（working group on systemic risk）考查证券监管者在监控系统性风险方面的作用。

此外，在金融基础设施方面，核心金融基础设施的相关国际标准被强化。2012年支付结算体系委员会与国际证监会组织下属的技术委员会共同发布了《金融市场基础设施准则》（Principles for Financial Market Infrastructure）。该原则借鉴、融合并取代了支付结算体系委员会2001年发布的《系统重要性支付系统核心原则》（Principles for Financial Market Infrastructures）、支付结算体系委员会与国际证监会组织2001年联合发布的《对证券结算系统的建议》（Recommendations for Securities Settlement Systems）以及2004年发布的《中央对手方建议》（Recommendations for Central Counterparties）。伴随着该准则，支付结算体系委员会与国际证监会组织还发布了《金融市场基础设施准则：披露框架与评估方法》（Principles for Financial Market Infrastructures：Disclosure Framework and Assessment Methodology）。总之，上述一系列国际准则加强了对系统重要性金融基础设施的监督和管理。这些在银行业、保险业、证券业以及金融基础设施等领域里对系统重要性的重视和相应的措施共同构成了在金融稳定理事会关于减少系统重要性金融机构的系统性和道德风险的呼吁和倡议下而建立起来的政策框架。

第三，除了上述关于信息缺口和系统重要性的各种政策和措施外，识别系统性风险的另外一个重要方面是一些传统的（危机前便存在的）或新建的系统性风险测量和预警方法以及其他综合性评估体系。之前介绍了

---

① FSB-IOSCO. Assessment Methodologies for Identifying Non-Bank Non-Insurer Global Systemically Important Financial Institutions-Consultative Document (2nd), 2015.

IMF在2000年所建立的宏观审慎指标体系，并简要分析了其不足之处。除此之外，主要国际金融监管机构建立了一些双边或多边的综合性评估体系。一个典型的例子是IMF和世界银行1999年联合启动的金融部门评估规划。金融部门评估规划有两个主要组成部分：IMF负责的金融稳定性评估和世界银行负责的金融发展评估。在2008年全球金融危机爆发以后，金融部门评估规划进行了大规模的调整和改革，主要变化包括更加清晰地定义稳定性评估的关键性内容（包括金融体系的脆弱性和抗风险能力、管理和监督框架、金融安全网等）以及引入风险评估模型（risk assessment matrices，RAMs）等。IMF于2010年9月决定每五年利用金融部门评估规划对25个被认为具有系统重要性金融部门的经济体进行评估，并于2013年对测量经济体是否具有系统重要性金融部门的方法进行了修改。根据新的方法，具有系统重要性金融部门的经济体数量从25个增加到了29个。①金融部门评估规划的结果成了IMF对成员经济进行系统评估的《第四条款磋商报告》（Article IV Consultation）的重要内容。

风险预警机制是识别、测量甚至预防系统性风险的一种重要方式。2008年G20华盛顿峰会要求国际货币基金组织、金融稳定理事会以及其他全球金融治理机构开展合作，加强对脆弱性和系统性风险的识别和评估。随后，国际货币基金组织和金融稳定理事会合作建立一个早期预警测试（early warning exercises）机制。该机制主要评估一些爆发频率和可能性较低但对全球经济影响巨大的风险。在该机制下，国际货币基金组织主要通过其早期预警工作组（early warning group）对宏观经济和宏观金融的脆弱性进行分析，而金融稳定理事会则主要是通过其脆弱性评估委员会和脆弱性分析小组（analytical group on vulnerabilities）对金融部门的脆弱性和监管调整进行研究。随后两个机构的相关工作人员就风险和脆弱性进行交流和沟通，并达成共识，最后再将最终成果提交给两个机构的权威部门审批。②除了此预警机制外，在这两个机构内部，系统性风险或金融体系脆弱性的评估在后危机时代备受关注。国际货币基金组织在2013年专门发布了一份报告《系统性风险监测工具箱——使用手册》[Systemic Risk Monitoring（"SysMo"）Toolkit—A User Guide]，该报告从金融机构、资产价格、主权风险、宏观经济、跨国关联性和危机风险六个方面对监测系统性风险的政策工具进行了讨论。金融稳定理事会专门成立了脆弱性评估

① IMF. Factsheet：The Financial Sector Assessment Program（FSAP），2016. http：//www.imf.org/external/np/exr/facts/fsap.htm.

② IMF. The IMF-FSB Early Warning Exercise-Design and Methodological Toolkit，2010.

委员会（Standing Committee on Assessment of Vulnerabilities，SCAV），对系统脆弱性进行评估，并研究系统重要性金融机构政策框架。国际清算银行的一份报告将系统性风险的评估方法归为三类。一类聚焦于资产负债表上的联系对金融或经济冲击的放大效应和国际传播效应，一类利用大量的市场数据和关于信用利差和资产价格的信息对系统性风险和市场间的关联性进行评估，一类采用更加前瞻性的视角，依赖技术仿真更好地理解各种具体的冲击如何升级成严重的系统性事件。①具体而言，相关机构和学者提出了评估各种脆弱性风险的不同早期预警指标。例如，巴塞尔银行监管委员会用信贷规模/GDP 缺口（credit-to-GDP gap）来衡量信贷规模的过度增长；房地产贷款规模和房价增长幅度通常被用来测量房地产市场的风险；另外一些指标被用以度量企业层面的流动性和外汇风险。②

5.4 政策工具

政策工具是宏观审慎政策框架的核心内容。前文所讨论的宏观审慎概念的起源和发展以及对系统性风险的认识、识别和测量在政策层面和操作层面最终都要落实为具体的政策工具，即什么样的政策手段和工具能够保证宏观审慎监管思路被落到实处，能够使系统性风险得到监控和预防。之前对宏观审慎监管内在逻辑和系统性风险主要来源的分析主要是从时间维度和跨行业维度两个层面进行的，因此本节对宏观审慎政策工具的讨论也从这两个维度进行。时间维度的宏观审慎政策工具主要是指逆周期性或解决顺周期性问题的政策措施，而跨行业维度的政策工具主要是指解决“大而不能倒”问题以及金融体系内部和金融与经济体系之间的风险传染性的相关措施。简而言之，前者强调的是逆周期性，而后者强调的是系统重要性和关联性。

5.4.1 解决顺周期性的措施

金融体系顺周期性问题并不是在 2008 年金融危机后才暴露出来的，而是在危机前就已经引起了关注和讨论。顺周期性的一个重要根源是资金

① Cerutti，Eugenio et al. Systemic Risks in Global Banking：What Can Available Data Tell Us and What More Data Are Needed?. BIS Working Papers No. 376，2012.

② IMF-FSB-BIS. Elements of Effective Macroprudential Policies：Lessons from International Experience，2016.

拥有者和需求者之间的信息不对称。这一信息不对称所导致的经济和金融的周期性以及金融市场对宏观经济波动的影响被描述为“金融加速器”(financial accelerator)。“金融加速器理论”的起源甚至可以追溯到20世纪30年代欧文·费雪（Irving Fisher）的大萧条时期债务-通缩理论。[①]本·伯南克（Ben Bernank）和马克·格特勒（Mark Gertler）1989年发表的《代理成本、净值与经济波动》一文建立了一个新古典经济周期模型对“金融加速器”现象进行解释，并被视为金融加速器思想的经典著作。但是，事实上，直到20世纪90年代末，“金融加速器”的概念才被正式提出。从之前对宏观审慎框架的起源和发展的讨论可知，相对而言，金融机构间的相互关联性和风险传染性得到了更多的关注，而顺周期性问题，尤其是金融系统和经济系统间的内在联系直到进入21世纪后才被直接视为宏观审慎政策框架的重要内容，在2008年金融危机后才得到高度重视。

在金融领域里，顺周期性的概念在进入21世纪后开始被广泛使用。顺周期性最初是经济周期理论中的一个重要概念。在21世纪以前，这一概念主要出现在关于经济周期的相关文献中。2001年，国际清算银行的一份报告较为系统地讨论了金融体系中的顺周期性，并提出了一些政策选择措施。这些政策选择被归为四大类：加深对风险的理解、监管工具的酌情使用、建立逆周期性的规则（包括管理、监管和会计规则）以及货币政策的使用。[②]总体而言，危机前对解决顺周期性问题的具体政策工具的讨论较为笼统，而后危机时代的政策框架和工具更加具体和具有可操作性。2007年10月，G7呼吁金融稳定论坛对导致金融动荡的原因进行调查并提出增强市场和金融机构抗风险能力的建议。2008年4月，金融稳定论坛向G7华盛顿会议提交了《关于提升市场和机构抗风险能力的报告》（Report on Enhancing Market and Institutional Resilience），汇报了其工作进展。在该报告中，通过与主要全球金融治理机构的合作，金融稳定论坛提出了一系列具体的建议，并明确呼吁考查导致金融体系顺周期性的因素以及制定相应的解决措施。随后，在同年9月，国际清算银行提出了一个解决金融体系顺周期性问题的政策框架。[③]这一政策框架是后危机时代全球金融治理体系里关于解决顺周期性问题的第一个较为具体且成体系的框架。这一框架从风险测量方法、财务报告、资本监管、资金流动性标准、

①② Borio, Claudio et al. Procyclicality of the Financial System and Financial Stability: Issues and Policy Options. BIS Papers No. 1, 2001: 1-57.

③ BIS. Addressing Financial System Procyclicality: A Possible Framework, 2008.

担保安排、风险集中限制、报酬方案、保险机制、管理失败和解决机制等九个方面提出了解决顺周期性问题的政策建议（见表 5-8）。在此基础上，次年 4 月，金融稳定论坛和巴塞尔银行监管委员会、国际清算银行、全球金融体系委员会、国际货币基金组织、国际证监会组织、国际会计准则理事会以及主要国家金融监管机构合作提出了解决顺周期性问题的政策建议。①与表 5-8 中所列国际清算银行的政策建议相比，该政策建议从资本要求、拨备和定价与杠杆三个方面更加明确地指出了主要全球金融治理机构和国家金融监管机构的行动方向，因此，该政策建议更具操作性和指导性。例如，该政策建议呼吁巴塞尔银行监管委员会加强其监管资本框架，以便在宏观经济状况良好时提升银行系统中资本的质量和水平，并以此为经济和金融危机做好准备。再如，该政策建议要求美国财务会计准则委员会和国际会计准则理事会审查国际通行会计准则中的顺周期性问题。②此后，主要全球金融治理机构积极响应此建议并采取行动在各自领域内制定了一系列的逆周期性措施、国际准则和政策建议。之后内容简要介绍银行、保险、会计准则等领域内的逆周期性措施。

表 5-8 国际清算银行解决金融体系顺周期性的政策框架

1. 风险测量方法	
银行	
促进跨周期措施的使用	鼓励使用聚焦于更长周期的风险措施，如通过周期校准的信用风险值
促进按周期性波谷校准的措施	同上，但是按独立于当前所处周期阶段的周期性波谷进行校准
促进在分析模型中使用反映周期性波谷的数据	在数据输入方面使用“最坏可能情形”以便估算最大可能损失
促进在内部风险管理和决策过程中关于估值的一系列测量误差或不确定性的改进	对价值估算不确定性的直接测量是金融公司内部监管的有益组成部分。更好地考虑不确定性因素的高层管理者更加可能做出能够应对市场变化的决定

①② FSF. Report of the Financial Stability Forum on Addressing Procyclicality in the Financial System，2009.

续前表

监管者	
在对单个金融公司的监管评级中引入周期条件性（cyclical conditionality）	对单个金融公司的监管评级（或评分）可以把经济周期作为一个条件，即在经济上升期更加严格，而在下滑期相对宽松。这种按周期调整的措施同样还可以用于涉及周期性因素的情景分析之中
收集数据并建立系统脆弱性的评估体系	设计评估系统脆弱性的方法可以丰富监管者的系统性风险评估手段，以此表达出其对市场行为和风险操作的态度，并可被视为其政策工具调整的一个基础
建立关于风险溢价、资产价格及/或信用增长的基准值的观念	与上述类似，基准值提供一种与市场定价的可持续性做对比的方法
定期交流官方关于系统脆弱性评估和宏观压力测试的结果	政策制定者的观点和动机与私人部门不同，前者对风险评估的结果应该提供给后者
2. 财务报告	
会计标准	
回归使用更少具有顺周期性的会计标准	弱化顺周期性的市场定价和风险管理以及审慎安排间的自我强化机制
动态拨备	动态拨备可以通过统计估计更早地识别未来的损失
在系统性市场错配的情况下暂停使用公允价值会计法（钉市法）	这一措施割断了顺周期性定价和投资决策间的联系，但是仅在市场定价可能出现“不理性悲观”的时期才使用。这种方法也因此降低了经济扩张时期在定价中出现“不理性乐观”的可能性
审慎过滤器	
调整会计数据并将其作为审慎工具校准的基础	反映市场表现和金融实力的审慎指标可以和基于会计数据所计算出的指标有所差异。例如，出于监管目的的法定资本和可获得资本额可以与基于会计报告的数额不一致。法定资本可能包括不被会计准则所允许的审慎拨备
审慎拨备（除了会计上的拨备外）	具体例子同上
平滑（smoothing）（例如，移动平均线）	按照时点测量数据的移动平均值计算审慎拨备
随时间变化的拨备目标	建立一个审慎的拨备率目标，这一目标可以在经济上升期比实际拨备高，在经济下滑期比实际拨备低
随时间变化的最小拨备率 普遍适用的 单个银行的	与上述类似，不同之处在于这一拨备率指的是一个最保守的水平，即实际拨备率不能低于的水平。这一最低水平根据总体状况而定，可以普遍适用于所有银行，或者只是和某家银行的具体指标相关联

续前表

披露	
单个机构的风险预测（risk profile）	风险预测应该考虑到各种不同类型的风险
各种关于估值的测量误差/不确定性应被包含在财务报告或披露中	与外部交流的风险和估值的不确定性程度能够更好地让外部利益相关者对公司的稳健性进行评估
3. 资本监管	
第一支柱	
将资本要求和违约概率联系起来以使资本曲线更加平坦	减少最小资本要求对所测量风险的变化的敏感性。(既减少随时间变化的敏感性，也减少在同一时间跨行业的敏感性。)《巴塞尔协议Ⅱ》中减少了监管资本对违约概率的弹性
调整内部评级法公式中的数据输入(如跨周期评级/违约概率)	使用按周期性进行调整的数据输入可以在经济繁荣时增加对风险大小的预测，在经济萧条时降低对风险大小的预测
调整风险评级模型的输出结果	减少监管资本要求对当前所处经济周期的敏感性
引入自回归平滑（autoregressive smoothing）	将资本要求设置为时点资本额的移动平均值
引入宏观审慎的附加值	对时点资本额引入一个与周期相关的乘数
——以周期作为条件（宏观）	该乘数可以和反映经济总体表现的指标相关联
——以信用扩张作为条件（微观）	该乘数可以按照反映金融机构过去经营状况的指标进行调整
增加特定项目或风险敞口的监管资本要求	出于宏观审慎的原因，某些风险敞口可以被赋予比《巴塞尔协议Ⅱ》更高的风险权重
除了最低和预期资本要求外，设置一个银行在扩张时期可能超过的目标监管资本要求	除了最低监管资本要求外，通过引入目标和与目标相关的预期行为将缓冲的概念制度化
第二支柱	引入和经济周期直接相关联的监管审查和干预模式
4. 资金流动性标准	
与周期相关联的资金流动性要求/标准	除了按照单个金融机构过去的经营状况（微观）外，还按照系统层面的指标（宏观）设定最低的流动性要求/流动性标准
5. 担保安排	
随时间变化的最大贷款价值比（loan-to-value）	可以根据经济的整体状况、资产价格及/或信用的增长提出担保要求。对其所做出的调整可以是依规定或者是酌情而为
保守的最大贷款价值比	将信用的扩张基于资产价格的增长，这一措施只在经济扩张时期有用

续前表

保守的担保定价方法	通过不依赖于市场定价，最低担保限制可以更少地体现出顺周期性。实践中可能出现各种具体的情况。这一措施只在经济扩张时期有用
最小的保证金要求	跨周期的保证金
6. 风险集中限制	
对单个风险敞口的增加设置数量限制	关于市场/工具或者系统性风险敞口的针对性措施可能会导致一些与特定风险因素敏感性相关的系统层面风险
对特定的贷款设置（随时间而变的）附加利率	同上，但价格受到干预（如对按揭率的附加要求）
7. 报酬方案	
建立关于报酬的指导原则	将与业绩相关的薪酬和更长期的风险测量及/或推迟支付薪酬联系起来的指导原则使决策者的决定更多地考虑风险
在执行过程中使用监管审查程序	未能遵守该指导原则的公司将面临更加密切的审查及/或更加严格的监管标准
8. 保险机制	
有条件的资本注入	在危机时期通过先前确定好的资金安排增加企业的资本
——以在出现系统性事件时资本注入的形式购买“保险”	强制性的条件性私人部门安排：外部投资者以获得稳定的报酬为条件同意在危机时注入资金
——发行反式可转换债券（reverse convertible bonds）	强制性发行在资本率低于特定标准时可自动转换成股本的债券
对银行资产增长超过特定限额的部分征税并用此资金建立一个预先准备资金的系统性风险保险计划	对银行资产的“超额”增加部分征税并以此资助一个保险基金。具体计划可以针对单个银行的情况进行调整。所积累的资金可被用于在出现系统性危机时帮助银行进行资产重组
采用一个预先准备资金的存款保险计划。此计划中的保费是由更加宏观（系统性风险）和微观（机构特定的风险）的风险共同决定的	预先准备资金的计划避免经营状况良好的银行为某些银行的失败提供资金
9. 管理失败和解决机制	
针对系统性状况建立退出管理政策	监管干预介入的触发点在繁荣时期应比系统性萧条时期更加严格

资料来源：BIS. Addressing Financial System Procyclicality：A Possible Framework，2008：11-15.

银行监管领域内的逆周期性措施集中体现在《巴塞尔协议Ⅲ》中的逆周期资本缓冲。2008 年金融危机更加凸显《巴塞尔协议Ⅱ》中的顺周期性问题，于是，2010 年 10 月，巴塞尔银行监管委员会发布了《巴塞尔协议Ⅲ：更具弹性的银行和银行体系的全球监管框架》（Basel Ⅲ：A Global Regulatory Framework for More Resilient Banks and Banking Systems），并于 2011 年 6 月发布了修订版。该新协议详细阐释了如何减少顺周期性，并建立逆周期性的缓冲。巴塞尔银行监管委员会认为，市场参与者以一种顺周期的方式行动所产生的影响通常会通过几种不同的渠道被放大，包括对按市值计价资产（mark-to-market asset）和持有至到期投资（held-to-maturity securities）的会计标准、保证金要求以及杠杆等。①因此，《巴塞尔协议Ⅲ》力图通过减少最低资本要求的周期性、建立前瞻性的贷款损失准备金制度、建立高于最低资本要求的资本留存缓冲制度、控制信用过度增长并建立与信贷增长有关的逆周期资本缓冲制度、控制杠杆率等方式解决顺周期性问题。在这些措施中，建立逆周期性资本缓冲在解决银行业顺周期性问题上起到了尤为重要的作用。

《巴塞尔协议Ⅲ》中的逆周期性资本缓冲体系由三个部分组成。第一个部分是国家相关权威机构对信用增长和反映系统性风险积累的其他指标进行监督，并对信用增长是否过度以及是否导致系统性风险的累积进行评估。基于该评估，国家相关权威部门将提出逆周期性的资本缓冲要求。2010 年 12 月，巴塞尔银行监管委员会还发布了一份关于各国相关权威机构执行逆周期性资本缓冲的指导文件。②第二个部分是国际活跃银行关注其私人部门信用风险的地理位置分布，并按其信用风险所存在的各个地区的资本要求的加权平均值计算银行内部的逆周期性资本缓冲。第三个部分单个银行逆周期资本缓冲要求是通过资本留存缓冲的延伸而得以执行的。根据《巴塞尔协议Ⅲ》的规定，资本留存缓冲是一种在商业银行最低资本金要求之外留存的固定比例资本金（2.5%），通常是在经济上升期留存，并在金融危机时用于弥补银行的亏损，而逆周期资本缓冲是根据各国对各自地域内信用扩张和系统性风险累加状况的判断要求银行所提存的资本留存，比例从 0 到 2.5%不等。不能满足资本留存缓冲和逆周期资本缓冲的银行将被禁止所有的利润分配行为。总体而

① BCBS. Basel Ⅲ：A Global Regulatory Framework for More Resilient Banks and Banking Systems，2011.

② BCBS. Guidance for National Authorities Operating the Countercyclical Capital Buffer，2010.

言，《巴塞尔协议Ⅲ》中的逆周期性资本缓冲正是直接针对《巴塞尔协议Ⅱ》中的顺周期性问题，并确保银行业的资本充足率要求充分考虑银行所处的宏观金融环境。

除了商业银行体系中存在的顺周期性问题外，中央银行的储备金管理中也存在顺周期性问题。中央银行一般通过两种主要的渠道向银行部门提供资金。一种渠道是常规的货币再融资操作，这种方式主要是向国内银行提供资金。另一种渠道是较少为人们所知的中央银行以短期存款或外国银行证券的形式对官方储备金所进行的投资。对于发行主要储备货币的国家的银行来说，第二种渠道也是一种重要的资金来源。当危机来袭时，许多中央银行和商业资产管理者一样会撤回投资，以求规避或降低损失，而在经济上行期，中央银行则会加大这种投资。

证券金融交易中的扣减率机制（haircut-setting mechanism）和场外交易保证金要求是金融体系顺周期性的另一个重要来源。2009 年 3 月，金融稳定论坛和全球金融体系委员会联合发布了一份讨论定价和杠杆在顺周期性效应中作用的报告。该报告讨论了导致顺周期性效应的六种市场行为：未考虑“跨周期”波动的风险价值和其他具有市场敏感性的风险度量方法、在金融危机时减少公司流动性的债务或场外衍生品合约中的触发条款（triggers）①、金融交易中的具有很强顺周期性的扣减率和柜台衍生品交易的初始保证金、在某些风险依然存在的情况下结构性产品预先计算收益（upfront recognition of profit）、对于缺乏流动性的资产依然按市值定价、按公允价值法而非套期保值会计法对资产及其套期保值进行计价。②随后，全球金融体系委员会单独或与其他全球金融治理机构合作对这些带有顺周期性特征的市场行为进行了进一步考察并制定了相应的应对措施。例如，全球金融体系委员会进一步讨论并提出了解决在证券交易中保证金要求和扣减率的顺周期性问题的措施。这些建议措施涉及抵押品定价、跨周期的扣减率和资本要求、信用触发因子（credit triggers）和保证金实务、中央对手方、融券的最佳实践标准、信贷条件信息的收集等。③

另一个顺周期性的主要来源是危机前普遍使用的公允价值会计准则，

① 所谓“触发条款”是指在市场状况恶化并超出之前所设定的界限后对债权方给予额外保护的合约条款。

② FSF-CGFS. Joint FSF-CGFS Working Group—The Role of Valuation and Leverage in Procyclicality，2009：2－3.

③ CGFS. The Role of Margin Requirements and Haircuts in Procyclicality. CGFS Papers No 36，2010：14－23.

因此，在后危机时代的解决顺周期性问题的政策工具中对公允会计准则的改革成了一项重要内容。早在金融危机之前，一些学者就讨论了公允价值如何加剧财务报表波动性。玛丽·巴斯（Mary Barth）认为这种波动性主要有三种：估计误差的波动性、固有波动性和混合计量波动性。①在 2008 年金融危机爆发以后，对公允价值顺周期性的研究增多。具体而言，这种顺周期性主要体现在经济衰退和经济繁荣两个阶段。在经济衰退阶段，公允价值使金融机构过高估计其投资和贷款损失，从而使其资本充足率、信贷和投资下降，并因此进一步恶化宏观经济；在经济繁荣时期，公允价值使金融机构过高估计其投资收益并计提较少的贷款减值准备，从而使资本充足率、信贷和投资上升，并因此使经济过热。②针对这一问题，以国际会计准则理事会主导的全球金融治理机构采取了一系列的应对措施。这些措施的核心内容是建立高质量的、具有更少顺周期性的全球统一会计准则。2014 年 7 月，随着国际会计准则理事会正式发布《国际财务报告准则第 9 号——金融工具》（IFRS 9—Financial Instrument），后危机时代国际会计准则的改革取得了阶段性的成果。就解决顺周期性问题而言，如表 5－8中所述，主要的政策措施包括回归使用具有更少顺周期性特征的会计标准、建立“动态”拨备制度以及在系统性市场错配的情况下暂停使用公允价值会计法（钉市法）。

5.4.2　跨行业维度的措施

宏观审慎监管框架中的另一个维度是跨行业维度，即系统重要性和相互关联性。之前关于系统性风险测量的讨论介绍了后危机时代全球金融治理体系对系统重要性和相互关联性的识别和测量。在此基础上，解决跨行业维度系统性风险的措施可以被归纳为两大类，即事前预防性和事后处理性的措施。事前预防性措施是指在危机尚未爆发或危机形成阶段减少跨行业维度系统性风险的措施，包括针对“大而不能倒”金融机构和具有系统重要性金融基础设施的监管。事后处理性措施是指在危机爆发后金融机构的应对措施，主要包括建立“恢复与处置计划”（recovery and resolution plan，RRP）。

在 2009 年 G20 匹兹堡峰会上，各国领导人呼吁金融稳定理事会提出

---

① Barth，Mary. Fair Values and Financial Statement Volatility. In C. Borio et al. *The Market Discipline across Countries and Industries*. Cambridge，Massachusetts：MIT Press，2004：323－334.

② 黄世忠．公允价值会计的顺周期效应及其应对策略．会计研究，2009（11）：24.

可能的措施解决系统重要性金融机构的"大而不能倒"问题。应此呼吁，金融稳定理事会于2010年11月发布了一份关于减少系统重要性金融机构道德风险的报告，并于2011年11月发布了关于解决"大而不能倒"问题的具体政策措施建议。这些建议包括①：

1. 建立一个作为各国处置机制（resolution regimes）改革参考标准的新国际标准。该标准应指出各国处置机制在确保面临危机的金融公司能够有序地进行处置且不给纳税人带来损失方面的具体责任、工具和权力分配。

2. 对全球系统重要性金融机构处置能力（resolvability）的评估和恢复与处置计划的建立提出具体要求；针对每个金融机构提出具体的签订跨国合作协议的要求，并以此确保母国和东道国的系统重要性金融机构能够更好地为应对危机做准备，且更加清楚在危机时如何开展合作。

3. 对已被认定为全球系统重要性金融机构的银行，根据其违约的负面影响大小提出更高的附加损失吸收能力要求，占风险加权资产的1%到2.5%不等。

4. 对所有系统重要性金融机构进行更集中和有效的监管。具体方式包括赋予金融监管机构更多的使命、资源和权力，通过国际监管联席会对全球系统重要性金融机构所面临的风险进行更加严格的合作评估，对金融公司的风险治理和内部监控、风险管理功能以及风险数据整合能力给予更高的监管期望。

5. 建立一个处置能力评估程序并在国际层面对系统重要性金融机构的处置能力进行定期评估。

在这些建议的基础上，如之前所述，全球系统重要性银行和保险机构被识别出来并被施以更加严格的监管要求。如表5-5所示，金融稳定理事会2018年公布了29家全球系统重要性银行，并建议对其实施1%～2.5%的附加资本要求。具体而言，损失吸收能力附加资本要求分为5个档次——1%、1.5%、2%、2.5%和3.5%。根据2018年的名单，摩根大通的损失吸收能力附加资本要求最高（2.5%），尚没有银行必须达到第5档3.5%的要求，但是第五档的存在会对银行规模和关联性的持续扩张形成一种负激励。对于全球系统重要性保险机构，国际保险监督官协会积极

① FSB. Policy Measures to Address Systemically Important Financial Institutions, 2011: 1; FSB. Addressing SIFIs, 2011.

响应G20和金融稳定理事会的呼吁，于2013年提出了一个监管框架。该监管框架由以下几个具体方面组成：加强现有监管，建立有效处置机制，制定针对所有业务的基础资本要求，制定针对非传统非保险业务的更高损失吸收能力要求，制定针对国际活跃保险集团（范围比G-SII广）的全球保险资本要求。[①]对现有监管的加强是基于国际保险监督官协会的《保险监管核心原则》和《国际活跃保险集团监管的共同框架》（Common Framework for the Supervision of Internationally Active Insurance Groups）以及金融稳定理事会关于加强监管强度和有效性的建议报告《系统重要性金融机构监管的强度与有效性》（Intensity and Effectiveness of SIFI Supervision）。有效处置机制的建立主要借鉴金融稳定理事会发布的《金融机构有效处置框架的关键要素》（Key Attributes of Effective Resolution Regimes for Financial Institutions）。国际保险监督官协会于2014年10月正式发布了基础资本要求，并随后被金融稳定理事会和G20核准。国际保险监督官协会2015年发布了更高损失吸收要求，并计划于2019年1月开始实施。从2013年开始，国际保险监督官协会还致力于建立一个基于风险的全球保险资本要求标准。该标准的第一版计划于2017年中期开始实施，第二版计划于2019年末开始实施。

减少跨行业维度的系统性风险的另外一个重要方面是加强对具有系统重要性的金融基础设施的管理。在金融稳定理事会关于减少系统重要性金融机构所面临风险的六大建议中，除了上述五条以外，第六条建议便是“加强核心市场基础设施建设以减少主要市场参与者之间由于相互关联性和对手方关系不透明所导致的风险传染”[②]。如之前所述，2012年支付结算体系委员会与国际证监会组织下属的技术委员会共同发布了《金融市场基础设施准则》。该准则将“金融市场基础设施”（financial market infrastructures，FMIs）定义为市场参与机构之间进行清算、结算、交易的一个多边体系，具体而言，它包括具有系统重要性的支付体系、中央证券托管（central securities depositories，CSDs）、证券结算体系、中央对手方、场外衍生品中央对手方以及交易数据存管中心。该准则还提出了涉及这些金融市场基础设施的24条基本原则。

解决跨行业维度的系统性风险的事后处理机制的核心是建立有效的恢复和处置机制。2008年11月，G20华盛顿峰会呼吁重新评估危机前的处

① IAIS. Global Systemically Important Insurers：Policy Measures，2013；魏祖元．全球系统重要性保险机构的更高损失吸收能力要求．金融发展评论，2015，9：61-64.

② FSB. Addressing SIFIs，2011.

置机制和关于破产的法律法规。2009 年，G20 要求金融稳定论坛和巴塞尔银行监管委员会探索建立一套指导跨国处置机制实践的共同标准和原则。应此呼吁，巴塞尔银行监管委员会下属的跨境银行处置小组于 2010 年 3 月发布了 10 条关于建立有效跨境处置的具体建议。①同年 10 月，金融稳定理事会提出了一系列建立有效处置机制的行动计划、工作进程安排以及时间推进表。2011 年 10 月，在 G20 首尔峰会的积极推动下，金融稳定理事会发布了《金融机构有效处置框架的关键要素》，在其中详述了建立一个有效处置机制所必需的 12 个核心因素。这些核心因素在 2012 年的 G20 洛斯卡沃斯峰会上得到了进一步重申和强调。金融稳定理事会关于建立有效处置机制的报告考虑到了不同国家的法律体系和市场环境以及不同行业的差异。该报告以及相关的原则和建议在 2014 年 10 月被修订，修订版的报告保留了之前的 12 条核心因素以及以附件形式出现的四大类行动指导②，同时以附件的形式提出了执行和解释这些核心原则的新指导建议，包括出于处置目的的信息共享（information sharing for resolution purposes）以及针对不同部门的指导建议——金融市场基础设施及参与者的处置（resolution of FMIs and FMI participants）、保险机构的处置（resolution of insurers）以及在处置中对客户资产的保护（protection of client assets in resolution）。

之前从时间和跨行业两个维度分别对宏观审慎监管政策措施进行了分析。一些全球或地区金融治理机构和学者在两个维度分析的基础上提出了宏观审慎政策工具的综合性框架。例如，IMF 在其对建立宏观审慎政策框架颇具指导性意义的一份文件中从时间和跨行业维度对宏观审慎政策工具进行了总结。除了这两个维度外，该文件将这些政策工具分为两大类，即针对减少系统性风险的工具和再校准工具。③表 5－9 中列举了具体的政策工具。全球金融体系委员会也对宏观审慎政策工具进行了总结，但其分类角度与上述国际货币基金组织的总结有所不同。全球金融体系委员会是从脆弱性和金融体系不同组成部分两个维度对宏观审慎政策工具进行总结的。脆弱性包括杠杆、流动性（或市场风险）和相互关联性三类。实质上，前两类主要涉及的是时间维度的系统性风险，而后一类是关于跨行业维度的系统性风险。金融体系的组成部分包括银行或开展存款业务的机

① BCBS. Report and Recommendations of the Cross-border Bank Resolution Group，2010.

② 这四大类行动指导分别是关于针对单个金融机构的跨境合作协议、处置能力评估、恢复和处置计划以及暂停提前终止权的。

③ IMF. Macroprudential Policy：An Organizing Framework，2011：23.

构、非银行投资者、证券市场和金融基础设施。[1]表 5 - 10 中列举了具体的政策工具。从具体内容的角度而言，这一政策工具的总结并不是十分详尽，但具有启发意义。斯蒂恩·克莱森斯（Stijn Claessens）等人从两个不同的角度对宏观审慎政策工具进行了总结。一个维度是经济所处的周期，包括扩张阶段、收缩阶段和风险传染阶段。其中扩张和收缩两个阶段主要是针对时间维度的系统性风险，而风险传染阶段主要是针对跨行业维度的系统性风险。另一个维度是政策工具的种类，包括对借贷者、工具和活动的限制，对金融部门资产负债表的限制，资本要求、拨备和资本附加要求，税费以及其他（包括制度性基础设施）（详见表 5 - 11）。[2]相对而言，这一总结更加具体。在后危机时代为加强欧洲的金融监管而成立的欧洲系统性风险委员会从中期目标（intermediate objectives）的角度对宏观审慎政策工具进行了总结，认为宏观审慎监管有五个主要的中期政策目标：缓解和阻止信用过度增长和杠杆过度使用、缓解和阻止期限错配和市场流动性不足的恶化、限制直接和间接的风险集中、限制为减少道德风险而采取的不合适的激励措施所带来的系统性影响、加强金融基础设施的弹性。实现这五个目标的宏观审慎政策工具不同（如表 5 - 12 所示）[3]，但总体而言，这些工具可以被归为四大类，即资本性工具、流动性工具、信用相关工具以及其他工具，其中资本性工具和流动性工具最为常见。[4]

对比上述四个综合性宏观审慎政策框架可得出以下两个结论。首先，对于宏观审慎政策目前并没有一个共识性的政策工具框架出现，这在一定程度上限制了其在各国和国际监管实践中的实施。上述几个宏观审慎政策框架只是几个具有代表性的例子，不同全球金融治理机构或不同国家的监管机构可能对政策工具的选择存在或大或小的差异，因此建立一个具有共识性的宏观审慎政策工具框架存在需求性和必要性。其次，尽管具体的总结维度各有不同，但是本质上这些政策框架都是要减少两类系统性风险，即时间维度和跨行业维度的系统性风险，因此，很多具体政策工具都是一样的，如贷款价值比、债务收入比、动态拨备、系统性资本附加要求、逆

① CGFS. Macroprudential Instruments and Frameworks: A Stocktaking of Issues and Experiences. CGFS Papers No. 38, 2010: 4.

② Claessens, Stijn et al. Macro-prudential Policies to Mitigate Financial System Vulnerabilities. IMF Working Paper, WP/14/155, 2014: 26.

③ European Systemic Risk Board. Recommendations on Intermediate Objectives and Instruments of Macroprudential Policy, 2013: 3 - 4.

④ Grace, Therese et al. The Instruments of Macro-prudential Policy. *Quarterly Bulletin*, 2015, 01/January 15: 93 - 94.

周期性资本要求、流动性要求等。这说明在对系统性风险的宏观认知上主要全球金融治理机构和相关国家权威部门已达成了基本共识。

表 5-9　　国际货币基金组织的宏观审慎工具

<table>
<tr><td rowspan="2">工具</td><td colspan="2">风险维度</td></tr>
<tr><td>时间维度</td><td>跨行业维度</td></tr>
<tr><td colspan="3">第一类：针对减少系统性风险的工具</td></tr>
<tr><td></td><td>逆周期资本缓冲
保证金的跨周期估值或回购中的扣减率
对非核心债务征税
对特定部门的风险权重进行逆周期性调整
随时间变化的系统流动性附加要求</td><td>系统性资本附加要求
系统性流动性附加要求
对非核心债务征税
对没通过中央对手方进行清算的交易施加更高的资本要求</td></tr>
<tr><td colspan="3">第二类：再校准工具</td></tr>
<tr><td></td><td>随时间变化的贷款价值比、债务收入比和贷款收入比上限
随时间变化的货币错配或风险敞口的限制
随时间变化的存贷比限制
随时间变化的信用或信用增长上限或限制动态拨备
在经济上行期通过压力风险价值建立针对市场风险的额外资本缓冲
通过考虑违约概率假设下的衰退状况重新分配风险权重</td><td>出于系统性风险的考虑对金融公司进行拆解
对衍生性商品应付账款的资本要求
对系统性风险敏感的存款保险风险金
对许可的业务范围施加限制（如禁止系统重要性银行进行自营交易）</td></tr>
</table>

资料来源：IMF. Macroprudential Policy: An Organizing Framework, 2011: 23.

表 5-10　　按脆弱性和金融体系部门分类的宏观审慎政策工具（全球金融体系委员会）

<table>
<tr><td colspan="2" rowspan="3"></td><td colspan="5">金融体系的组成部分</td></tr>
<tr><td colspan="2">银行或开展存款业务的机构</td><td rowspan="2">非银行投资者</td><td rowspan="2">证券市场</td><td rowspan="2">金融基础设施</td></tr>
<tr><td>资产负债表</td><td>借款合约</td></tr>
<tr><td>脆弱性</td><td>杠杆</td><td>资本比率
风险权重
动态拨备
利润分配限制
信用增长限制</td><td>贷款价值比上限
债务收入比上限
还款期上限</td><td></td><td>保证金/扣减率限制</td><td></td></tr>
</table>

续前表

		金融体系的组成部分				
		银行或开展存款业务的机构		非银行投资者	证券市场	金融基础设施
		资产负债表	借款合约			
脆弱性	流动性（或市场风险）	流动性 储备金要求 外币借款限制 货币错配限制 未平仓外汇头寸限制	估值（如货币市场共同基金）	本国货币或外币储备要求	中央银行资产负债表操作	交易所交易
	相互关联性	集中度限制 系统性资本附加要求 子行化				中央对手方

资料来源：CGFS. Macroprudential Instruments and Frameworks：A Stocktaking of Issues and Experiences. CGFS Papers No. 38，2010：4.

表 5 - 11　　克莱森斯等的宏观审慎政策工具

	对借贷者、工具和活动的限制	对金融部门资产负债表的限制	资本要求、拨备和资本附加要求	税费	其他（包括制度性基础设施）
扩张阶段	随时间变化的上限、限制或规定： (1) 贷款价值比(LTV)、债务收入比（DTI)、贷款收入比（LTI)； (2) 保证金、扣减率； (3) 部门贷款； (4) 信用增长	随时间变化的上限或限制： (1) 错配（汇率、利率)； (2) 准备金要求	逆周期性资本要求、杠杆率限制、总体（动态）拨备	对特定的资产及/或负债征税/费	(1) 会计制度（如关于按市值计价的不同规则)； (2) 薪酬制度、市场纪律、治理
收缩阶段：甩卖、信用紧缩	对具体的动态贷款损失拨备、保证金或扣减率进行调整（例如，跨周期性、动态的调整）	流动性限制（如净稳定资金比率、流动性覆盖率）	逆周期性资本要求、总体（动态）拨备	征税/费（如对非核心负债）	(1) 标准化产品； (2) 场外或场内交易； (3) 安全网（中央银行/财政部流动性或财政支持）

续前表

	对借贷者、工具和活动的限制	对金融部门资产负债表的限制	资本要求、拨备和资本附加要求	税费	其他（包括制度性基础设施）
风险传染阶段（金融波动从系统重要性金融机构或网络向外传播）	对资产构成、经营活动施加各种不同的限制（如沃尔克规则、维克斯报告）	对（双边）金融风险敞口施加针对单个金融机构的限制、其他资产负债表措施	与系统性风险相关的资本附加要求	依据规模、网络等因素征税/费	(1) 制度性基础设施（如中央对手方）；(2) 处置机制（如处置计划书）；(3) 不同信息的披露

资料来源：Claessens, Stijn et al. Macro-prudential Policies to Mitigate Financial System Vulnerabilities. IMF Working Paper, WP/14/155, 2014: 26.

表 5-12　　欧洲系统性风险委员会（ESRB）的宏观审慎政策工具

中期目标	宏观审慎政策工具
缓解和阻止信用过度增长和杠杆过度使用	逆周期性资本缓冲、部门资本要求、宏观审慎杠杆率、贷款价值比要求、贷款收入比或债务收入比要求
缓解和阻止期限错配和市场流动性不足的恶化	流动性比率的宏观审慎调整（如流动性覆盖率）、对资金来源的宏观审慎限制（如净稳定资金比率）、对欠稳定资金的非加权宏观审慎的限制（如借贷比率）、保证金和扣减率要求
限制直接和间接的风险集中	大额风险敞口的限制、中央对手方清算要求
限制为减少道德风险而采取的不合适的激励措施所带来的系统性影响	系统重要性金融机构资本附加要求
加强金融基础设施的弹性	对中央对手方清算的保证金和扣减率要求、增加披露、结构性的系统性风险缓冲

资料来源：European Systemic Risk Board. Recommendations on Intermediate Objectives and Instruments of Macroprudential Policy, 2013: 3-4.

5.5　机构设置

之前的内容分析了宏观审慎政策的基本定义性要素、内在逻辑以及具体的政策工具，这些分析呈现了一个关于宏观审慎监管的理论框架。这些理论在金融监管的实践过程中需要特定的机构设置来贯彻和执行。宏观审慎政策的有效性既取决于其理论框架的完善程度，也取决于其机构设置的合理性。本节对宏观审慎政策的机构设置进行讨论。

由于经济体制和结构、金融发展水平、政治权力结构等因素的不同，不同经济体执行宏观审慎政策的机构设置各有不同。但是，总体而言，这些机构设置都是围绕一些共同因素而展开的，包括宏观审慎权威的构成、使命和权力的界定及分配、确保有效问责和沟通的机制以及确保国内和国际政策合作的机制。①权威的构成主要是指谁是宏观审慎政策制定及/或执行的权威部门。可能的权威部门包括中央银行、金融稳定理事会或委员会、财政部、银行业监管者、综合性金融监管者、储蓄保险机构、保险监管者、证券监管者、与现有政府部门（尤其是财政部）相关联的委员会、独立的政策委员会、多部门政策协调委员会或专门成立的宏观审慎监管机构等。其中，根据国际货币基金组织的调查，大多数国家（90%）在金融体系稳定方面赋予中央银行极其重要的职责和使命。②因此，宏观审慎权威机构可被归纳为三类：中央银行（如捷克、爱尔兰和新加坡）、中央银行体系内的专门委员会（如英国和马来西亚）、中央银行体系外的多部门联合委员会（如美国、法国和澳大利亚）。③一些研究进一步将当前流行的宏观审慎机构设置归为两类，即中央银行权力集中类和政府政策协调类。前者是指中央银行或中央银行下属委员会是宏观审慎政策的权威机构，后者是指政府协调多个拥有宏观审慎政策使命的机构间的观点、政策和行动。④

在确定了权威部门后，一个重要的问题是关于相应的使命和权力的界定及分配，即在宏观审慎政策的制定和执行过程中应赋予权威部门什么使命和权力。这种赋权既要保证其权力足以确保宏观审慎政策的有效执行，又要制约和限制权力的滥用。国际货币基金组织认为，宏观审慎权威机构的权力主要是指信息收集权、委任权（designation power）以及规则制定和调整权。⑤根据强弱程度，这些权力还可被分类为硬（hard）权力、半硬（semi-hard）权力和软权力。硬权力是指政策制定者能够直接控制和调整

① IMF. Macroprudential Policy：An Organizing Framework，2011：33.
② 同①37.
③ IMF. Key Aspects of Macroprudential Policy，2013：30.
④ Egawa，Eri et al. What Determines Institutional Arrangements for Macroprudential Policy. IMES Discussion Paper Series No. 2015-E-3，p. 4.
⑤ 同②.

具体的宏观审慎工具。半硬权力是指政策制定者可以提出具有“遵守或解释”[①]（comply or explain）效力的正式建议。软权力是指政策制定者可以表达并不具有“遵守或解释”效力的意见或建议。[②]对权力的制约和监督就是要建立合理的问责机制，其核心是确保决策的透明度以及与公众的及时有效沟通。具体的沟通工具包括公布政策战略、会议记录和周期性报告等。[③]同时，宏观审慎政策机构还需要和其他如货币政策、财政政策以及微观审慎政策国内和国际机构保持持续的沟通和合作，以确保宏观审慎政策的有效性。

围绕上述几个共同因素，宏观审慎政策机构设置表现为几种不同的模式。来自国际货币基金组织的一份报告根据5个标准总结了8种国家和超国家的宏观审慎政策机构设置模式。这5个标准是中央银行和其他监管机构的融合程度、宏观审慎政策使命的归属、财政部/政府的角色、决策和政策工具控制的分离以及政策协调的独立机构的存在（见表5-13）。表5-13中所列举的8种模式在这5个方面的表现有异同，且都能够在现实世界中找到与其对应的或相对吻合的实例。[④]在这8种模式分类背后的一个重要问题是：什么是宏观审慎机构设置的决定性因素？潜在的决定性因素包括国内经济和金融因素（如金融体系的复杂性、经济和金融体系的规模、发展阶段）、汇率体制和国际资本交易、中央银行的特征、政治因素（如民主程度、政治体制）、法律传统以及其他政治经济因素。[⑤] 因此，一国在选择自己的宏观审慎机构设置时需要对本国的上述因素进行具体的考量。

最后，宏观审慎机构设置由于宏观审慎政策的独有特征而面临着一些挑战。首先，宏观审慎机构设置须保持对金融市场发展的敏感性和灵活性。宏观审慎政策所针对的主要是系统性风险，而系统性风险会随着金融部门的发展不断变化，这就要求宏观审慎政策制定者及时获取和分析市场信息，对现有的政策进行评估并据此制定、使用和调整宏观审慎政策工具。其次，宏观审慎政策的收益是长期的且往往较难为公众所感知和评估，而其投入和成本却是明确的，这就容易导致相关部门无作为的状况。宏观审慎政策往往涉及对“尾部风险”（tail risk）的管理，与货币政策等其他经济政策不同，宏观审慎政策的成效不能用通货膨胀等指标进行及时

---

① 被建议方要么接受建议，要么解释为什么不接受建议。

② IMF. Key Aspects of Macroprudential Policy，2013：27.

③ 同②29.

④⑤ Nier，Erlend W. et al. Institutional Models for Macroprudential Policy. IMF Staff Discussion Note SDN/11/18，2011：8. 该报告还进一步讨论了这些不同模式的优缺点。

且清晰的评价。最后，宏观审慎机构设置的一个核心任务是协调不同领域的政策，而其协调本身就是一个很大的挑战。部门间或行业间的利益冲突、观念差异和使命差异都会增加政策协调的难度。这就要求对宏观审慎机构的赋权必须适当。赋权太大则会影响其他部门和领域政策的独立性和有效性，如对货币政策、财政政策、税收政策等产生不利影响。赋权太小又无法确保政策协调的有效性。

表 5－13　　宏观审慎政策机构设置模式

	模式 1	模式 2	模式 3	模式 4	模式 5	模式 6	模式 7	模式 R1（超国家）
1. 中央银行和其他监管机构的融合程度	完全（在中央银行内部）	部分	部分	部分	没有	没有（部分）	没有	没有
2. 宏观审慎政策使命的归属	中央银行	与中央银行相关的委员会	独立委员会	中央银行	多部门	多部门	多部门	委员会（跨国的或区域的）
3. 财政部/政府的角色	无作为（或积极）	消极	积极	无作为	消极	积极	无作为（或积极）	消极（欧盟委员会、经济与金融事务委员会）
4. 决策和政策工具控制的分离	不分离	在某些领域分离	分离	在某些领域分离	不分离	不分离	不分离	分离
5. 政策协调的独立机构的存在	不存在	不存在	不存在（或存在）	不存在	存在	存在（事实上的）	不存在	不存在
国家或地区实例	捷克、爱尔兰、新加坡	马来西亚、罗马尼亚、泰国、英国	巴西、法国、美国	比利时、荷兰、塞尔维亚	澳大利亚	加拿大、智利、中国香港、韩国、黎巴嫩、墨西哥	冰岛、秘鲁、瑞士	欧盟（欧洲系统性风险委员会）

资料来源：Nier，Erlend W. et al. Institutional Models for Macroprudential Policy，2011：8.

5.6 政策的执行和效果

宏观审慎政策框架的最后一个重要的方面是其执行和效果。宏观审慎政策的执行过程通常涉及以下几个步骤：识别和弥补数据缺口、评估和识别系统性风险、设计并使用政策工具、对工具进行调整并与市场进行沟通、监督和弥补监管缺口。①这些步骤执行的前提是建立一个合理且有效运转的宏观审慎机构。之前内容对上述几个步骤和机构设置进行了分析，本小节讨论当前宏观审慎政策的执行和效果。由于关于不同国家和地区使用宏观审慎政策的信息相当有限，对宏观审慎政策的执行和效果进行全面评估面临较大的困难。国际货币基金组织 2015 年的一份工作报告在解决这一困难上做出了较大贡献。这份名为《宏观审慎政策的使用和效果：最新证据》（The Use and Effectiveness of Macroprudential Policies: New Evidence）的报告对 119 个国家（或地区）在 2000—2013 年使用 12 项基本宏观审慎工具和一些衍生工具的情况进行了评估。②这 12 项基本宏观审慎工具包括贷款价值比、债务收入比、动态贷款损失拨备、逆周期资本缓冲/要求、杠杆率、系统重要性金融机构的资本附加要求、银行间风险敞口限制、集中度限制（concentration limits）、外币贷款限制、外币及/或逆周期性储备金要求、本币贷款限制、对金融机构征收税费。基于这份报告的内容以及参考其他相关研究，本节对宏观审慎政策的执行和效果总结如下。

就执行情况而言，宏观审慎观念和政策已被大多数经济体所接受，宏观审慎工具也被大多数经济体所使用，但具体的接受程度、被使用工具的种类以及机构设置存在一定差异。对于国际货币基金组织报告所考察的 119 个国家（或地区），宏观审慎政策工具的使用随着时间的推移而增加。③来自美国联邦储备委员会的一份讨论报告对 57 个国家自 2000 年第一季度到 2013 年第四季度执行宏观审慎政策的状况进行评估后得出了类似的结论：无论是发达经济体还是新兴经济体，宏观审慎政策的使用不断增

---

① IMF. Key Aspects of Macroprudential Policy, 2013: 15.

②③ Cerutti, Eugenio et al. The Use and Effectiveness of Macroprudential Policies: New Evidence. IMF Working Paper WP/15/61, 2015.

多，尤其是在2008年全球金融危机以后。[①]另外，如之前所述，虽然尚没有一个共识性的政策工具框架出现，宏观审慎政策工具的种类不断丰富和多样化。但是，宏观审慎政策工具的使用以及机构设置存在较大的国别或地区差异。上一节讨论了宏观审慎机构设置的决定因素，在这些因素的作用下，各经济体机构设置存在较大的差距（如表5-13所示）。不同的机构设置决定了宏观审慎政策的执行方式必然存在差异。

另外，不同国家或地区对具体宏观审慎工具的选择和偏好也存在较大差异。国际货币基金组织的报告显示，由于面对外部冲击更高的脆弱性以及自由化程度较低的金融体系所伴随的市场失灵更多，新兴经济体对宏观审慎政策的使用频率最高，其次是发展中经济体，最后是发达经济体。[②]从工具的选择而言，发达经济体相对较多地使用贷款价值比和债务收入比等与信用相关的工具；外币及/或逆周期性储备金要求和外币贷款限制等工具更多地被新兴经济体使用；发展中经济体则相对较多地使用动态贷款损失拨备和本币贷款限制等工具。就被考察的119个国家（或地区）而言，这些工具被使用的频数从高到低分别是：集中度限制、银行间风险敞口限制、贷款价值比、外币及/或逆周期性储备金要求、债务收入比、杠杆率、外币贷款限制、对金融机构征收税费、本币贷款限制、动态贷款损失拨备、逆周期资本缓冲/要求、系统重要性金融机构的资本附加要求。[③]就不同的区域而言，亚洲被认为是宏观审慎政策使用最多的区域，其次是中东欧国家和独联体国家、中东和非洲；拉丁美洲、欧洲发达区域和北美发达区域使用宏观审慎政策相对较少。[④]亚洲经济体更多使用贷款价值比和债务收入比等与房地产相关的措施以及外币及/或逆周期性储备金要求等工具；中东国家、拉丁美洲、非洲、中东欧国家和独联体国家更多地使用与外币相关的工具，如外币贷款限制、对外币储蓄的准备金要求等，同时也对本币的储蓄施加准备金要求并采用动态拨备等措施；北欧和北美先进国家相对较多地使用与房地产相关的措施（如贷款价值比、按揭的风险

① Akinci, Ozge and Jane Olmstead-Rumsey. How Effective Are Macroprudential Policies? An Empirical Investigation. Board of Governors of the Federal Reserve System, International Finance Discussion Papers No. 1136, May 2015.

② Cerutti, Eugenio et al. The Use and Effectiveness of Macroprudential Policies: New Evidence, 2015: 8.

③ 同②7-8.

④ IMF. Asia and Pacific Sustaining the Momentum: Vigilance and Reforms. IMF Regional Economic Outlook. Washington, DC, 2014: 64-65.

权重）以及资本要求、流动性措施和拨备制度。①

具体到每一个国家或地区，宏观审慎政策工具的选择和实施也存在比较大的差异。大多数国家或地区都使用了如贷款价值比、债务收入比等与信用相关的工具。如上所述，尤其是亚洲国家或地区，这些工具被视为宏观审慎政策的重要内容。例如，中国香港和韩国分别从20世纪90年代和21世纪初（2002年）就引入了贷款价值比上限。在2008年金融危机爆发后，许多欧洲国家也开始大量使用这些政策工具，如挪威、瑞典、芬兰和英国等。②小型开放经济体更多地使用与流动性相关的政策工具。例如，新西兰于2008年引入了核心融资比率以减少来自金融批发市场的短期资金；韩国对非核心外币债务征收稳定税，并将其视为一个在资本流动增加到不安全水平时的逆周期性措施。逆周期性的资本要求和动态拨备等政策工具是在2008年金融危机爆发以后才开始受到关注的，因此，很多经济体还没有真正采用这些工具。但是，少数经济体在这些工具的使用上表现得很成功。例如，西班牙建立的动态拨备制度几乎成了使用这一政策工具的典范；瑞典和挪威也引入了《巴塞尔协议Ⅲ》中的逆周期资本缓冲。③国际货币基金组织2011年的一份工作报告概括和比较了主要国家在2011年以前使用宏观审慎政策的经验。从中可知，不同国家的国情决定了宏观审慎政策的执行存在较大的国别差异。④

就有效性而言，宏观审慎政策解决系统性风险和维护金融体系整体稳健的有效性存在一定的争议，但总体而言得到了认可。上述国家和地区在宏观审慎机构设置和政策选择上的差异给对其效果的评估带来了挑战。但是，鉴于宏观审慎政策在后危机时代全球金融治理体系中的重要地位，对于其有效性的研究大量出现。这些研究既有理论分析也有经验分析。理论分析聚焦于宏观审慎政策在减少系统性风险上的基本原理以及宏观审慎政策的传导机制。加拉迪（Galati）和莫森纳（Moessner）将这些理论分析归纳为三类：银行/金融模型、动态随机一般均衡宏观模型和无限期一般均衡宏观模型。⑤另外，一些学者聚焦于具体的政策工具，从理论上分析

① IMF. Asia and Pacific Sustaining the Momentum：Vigilance and Reforms. IMF Regional Economic Outlook. Washington，DC，2014：64-65.

②③ Grace，Therese et al. The Instruments of Macro-prudential Policy，2015：99.

④ Lim，Columba et al. Macroprudential Policy：What Instruments and How to Use Them?. IMF Working Paper，2011：73.

⑤ Galati，Gabriele and Richhild Moessner. What Do We Know about the Effects of Macroprudential Policy?. DNB Working Paper No. 440，2014：9.

这些具体工具在解决具体问题上的有效性。例如，近期的一份研究对准备金要求、资本要求和监管溢价（regulation premium）进行了比较，并认为准备金要求在缓解金融加速器机制所带来的负面影响上最有效。① 表 5 - 14对部分相关文献进行了总结。前文对宏观审慎政策的内在逻辑的讨论实质上就是从理论的角度证明该类政策的必要性和理论上的有效性。除了理论上的讨论外，更多的研究是从实践的角度试图证实或证伪上述理论的有效性。这些经验分析可以根据研究样本的大小被分为大样本研究（样本数量超过 35 个）、中小样本研究（样本数量为 2～35 个）和地区或国别研究。

大样本研究通过对多个国家和地区的相关时间序列或面板数据进行定性或定量的分析评估宏观审慎政策的有效性。表 5 - 14 中列举了几个有代表性的大样本研究。例如，前文所提及的 IMF 2015 年的一份研究报告对由 119 个国家（或地区）2000—2013 年的多个宏观审慎政策工具数据所组成的面板数据进行了定性和定量（回归）分析，其总体的结论是宏观审慎政策的效果在金融更加发达和开放的经济体中效果更加不明显，在信用扩张期相对经济衰退期效果更加明显。②再如，来自 IMF 的另一份工作论文对 13 个亚洲国家和 33 个其他区域的经济体使用宏观审慎工具和资本流动措施的情况进行了评估，具体的评估方法包括事件分析、宏观面板回归和银行层面的微观面板回归等。评估的结论是：宏观审慎政策和资本流动管理措施有助于抑制房价上扬、股权流动、信用增长和银行杠杆加大，其中，贷款价值比上限、房地产税收措施和外汇相关措施尤为有效。③ 表 5 - 14 还列举出了其他大样本研究。虽然这些研究的对象和方法不同，但总体而言，其对宏观审慎政策有效性的评估结论是积极的。

由于数据的局限性，更多的研究采用小样本或针对某个特定的国家或地区。中小样本的研究例子包括对 5 个拉丁美洲国家在准备金要求、动态拨备、资本要求等工具上的比较④，对 16 个中欧、东欧和东南欧国家从 20

① Tavman，Yaprak. A Comparative Analysis of Macroprudential Policies. *Oxford Economic Papers*，2015，67（2）：334 - 355.

② Cerutti，Eugenio et al. The Use and Effectiveness of Macroprudential Policies：New Evidence，2015.

③ Zhang，Longmei and Edda Zoli. Leaning Against the Wind：Macroprudential Policy in Asia. IMF Working Paper WP/14/22，2014.

④ Tovar，Camilo E. et al. Credit Growth and the Effectiveness of Reserve Requirements and Other Macroprudential Instruments in Latin America. IMF Working Paper 12/142，2012.

世纪 90 年代末到 2010 年末以来使用宏观审慎措施的效果的比较①，以及 12 个亚太国家使用宏观审慎政策和资本流动管理政策的效果②等。地区和国别研究的例子涉及了中国香港③、克罗地亚④、韩国⑤、西班牙⑥、加拿大⑦、中国⑧、英国⑨、以色列⑩等等。表 5－14 中列出了这些研究的主要结论。当然，相关的研究不仅仅局限于表 5－14 所述。这一方面说明评估宏观审慎政策工具有效性的重要性，另一方面也表明其复杂性。整体而言，这些评估对宏观审慎政策控制系统性风险和维护金融体系安全的有效性给予了肯定。

表 5－14　　评估宏观审慎政策有效性的部分文献总结

文献	评估对象（样本）	结论
理论研究		
Galati and Moessner (2014)	宏观审慎政策工具的有效性研究	宏观审慎政策工具的有效性和政策传导机制的研究可以分为三类：理论研究、程式化研究和经验研究，每一类研究又可以进一步被细分

① Vandenbussche, Jérôme. Macroprudential Policies and Housing Prices—A New Database and Empirical Evidence for Central, Eastern, and Southeastern Europe. IMF Working Paper No. 12/303, 2012.

② Bruno, Valentina. Comparative Assessment of Macroprudential Policies. Bank for International Settlements, 2014.

③ Ahuja, Ashvin and Malhar Nabar. Safeguarding Banks and Containing Property Booms: Cross-Country Evidence on Macroprudential Policies and Lessons from Hong Kong SAR. IMF Working Paper No. 11/284, 2011.

④ Galac, Tomislav. The Central Bank as Crisis Manager in Croatia—A Counterfactual Analysis. Croatian National Bank Working Paper W-27, 2010.

⑤ Igan, Deniz and Heedon Kang. Do Loan-to-Value and Debt-to-Income Limits Work? Evidence from Korea. IMF Working Paper 11/297, 2011.

⑥ Jiménez, Gabriel et al. Macroprudential Policy, Countercyclical Bank Capital Buffers and Credit Supply: Evidence from the Spanish Dynamic Provisioning Experiments. European Banking Center Discussion Paper, 2012.

⑦ Krznar, Ivo and Pablo Medas. Recent Experience with Macroprudential Tools in Canada: Effectiveness and Options Moving Forward. Canada: Selected Issues, IMF Country Report No. 13/41, 2012.

⑧ Wang, Bing and Tao Sun. How Effective are Macroprudential Policies in China. IME Working Paper WP/13/75, 2013.

⑨ Aiyar, Shekhar et al. Does Macro-prudential Regulation Leak? Evidence from a UK Policy Experiment, *Journal of Money, Credit and Banking*, 2014, 46 (s1): 181－214.

⑩ IMF. Selected Issues Paper on Israel. IMF Country Report 14/48, 2014.

续前表

文献	评估对象（样本）	结论
Dell'Ariccia et al.（2012）	准备金要求、流动性要求、利率控制、信用控制、未平仓外汇头寸限制等宏观审慎政策	减少信贷繁荣期爆发危机的可能性
Perotti and Suarez（2011）	宏观审慎政策工具在解决跨行业维度系统性风险上的效果	短期资金的庇古税与净稳定资金比率或流动性覆盖率的组合对银行短期资金流动的系统性风险的监管最为有效
Goodhart et al.（2013）	对抛售风险的金融监管	资本监管、保证金要求、流动性管理和动态拨备对于抛售风险的监管最有效
CGFS（2012）	一系列宏观审慎工具的传导机制	对宏观审慎政策工具传导机制的理论分析为实践中对这些政策工具有效性和效率的评估提供了指导
Yaprak Tavman（2015）	对储备金要求、资本要求和监管溢价的对比研究	资本要求工具在缓解金融加速器机制所带来的负面影响上最有效
经验研究		
大样本研究（$N>35$）		
IMF（2015）	119 个国家（或地区）在 2000—2013 年使用 12 种基本政策工具和若干衍生工具的状况评估	新兴经济体使用宏观审慎政策的频率最高，尤其是使用与外汇相关的政策。发达经济体更多地使用针对借贷者的政策。宏观审慎政策的效果在金融发达和更加开放的经济体中更加不明显
Lim et al.（2011）	49 个国家	大多数常被使用的政策工具在时间维度和跨行业维度的系统性风险控制上是有效的，但是这种有效性根据金融行业所面临的风险种类的不同而不同。宏观审慎政策的选择和使用必须针对不同的风险类型
Kuttner and Shim（2012）	57 个国家在 1998—2010 年使用贷款价值比、债务收入比、按揭贷款的风险权重、拨备规则、对房地产的风险敞口限制、准备金要求、固定资产出售时的资本利得税、印花税等工具的情况评估	贷款价值比和债务收入比在限制按揭信用和房价增长上有效
Ahuja and Nabar（2011）	运用 2010 年 IMF 调查数据（2000—2010 年）评估贷款价值比和债务收入比	贷款价值比上限对房价的增长有限制作用。贷款价值比和债务收入比降低了房地产贷款的增长速度
Cerutti et al.（2015）	超过 50 个国家在房地产市场上的宏观审慎措施评估	如贷款价值比上限等政策有利于遏制房地产泡沫

续前表

文献	评估对象（样本）	结论
Claessens et al.(2013)	48个国家2000—2010年银行资产负债表在宏观审慎政策下的变化评估	针对借款者的措施（贷款价值比和债务收入比上限）以及限制信用增长和外汇贷款增长的措施在降低银行杠杆率、资产增长和非核心及核心债务的增长上有效
Zhang and Zoli (2014)	13个亚洲国家和33个其他区域的经济体从2000年以来使用主要宏观审慎工具和资本流动管理工具的效果评估	这些措施有助于抑制房价上扬、股权流动、信用增长和银行杠杆加大。其中，贷款价值比上限、房地产税收措施和外汇相关措施尤为有效
Arregui et al.(2013)	38个国家在2000—2011年使用贷款价值比、债务收入比、风险权重、准备金要求、拨备要求等工具的评估	贷款价值比、债务收入比、风险权重、准备金要求等工具在限制信用（相对于GDP）和房价增长上比较有效
IMF (2012)	38个国家在2000—2011年使用贷款价值比、债务收入比、风险权重、准备金要求和拨备要求等工具的评估	贷款价值比、债务收入比、风险权重、准备金要求对于限制信用和房价的增长有效
中小样本研究（$2<N\leqslant35$）		
Tovar et al.(2012)	5个拉丁美洲国家（巴西、智利、哥伦比亚、墨西哥、秘鲁）使用准备金要求、动态拨备、资本要求等工具的评估	平均准备金要求和其他各种宏观审慎政策的组合对信用的增长产生了中等程度且短暂的影响
Vandenbussche et al.(2012)	16个中欧、东欧和东南欧国家从20世纪90年代末到2010年末使用被归为29类主要审慎措施的评估	最低资本要求和非标准化的流动性措施（对国外资金的边际准备金要求、与信用增长相联系的边际准备金要求）对房地产价格泡沫有抑制作用
Wong et al.(2011)	13个国家使用贷款价值比工具的评估	贷款价值比可以减少房地产价格波动导致按揭违约风险的可能性，对贷款价值比上限的收紧总体上可以减少房地产杠杆
Bruno et al.(2014)	12个亚太国家关于宏观审慎政策和资本流动管理政策间的关系的分析	银行和债券市场的资本流动管理政策在限制银行和债券市场的内部流动性上有效。宏观审慎政策在辅助货币政策收紧货币供给时比在增加货币供给时更有效
地区或国别研究		
Ahuja and Nabar (2011)	中国香港使用贷款价值比评估	贷款价值比对信用产生的影响较小，贷款价值比收紧通过预期的渠道而不是信用的渠道影响房地产交易活动
Craig and Hua (2011)	中国香港使用贷款价值比和房地产交易印花税的评估	贷款价值比和房地产交易印花税有助于减缓房地产泡沫的形成

续前表

文献	评估对象（样本）	结论
Galac (2010)	克罗地亚使用信用增长上限、边际准备金要求、外汇流动性储备等工具的评估	信用增长上限减少了国内私有部门的信用增长，边际准备金要求有益于建立资本缓冲
Igan and Kang (2011)	韩国使用贷款价值比、债务收入比评估	贷款价值比和债务收入比降低了房地产价格上涨速度，减少了房地产交易活动
Jiménez et al. (2012)	西班牙使用动态拨备评估	有助于缓解信用供给的顺周期性并对企业层面的信用供给产生了影响
Krznar and Medas (2012)	加拿大使用贷款价值比、债务收入比、摊还期限等工具的评估	有助于减少按揭信用供给和抑制房价的上涨
Wang and Sun (2013)	中国使用准备金率、房地产相关的政策、资本充足率、流动性比率、不良贷款拨备覆盖率等工具的评估	准备金的变化与贷款的增长负相关。房地产相关政策、资本充足率要求和流动性比率要求对于贷款增长的控制是无效的。准备金要求和房地产相关政策对于房价增长的控制是有效的
Camors and Peydro (2014)	乌拉圭使用准备金要求评估	在2008年金融危机中存款准备金的大规模增加产生了较大影响
Aiyar et al. (2014)	英国在1998—2007年使用相关工具的评估	针对银行的更高资本充足率要求减少了银行的贷款
IMF (2014)	以色列使用宏观审慎政策工具的评估	宏观审慎政策只在其实施后的6个月有效，贷款价值比比贷款损失拨备和逆周期资本缓冲更加有效

资料来源：IMF. Key Aspects of Macroprudential Policy-Background Paper，2013：31-32；Cerutti，Eugenio et al. The Use and Effectiveness of Macroprudential Policies：New Evidence，2015：4-6；Galati，Gabriele and Richhild Moessner. What Do We Know about the Effects of Macroprudential Policy，2014.

本章总结和分析了宏观审慎监管的起源和在后危机时代的发展。从2008年金融危机爆发以来，宏观审慎监管的理念在全球金融治理体系中得到发展，一个宏观审慎政策框架逐渐建立并完善起来。本章首先回顾了宏观审慎概念的起源和发展，然后从定义性要素、系统性风险的识别和测量、政策工具、机构设置以及政策的执行和效果五个方面对当前的宏观审慎政策框架进行了较为系统的总结。图5-3对本章的内容进行了总结，同时也直观地概括了宏观审慎政策框架的基本内容。在后危机时代的全球金融治理改革中，宏观审慎监管是一个重要的改革理念。本章对全球金融治理体系中宏观审慎政策框架的概括为分析宏观审慎监管在中国的发展提供了基础。在此基础上，第七章分析和总结宏观审慎监管在中国的起源、发展、现状和挑战。

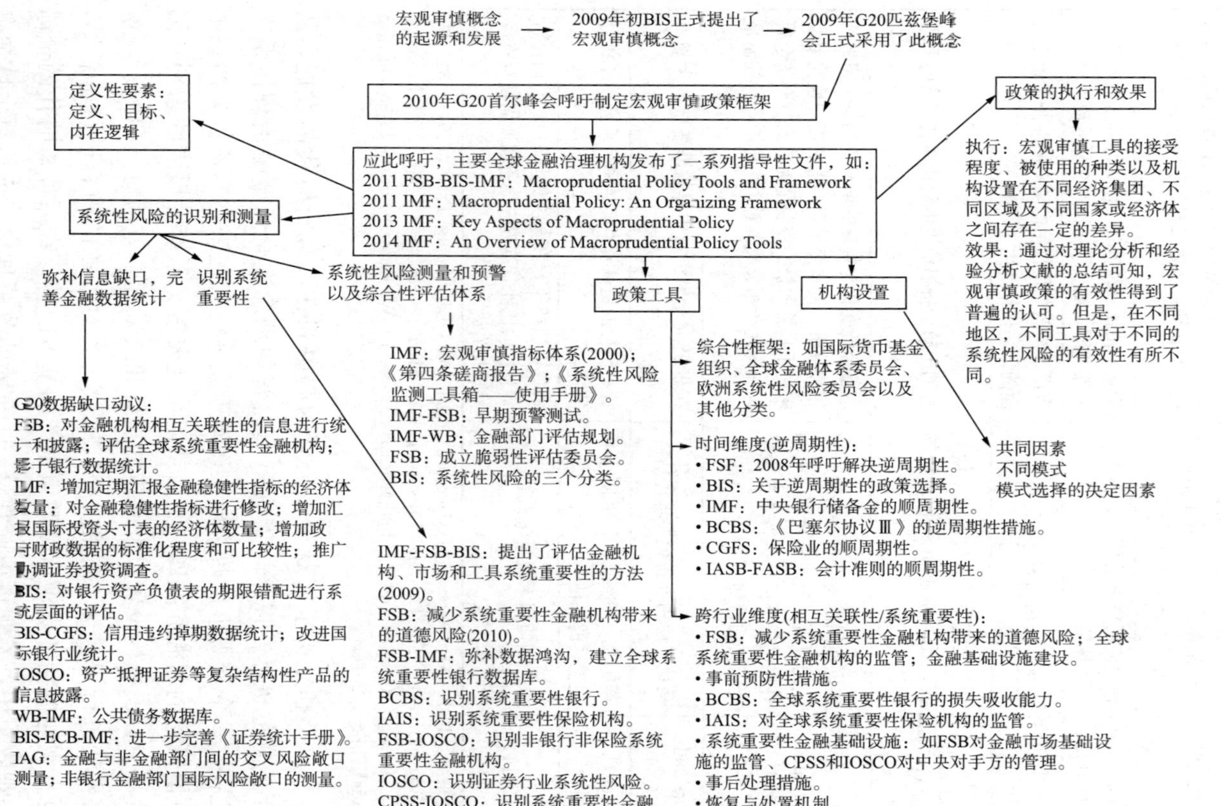

图 5-3 宏观审慎政策框架的发展图

第三部分　全球金融治理体系中的中国

第六章　中国与全球金融治理体系：历史进程和现状

本书前两个部分分析了全球金融治理的（经验和理论）起源、定义、演变和现状，这些分析为研究中国参与全球金融治理体系的历史进程和现状提供了理论基础和分析框架。在前文中，全球金融治理体系被定义为："金融全球化发展到特定阶段后，在国际社会无政府状态下治理国际金融相关问题的组织结构和体制的总称。"据此定义，全球金融治理体系的内涵是组织结构和体制。因此，前文从组织结构和体制两个维度以及五个具体的方面——结构核心、主要行为体、行为体间关系、体制核心目标、体制具体内容——对全球金融治理体系的演变进行了梳理。从本章开始，本书的第三部分在前文构建的理论和分析框架以及经验分析的基础上分析中国参与全球金融治理体系的历史和现状。

在全球金融治理体系的演进过程中，中国与其关系不断发生变化，这种变化可以从参与程度、角色（或态度）、地位等多个角度进行分析，并受到了国内外因素的影响。参与程度指的是中国融入全球金融治理组织结构和体制的程度，它可以通过中国与主要全球金融治理机构的会员关系和中国对相关国际金融监管规则的认可、接受和执行等情况进行具体衡量。角色是指中国对待全球金融治理体系以及更广泛的国际体系的态度或立场，即中国对包含全球金融治理体系在内的国际体系的认可程度。地位指的是中国在全球金融治理体系中的重要性，它可以通过中国是否进入全球金融治理体系的组织核心进行衡量。总体而言，从1949年以来，中国对全球金融治理体系的融入程度不断加深，中国对待全球金融治理的态度愈发积极，中国在其中的重要性也不断提升。这种参与程度、角色和地位的变化受到很多国内外因素的影响，如中国经济实力的增强、中国经济发展观的变化、市场经济在中国的发展、全球化程度的日益加深、国际关系格局的变化、"冷战"的终结等等。这些因素可被归纳为两个大的方面：国际秩序自身的变化和中国的改革。具体到全球金融治理领域，国际秩序的变化表现为全球金融治理体系的演变，而中国的改革主要表现为中国外交政策和经济金融政策的变革。外交政策决定了中国对待国际体系的态度，而经济金融政策直接决定了中国与国际金融体系和全球金融治理体系的关系。因此，本章首先从全球金融治理体系的演变、中国外交政策的沿革以及中国经济金融开放进程三个方面对中国与全球金融治理体系关系的演进进行分析，并将其划分为四个不同时期：隔绝期（1949—1970 年）、接触磨合期（1971—1992 年）、加速融入期（1993—2008 年）和全面融入期（2009 年以来）。第四个时期即为中国融入全球金融治理体系的现状。接下来，本章从中国参与全球金融治理机构以及在其中地位的变化和中国对主要全球金融治理规则的执行情况两个维度对中国参与全球金融治理的现状进行分析和评估。

6.1 中国参与全球金融治理体系的历史进程

6.1.1 隔绝期（1949—1970 年）

前文对全球金融治理体系演进的分析是从 1944 年建立的布雷顿森林体系开始的，而对于中国参与全球金融治理体系的历史进程的分析自然要从中华人民共和国成立开始。自鸦片战争以来，长达百余年的列强入侵，晚清封建势力试图延续封建王朝的垂死挣扎，封建王朝覆灭后的军阀混战，共产党和国民党抵抗日本入侵的 14 年抗战以及随后国共间的三年内战等一系列事件所组成的近代中国血泪史使得中华人民共和国成立之初积贫积弱，充满了内忧外患。从内部而言，经过百年战乱后中华人民共和国百废待兴，所以政府的第一要务便是选择一种经济模式来恢复和发展经济。当时中国主要面临四大紧迫的经济任务：迅速遏制持续了 12 年的恶性通货膨胀，恢复被战争破坏的国民经济，逐步对农业、手工业和民族资本主义工商业进行社会主义改造，建立和壮大社会主义国营经济。[①]同时，中国面临着几种工业化和现代化的选择。一种是英美等传统强国从轻工业起步，逐步转型到重工业，最后再实现工业化的模式；一种是依靠国家力量，通过对外掠夺和资本积累实现工业化的德国和日本模式；一种是优先发展重工业的苏联模式。最后，苏联以重工业为核心的计划经济模式被复

---

① 上海财经大学课题组．中国经济发展史：1949—2005. 上海：上海财经大学出版社，2007：1114.

制到中国。在1949—1979年的30年间，中国的经济发展经历了“一个内向性倾向不断强化的过程”，在这个过程中，自力更生、不依赖外援、独立自主地发展本国工业体系是一个宏观指导原则。①具体而言，1950—1960年是中国经济向独立自主转化的阶段。这一时期中国的对外经济关系主要局限在社会主义世界经济体系内，尤其是苏联和东欧国家。随着中苏关系的破裂，中国经济与世界体系基本隔离。

就金融而言，计划经济时期中国建立了一个“大一统”的金融体系，即一家银行（中国人民银行）一统天下的金融体系。这一体系是与高度集中的计划经济体制相适应的，是模仿苏联的金融体系而建立的。该体系以中国人民银行为唯一办理银行业务的金融机构，中国人民银行的分支机构遍布中国各个地区。在这一体系下，金融监管是通过中国人民银行内部的稽查机构来实现的，主要表现形式是上级银行对下级银行执行各种统一计划的监管。新中国的保险业是在对旧中国保险业的清理、整顿和改造中建立起来的。1949年中国人民保险公司的成立是新中国保险业发展的开端。但是，在1958年人民公社化后，保险业被认为失去了作用，并随即被停办。新中国初期的证券业以国债发行为主要业务，并随着20世纪50年代末我国停止向国内外举借债务也被停办。因此，在这一阶段，中国尚未建立起现代意义上的金融体系和金融监管。

从外部而言，新中国的首要任务是粉碎帝国主义强加给旧中国的各种桎梏和枷锁，以全新的形象出现在国际舞台上，并与承认中国合法地位的国家建立平等的外交关系。这就意味着列强失去了在旧中国的各种优惠待遇，旧中国与列强所签订的一切不平等条约不被新中国所承认。这是中华人民共和国成立初期所奉行的“另起炉灶”和“打扫干净屋子再请客”的外交政策的体现。同时，在“冷战”的大国际环境中，新中国从政治意识形态的角度出发，在其成立后的前十年里（1949—1959年）彻底地倒向了苏联一边，即所谓的“一边倒”外交政策。这一系列外交政策表明了新中国以崭新面貌屹立于世界舞台的坚定态度。这一时期还爆发了几次局部军事冲突，如朝鲜战争、印度支那战争和我国解放沿海岛屿的战役。②这些冲突一方面证明西方国家的军事压力压不垮新中国，另一方面导致了西方国家的经济封锁和政治遏制。在中苏关系破裂后，中国的“一边倒”外交政策转变成“两个拳头打人”的外交政策，即以广大的亚非拉国家为依

① 国家发展和改革委员会对外经济研究所．中国经济国际化进程．北京：人民出版社，2009：9.

② 谢益显．中国当代外交史：1949—2009．北京：中国青年出版社，2009.

靠，同时反对以美国为首的帝国主义和以苏联为首的修正主义。这一政策转变的后果是中国在政治和经济方面都更加孤立。

如前所述，这一时期的全球金融治理体系是以美国领导的布雷顿森林体系为核心的。在 20 世纪 50 年代，中国曾申请加入国际货币基金组织、世界银行、国际劳工组织、世界卫生组织等国际组织，但受到以美国为首的资本主义国家的阻挠。[①]在这一时期，中国未成功加入任何全球金融治理机构，也未公开认可、接受和执行任何全球金融治理规则，尤其是以美元为核心的布雷顿森林货币规则。孤立的外交政策、封闭的经济、尚未现代化的“大一统”金融体系和金融监管体制以及以意识形态对抗为主要内容的“冷战”格局将中国和全球金融治理体系隔离开来。在这种状况下，中国对全球金融治理体系的参与度和在其中的地位便无从谈起，中国对待资本主义全球金融治理体系的态度是排斥的，多表现为意识形态的抵制和对抗。

6.1.2 接触磨合期（1971—1992 年）

这种隔绝状态在 20 世纪 70 年代初期被改变，中国与全球金融治理体系进入了接触磨合期（1971—1992 年）。这一变化的两个标志性事件是中美关系破冰和中国恢复联合国合法席位（1971 年）。在随后几年里，这一变化更加显著。1979 年中美正式建交，1980 年中国先后恢复了在国际货币基金组织的合法席位和在世界银行、国际开发协会和国际金融公司的代表权。自此，中国与全球金融治理体系产生了联系。如前所述，这种变化依然可以从中国经济政策的变化、金融体系和金融监管的发展、外交政策的转变以及全球金融治理体系自身的演进等维度进行观察和解释。

自 20 世纪 70 年代以来的国民经济整顿和经济结构调整，尤其是从 1978 年开始的改革开放，将新中国的工作重心从阶级斗争和意识形态对抗转移到了现代化建设上，因此为中国接触和融入全球金融治理体系创造了需求和可能性，奠定了意识形态和物质方面的基础。在 70 年代初期，高度集中的计划经济体制的弊端和“文化大革命”对国民经济的破坏显露无遗。1971 年以后，周恩来和邓小平相继主持中央工作，尝试在“左”的思想错误占统治地位的情况下对国民经济进行整顿。真正历史性的转折发生在 1978 年末党的十一届三中全会上。这次会议正式提出了彻底改变

① 王玲．中国对各类国际组织的参与//李慎明，王逸舟．全球政治与安全报告．北京：社会科学文献出版社，2007.

中国经济发展轨迹的“改革开放”政策，而1970—1978年间对内的国民经济整顿和对外的外交政策调整被认为是改革开放的基础。①改革开放对中国融入全球金融治理体系的重要意义在于，它在中国建立了社会主义市场经济，从而在很大程度上减少了中国经济体制在国际体系中的异质性，将中国与资本主义国际体系间的意识形态对抗逐渐转变成了经济和金融领域的竞争与合作。一个更加开放的中国逐渐融入了国际金融体系之中，因此对全球金融治理体系的了解和参与逐渐成为必然。

改革开放的另一个重要意义是推动了中国现代金融业和金融监管体系的发展，这是中国融入全球金融治理体系的必要前提。中国“大一统”的金融体系一直维系到了1978年党的十一届三中全会召开之时。在此次会议上，金融体系改革和经济体制改革一起被提上日程。1979—1992年可被视作中国金融体系发展初期，在这一时期，中国逐渐建立起了由中央银行（中国人民银行）领导的、由四大专业银行和各种非银行金融机构共同组成的、具有市场经济取向的金融体系。②银行的性质和职能被重新认识和界定。自1979年以来，专业银行（中国农业银行、中国银行、中国建设银行、中国工商银行）相继恢复或建立，并以企业而非国家机关的形式进行经营和管理。从1984年开始，中国人民银行专门行使中央银行的职能③，商业银行体系也逐渐发展起来，交通银行、中信银行、招商银行、深圳发展银行等商业银行组织相继成立，保险业和证券业也随着改革开放的开始而全面恢复和发展。1985年以前，中国人民保险公司垄断了中国保险市场。1985年以后，多家保险公司相继成立，如新疆生产建设兵团农牧业保险公司、中国太平洋保险公司、中国平安保险公司以及多家地方性人寿保险公司，保险业开始呈现多家竞争的局面。证券发行也重新启动，国债于1981年重新恢复，股票发行在股份制试点的基础上，通过企业的募股集资活动拉开序幕，国际债券、企业债券、金融债券在这一阶段先后问世。证券市场开始发展，1990年和1991年，中国人民银

① 孙玉琴．中国对外开放史．北京：对外经济贸易大学出版社，2012：17.

② 上海财经大学课题组．中国经济发展史：1949—2005. 上海：上海财经大学出版社，2007：1151.

③ 1983年9月17日国务院发布了《关于中国人民银行专门行使中央银行职能的决定》，该决定明确规定“中国人民银行是国务院领导和管理全国金融事业的国家机关”，其主要职责是“集中力量研究和做好全国金融的宏观决策，加强信贷资金管理，保持货币稳定”。

行批准成立了上海证券交易所和深圳证券交易所，证券的流动已初步实现。①在这一阶段后期，中央政府开始为建立中国期货市场而积极进行理论准备和政策规划。另外，信用体制改革也已开始，在传统银行信用的基础上，商业信用得以恢复。“大一统”时期“统存统贷”的信贷体制逐渐被多种信用形式所取代。到这一阶段末期，一个现代中国金融体系的雏形已经出现。

这一时期金融体系的发展推动了金融监管的发展，一个以中国人民银行为全能监管者的时期到来了（1979—1992 年）。有学者认为中国真正意义上的金融监管体制开始于 1984 年的金融体制改革。②其实，在 1982 年中国人民银行就设立了金融机构管理司，该司后来还分离出了条法司、非银行金融机构管理司和保险司，并更名为银行司。但是，中国人民银行作为金融监管者的合法地位在 1986 年才确立。1986 年 1 月，国务院颁布的《中华人民共和国银行管理暂行条例》明确规定中国人民银行为国务院领导和管理全国金融事业的国家机构。于是，一个以中国人民银行为唯一合法监管者的统一金融监管体制正式确立。

这一时期中国外交政策的转变是推动中国接触全球金融治理体系的重要因素。20 世纪 60 年代中苏关系持续恶化，中国制定了反对两霸（美国和苏联）的外交政策。美苏争霸的国际格局使得中国只能在两个超级大国的夹缝中生存。认识到这种危险，毛泽东和周恩来领导的中国外交发生了悄然但极为重要的转变——世界格局划分及自我定位和联美反苏。根据当时的国际格局，毛泽东提出了著名的“三个世界”的论断，即两个超级大国为第一世界，西方资本主义国家为第二世界，广大亚、非、拉国家为第三世界。中国的外交政策是反对第一世界的霸权，争取第二世界的合作，支持第三世界的事业③，并认为中国是一个第三世界国家。为了抵制苏联的霸权主义，缓和中美关系，毛泽东在 20 世纪 70 年代初还提出了“一条线”政策，即联合基本位于同一纬度的巴基斯坦、伊朗、土耳其、主要欧洲国家和美国共同抵制苏联。中美关系在 70 年代初得到缓和，1979 年中美正式建立外交关系。这些政策被证明对改善中国的国际地位和外交格局

① 上海财经大学课题组．中国经济发展史：1949—2005．上海：上海财经大学出版社，2007：1415－1443.

② 蒋海，李赞宏．中国金融监管体制的变迁及改革路径选择．广东金融学院学报，2009，24（5）：38－46.

③ 王逸舟，谭秀英．中国外交六十年：1949—2009．北京：中国社会科学出版社，2009：13.

是极为有利的。到80年代初期，中国恢复了在一些重要国际组织中的合法地位（主要是联合国、国际货币基金组织和世界银行），与当时世界上110多个国家建立了大使级外交关系①，从根本上改变了中国与主要资本主义国家间的关系。这无疑为中国融入资本主义世界的全球金融治理体系创造了前提条件。自20世纪70年代末以来，中国的外交政策更多地考虑中国改革开放的需求，而非意识形态的争斗。为了创造一个有利于中国经济发展的国际环境，邓小平提出了“不结盟”政策，即不同任何大国建立同盟关系，并将和平与发展视为时代的主题。在以改革开放为核心的对内和对外政策的驱动下，中国进一步融入国际体系之中。到1992年，中国同154个国家建立了外交关系，并同200多个国家和地区开展贸易、科技和文化交流与合作。②

无论从组织结构而言还是从体制而言，这一时期中国对全球金融治理体系的参与还处于初级阶段。这一时期的全球金融治理体系是一个G7领导下的资本主义治理体系（见第二章）。在这一时期，许多全球金融治理机构成立，如巴塞尔银行监管委员会、国际证监会组织前身证监会美洲协会、国际会计准则委员会等。这一时期的全球金融治理组织结构的核心是G7和国际货币基金组织，其体制内容包括牙买加货币体制、《巴塞尔协议》和《国际会计准则》等。中国于1980年恢复了在国际货币基金组织和世界银行的合法席位。在国际货币基金组织中，1980年中国的份额从5.5亿特别提款权增加到12亿特别提款权，随后又进一步增加到18亿特别提款权（排名第8），且中国被视为单独选区，获得自己选举执行董事的权利。③同时，中国在世界银行的股本和执行董事席位问题也得到了解决。自此，国际货币基金组织成为我国对外经济政策对话的一个重要窗口，并为我国这一时期的中央银行体制改革提供技术援助。另外，为弥补国际收支逆差和支持经济结构和体制调整，中国先后于1981年和1986年从国际货币基金组织贷款7.59亿特别提款权和5.98亿特别提款权，分别相当于8.8亿美元和7.3亿美元。④这是中国仅有的两次从国际货币基金组织贷款。除了国际货币基金组织和世界银行外，这一时期中国还加入了其他一些国际组织，如国际农业发展基金会（1980年）、国际原子能机构（1984

① 当时世界上独立国家的数量是130多个。

② 王逸舟，谭秀英．中国外交六十年：1949—2009．北京：中国社会科学出版社，2009：31.

③④ 戴相龙．曲折的历程 有效的合作——中国重返国际货币基金组织21年回顾与展望．人民日报，2001-02-19.

年）、关贸总协定（1982 年以观察员身份加入）等。但在全球金融治理领域里，中国并未与其他相关国际组织建立非正式或正式的联系。从体制的角度而言，中国也并未接受这一时期全球金融治理体系的主要体制。

从融入程度而言，在这一时期中国试探性地接触了全球金融治理体系。从这一时期开始的改革开放以及随之而来的外交政策变化、经济体制改革和金融体系建设为中国接触和融入全球金融治理体系奠定了基础。但是，中国刚刚从高度集中的计划经济体制和阶级斗争中走出来，国内经济体制转型刚刚起步，阻力依然巨大。由西方主要国家领导构建的全球金融治理体系对于中国而言还很陌生。中国国内金融体系和金融监管改革刚刚启动，尚未建立起一个为市场经济服务的现代化体系。因此，在这一时期，中国既没有全盘融入全球金融治理体系的条件，也没有需求和动力。但是，中国的领导层已经意识到了中国的发展离不开世界。在这一时期，中国显然不再是单纯的资本主义世界国际体系的意识形态反对者。邓小平的“社会主义也可以搞市场经济”① 的论断极大地摆脱了政治意识形态的束缚，为中国经济的发展解开了桎梏，也为中国融入国际经济和金融体系创造了条件。但是，无论是在国际经济体系还是金融治理体系中，中国在这一时期都处于边缘地位，依然被主要西方国家视为一个体系异质体。一方面，一个改革中的中国正在试探性地接触和了解西方主导的国际体系，另一方面，主要西方国家也通过正式经济合作和外交渠道以及非正式的民间交流了解一个变化中的中国。因此，这一阶段是中国与全球金融治理体系的接触磨合期。

6.1.3　加速融入期（1993—2008 年）

随着中国改革开放的深化，现代金融体系的建立，“分业监管”模式的形成，更加积极融入国际体系的外交政策的出现，以及全球金融治理体系自身的真正“全球化”和代表性增强，中国对全球金融治理体系从接触磨合期（1971—1992 年）进入了加速融入期（1993—2008 年）。改革开放的深化是这一转变的根本动力。虽然一般认为中国的改革开放始于 20 世纪 70 年代末，但是经济的体制性转变在 20 世纪 90 年代初才真正被明确地提出和推行。自党的十一届三中全会（1978 年）以来的改革开放基本实践和经验对重大理论和意识形态问题进行了有益的探索，尤其是社会主义条件下计划和市场的关系问题，这为以党的十四大为标志的改革开放的

① 邓小平．邓小平文选：第 2 卷．北京：人民出版社，1994：231.

深化做好了思想准备工作。[①] 1992 年召开的党的十四大明确地提出了建立社会主义市场经济体制的目标，这极大地推进了经济体制改革的进程。这一时期围绕建设社会主义市场经济体制的改革涉及经济的方方面面，包括财政、金融、外汇、劳动力市场、粮食、人口流动、住房制度、医疗等。到这一时期末期，中国已建立了一个有中国特色的社会主义市场经济体系，具体包括现代企业制度、完善的宏观经济调控体系、合理的收入分配和社会保障体系、税收体系、基于中国国情的利率和汇率体系、不断改进的金融体系和金融监管制度等。这些改革和相应的成果成功地实现了中国和国际经济体系的对接，为中国更深层次地融入国际体系和中国经济的快速发展扫清了大部分的制度障碍。

具体到金融领域，一个现代化的金融体系在这一时期在中国建立了起来。改革开放初期（1992 年以前）的金融改革是计划经济体制向市场经济体制转变的一部分。由于计划经济时期遗留下来的各种问题以及制度惯性和既得利益的阻挠，改革阻力重重。当改革开放进入深化期时，金融改革的目标便是促进社会主义市场经济的建设。在 20 世纪 90 年代，改革的具体内容主要包含四个方面：银行体制改革的深化、信贷体制改革的深化、利率的市场化改革和外汇体制改革与金融业对外开放。[②]进入 21 世纪以后，这些方面的改革继续深化。中国 2001 年加入世界贸易组织，金融对外开放的程度大幅提升，越来越多的外资金融机构进入中国市场。从不同行业而言，银行业、保险业、证券业和期货业在这个时期都经历了空前的发展。1995 年《中华人民共和国商业银行法》和《中华人民共和国中国人民银行法》的实施为商业银行的发展奠定了法制基础。通过不良资产的剥离和股份制改造，四大政策性银行成功转变成商业性银行。2006 年末，随着加入世界贸易组织 5 年过渡期的结束，中国向外资银行全面开放人民币零售业务。这一系列的改革标志着我国银行业已进入市场化和多元化经营的新阶段。保险业在这一时期也得到高速发展：保险业务规模不断扩大，全部保费收入从改革之初的 4.6 亿元增加到 2007 年底的 7 035.8 亿元；保险业务经营体制从产险、寿险混业经营转变为分业化经营（1996 年）；保险公司体制开始现代化（自 2001 年起）；保险资金管理体制改革也逐步推进。[③]证券市场也蓬勃发展，证券种类多样化，证券流通市场建

① 苏星．新中国经济史．北京：中共中央党校出版社，2007：604 - 605.

② 上海财经大学课题组．中国经济发展史：1949—2005. 上海：上海财经大学出版社，2007：1228 - 1230.

③ 周道许．改革开放三十年看我国保险业的发展．中国金融，2008（18）：64.

立并不断完善，证券发展更加规范化和法制化。中国期货业在这一阶段从无到有，从无序到成熟，大致经历了发展初期阶段（1988—1993年）、清理整顿阶段（1993—2000年）和逐步规范阶段（自2000年以来），并最终进入了健康发展的轨道，期货年度总成交额从1993年的5 521.99亿元增加到了2008年的近50万亿元。[①] 总体而言，这一时期中国金融业的相关立法更加完善，国际化程度更高，规模更加庞大。不断增加的国际联系和中国金融业在国际金融市场上地位的上升使中国融入全球金融治理体系成为必然。

与此同时，中国国内金融监管体系在这一时期发生了巨大的变化，逐渐进入了"分业监管"时期。1993年国务院文件《关于金融体制改革的决定》要求银行业、保险业、证券业和信托业实行分业管理，并同时要求中国人民银行转变职能。自此之后，改革开放初期的中央银行统一监管逐步发展成为"一行三会"的分业监管模式，即中国人民银行加上分别负责银行业、证券业和保险业监管的中国银行业监督管理委员会（银监会）、中国证券监督管理委员会（证监会）和中国保险监督管理委员会（保监会）。这一时期金融监管发展的一个显著特征是法制化进程加快。《中华人民共和国中国人民银行法》（1995年）、《中华人民共和国商业银行法》（1995年）、《中华人民共和国保险法》（1995年）、《中华人民共和国信托法》（1995年）、《中华人民共和国证券法》（1998年）、《中华人民共和国银行业监督管理法》（2004年）等一系列金融监管法律都在这一时期颁发实施。表6-1列出了"一行三会"机构成立、职能划分的过程和相关法律、法规和政策文件。在这一时期，"一行三会"的金融监管体系对在社会主义市场经济建设过程中的金融发展提供了重要的秩序保障。自此，中国人民银行、证监会、保监会和银监会分别代表中国金融不同领域的监管者加入了全球金融治理体系之中。

表6-1　金融监管机构的成立

行业	监管机构	机构成立时间	主要法律/法规/政策文件（颁布时间）	职能
银行业	中国人民银行	1995年	《中华人民共和国中国人民银行法》（1995年）	明确中国人民银行的职责，即制定和执行货币政策，防范和化解金融风险，维护金融稳定。证券业和保险业监管职能相继从中国人民银行分离出来，但银行业监管依然由央行负责

① 高伟，李海军．我国期货市场的发展历程与展望．金融理论与实践，2009（3）：25-30.

续前表

行业	监管机构	机构成立时间	主要法律/法规/政策文件（颁布时间）	职能
银行业	银监会	2003年	《中华人民共和国银行业监督管理法》（2004年），《国务院关于机构设置的通知》（2003年）	统一管理银行、金融资产管理公司、信托投资公司和其他存款类金融机构。将银行业监管职责从央行分离出来
证券业	国务院证券委员会和中国证券监督管理委员会	1992年	《国务院办公厅关于成立国务院证券委员会的通知》（1992年）	前者对证券市场进行统一的宏观管理，后者依照法律法规对证券市场进行监管
	证监会	1998年	《中国证券监督管理委员会职能配置、内设机构和人员编制规定》（1998年），《中华人民共和国证券法》（1998年）	国务院证券委员会和中国证券监督管理委员会合并成国务院直属正部级事业单位，并成为全国证券期货市场的主管部门
保险业	保监会	1998年	《国务院关于成立中国保险监督管理委员会的通知》（1998年），《中华人民共和国保险法》（1995年）	对保险业进行统一监管，将保险业监管职责从央行分离出来

这一时期中国外交政策的转变是推动中国加速融入全球金融治理体系的另一个重要原因。虽然在这一时期中国外交政策的具体内容随着领导层的更迭、国内政治经济的发展和国际形势的变化而有所不同，但一个整体的趋势是中国更加积极地加入国际体系的建设、改革和维护之中。20世纪80年代末，东欧剧变，美苏对峙的“冷战”国际格局被打破。面对不利的国内外局面，邓小平提出了“韬光养晦，有所作为”的外交政策。之后，随着国内外形势的好转，江泽民时期的外交政策在继承和平共处五项原则的基础上，更加强调推动世界多极化、国际关系民主化和中国外交多边化。[①]胡锦涛随后提出了“和谐世界”的观点，体现了中国外交政策更加宽阔的视野，多边外交在中国外交政策中的作用愈发重要。中国外交政

① 谢益显．中国当代外交史：1949—2009．北京：中国青年出版社，2009：410.

策从自我封闭发展演变成这一时期末对国际体系的全面融入和积极参与，这一发展变化体现在中国与全球金融治理体系的关系上。

同时，这一时期也是全球金融治理体系自身高速发展的一个时期。如前所述（第二章），“冷战”的结束为一个真正全球意义上的金融治理体系创造了现实的基础。20 世纪 90 年代以来，金融全球化过程的加速使得国家内部的金融风险超越国界，成为国际性的风险，国际金融监管的公共物品属性大大增强。尤其是在 90 年代中后期一系列金融危机爆发后，全球金融治理的紧迫性和必要性更加凸显。诚如本书其他章节所提及的，全球金融治理的很多组织结构和规则体系都是在这一时期建立的（见第二章）。在这一时期，全球金融治理体系的组织核心是 G7 和国际货币基金组织，全球金融治理体制覆盖了金融各个子领域，如货币体制、金融、证券、保险、会计准则、支付体系等。一个日臻完善的全球金融治理体系也是推动中国加速融入其中的重要外部因素。

在上述内外部因素的作用下，中国在这一时期加速融入了全球金融治理体系之中。从组织结构而言，这一时期中国加入的全球金融治理机构的数量比其他任何时期都多，主要包括 G20 财政部部长与央行行长会议（1999 年加入）、国际清算银行（1996 年）、国际保险监督官协会（2000 年）、国际证监会组织（1995 年）、国际会计准则理事会（1997 年）、反洗钱金融行动特别工作组（2007 年）、国际掉期与衍生工具协会（1999 年）等。在政府间国际组织里代表中国的金融监管机构主要就是“一行三会”。①从体制而言，中国对全球金融治理体系中各个领域内体制的认可、接受和执行情况差异较大。在如银行业、宏观经济政策和信息透明度等一些领域，中国的国内监管规则已经开始借鉴相关的国际规则。例如，2004 年颁布并于 2007 年修订的《商业银行资本充足率管理办法》就是以《巴塞尔协议Ⅰ》为基准制定的，并在总体构架上参考了《巴塞尔协议Ⅱ》。再如，中国于 2002 年就加入了 IMF 数据公布通用系统。但是，截至这一阶段，中国在全球金融治理体系的很多领域尚未借鉴、参考或接受国际规则。例如，中国保监会到 2011 年才成立课题小组，启动对《保险监管核心原则》的研究②，中国到 2015 年才接受国际货币基金组织的数据公布特殊标准。

总之，就融入程度而言，较之前几个阶段，中国在这一阶段加速融入

① 财政部有时也会以金融监管者的身份出现，如在 G20 部长级会议上。“一行三会”现已改革为“一行二会”。

② 陈文辉．国际保险监管核心原则的最新发展与中国实践．北京：人民日报出版社，2012.

了全球金融治理体系之中。中国对全球金融治理的态度是积极的、合作性的，虽然在某些领域冲突依然存在，如国际货币体系改革以及关于中国利率和汇率制度的争论。尽管如此，在这一时期，中国并未进入全球金融治理体系核心权力圈，中国依然只是全球金融治理体系中的一个规则追随者和实践者，而非一个规则制定者。

6.2　危机后的国内外新变化

2008 年全球金融危机的爆发对于全球金融治理体系和中国的经济发展都是一个重要的转折点。第一章对 2008 年金融危机爆发的原因和危机后的改革进行了总结。从中国与全球金融治理体系的关系而言，本书将后危机时代的这十多年视为现状期，在这一时期，中国全面融入了全球金融治理体系之中。下文从后危机时代中国的经济政策、金融及监管的发展、外交政策和全球金融治理体系自身的发展四个方面对促成中国全面融入全球金融治理体系的因素和宏观背景进行介绍。

在后危机时代，为应对中国经济的旧问题和新挑战，中国的宏观经济政策出现了几次调整，但从经济稳定和增长的结果而言，中国是后危机时代世界经济增长的重要动力。和主要西方国家一样，在金融危机的冲击下，中国政府在 2008 年末开始推行以积极的财政政策和适度宽松的货币政策为基本特征的经济刺激计划，其具体内容表现为 2008 年 11 月国务院出台的扩大内需和促进经济增长的十项政策：加快建设保障性安居工程，加快农村基础设施建设，加快铁路、公路和机场等重大基础设施建设，加快医疗卫生、文化教育事业发展，加强生态环境建设，加快自主创新和结构调整，加快地震灾区灾后重建各项工作，提高城乡居民收入，全面实施增值税转型改革，加大金融对经济增长的支持力度。①整体而言，这些政策主要集中在基础设施和民生两个大的方面。几乎同一时期，国务院还制订发布了十个重点产业的调整和振兴计划。这一系列政策构成了中国针对 2008 年金融危机的一揽子经济刺激计划。根据时任国务院总理的温家宝的概括，中国的一揽子计划包括四个方面：大规模财政投入（包括结构性减税）、大范围产业调整和振兴、大力度的科技支撑和大幅度地提高社会保障水平。②这一计划的

① 国务院常务会议确定扩大内需促进经济增长 10 措施．新华网，2008 - 11 - 09.

② 中国一揽子经济刺激计划不单是 4 万亿元．新华网，2010 - 03 - 04.

最直接效果是中国在2008—2011年间的平均GDP增长率达到9.7%。从2011年开始，经济刺激计划开始逐渐退出，经济结构的深层次调整逐渐成为中央经济工作的重心。2011年，适度宽松的货币政策转变为稳健的货币政策。2012年，经济增长目标的下调为结构调整和经济发展方式的转变创造了政策和操作空间。2014年，习近平提出了中国经济增长“新常态”的理念，标志着中国经济增长方式和增长理念的转变开始落到实处。2015年末推出的以“去产能、去库存、去杠杆、降成本、补短板”为核心内容的供给侧改革便是这种转变的政策实践。

后危机时代的经济政策对中国与全球金融治理体系的关系产生了重要影响。在这些政策下，中国依然保持远远高于主要西方国家和世界平均水平的实际GDP增长率（见图6-1），这为中国在全球金融治理体系中地位和作用的提升创造了经济基础。经济实力和国际体系发言权的不匹配是后危机时代国际体系，尤其是全球金融治理体系调整的一个重要方面，这种调整的一个直接后果是中国在全球金融治理体系中的作用和地位得到了显著的提升，后文将详细论述这种变化。另一个重要的影响体现在经济发展模式上。危机前，中国与西方主要国家主导的国际体系间的一个重要分歧便是经济发展的模式。主要国家和国际组织奉行以新自由主义思想为基础的经济发展理论和政策，即所谓的“华盛顿共识”。这种理论和政策强调自由化、私有化和市场化。基于这种理论和政策，主要西方国家和国际组织对中国的汇率、利率、所有权等制度进行抨击。在这种背景下，中国很难在这些国家和国际组织所主导的全球金融治理体系中获得更多的发言

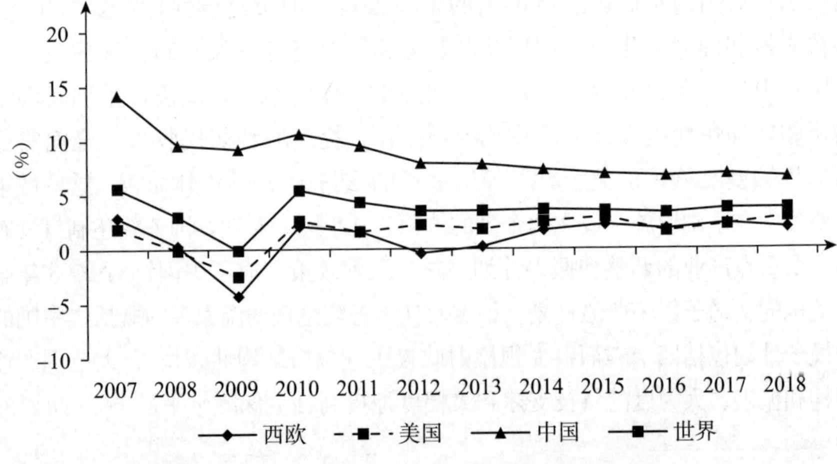

图6-1 2007—2018年世界主要区域实际GDP增长率

资料来源：国际货币基金组织。

权。2008 年全球金融危机从某种程度上为中国的政府主导的发展模式正名。一方面，中国经济在危机中表现出了足够的韧性，另一方面，许多西方主要国家在后危机时代的救市行动都采用了之前被其嗤之以鼻的“中国式”政策和手段。因此，中国经济增长模式的国际合法性得到了一定程度的提升，这在很大程度上促进了中国全面融入全球金融治理体系之中。

就金融业的发展而言，在经历了几十年来的改革与发展后，银行业、证券业、保险业、期货业等行业在制度建设、规模和国际化水平等方面都发生了巨大的变化，相关制度更加完善，规模不断扩大，国际化水平越来越高。具体而言，现代银行体系已建立起来，银行业金融机构种类大大增加，不仅有政策性银行、国有商业银行、股份制银行、城市商业银行，还有农村商业银行、农村合作银行、农村信用社、其他新型农村金融机构、外资银行，更有信托公司、财务公司、金融租赁公司、汽车金融公司、货币经纪公司和消费金融公司等。根据银监会的数据，截至 2016 年 5 月，中国银行业金融机构总资产达到了 206.96 万亿元，是 2005 年 12 月末的 37.47 万亿元的 5.5 倍多，比 1978 年商业银行总资产 1 876.5 亿元增加了超过千倍。此外，银行业的对外开放水平不断提升。截至 2015 年 9 月，中资银行在 55 个国家和地区设立了超过 1 200 家分支机构，来自 52 个国家或地区的银行在中国设立了 40 家外资法人机构、109 家分行和 174 家代表处。①

在证券业里，一个多层次的资本市场逐渐建立和完善。创业板（2012 年）、融资融券（2010 年）、股指期货（2010 年）、转融资（2012 年）、转融券（2013 年）、新三板扩容至全国（2013 年）等等一系列的制度创新和突破逐渐建立了一个多层次的资本市场体系。境内上市公司数量从 1992 年的 53 家增加到了 2018 年的 3 584 家，股票总发行股本从 1992 年的 68.87 亿股增加到了 2018 年的 5 758.03 亿股，股票市价总值也从 1992 年的 1 048.15 亿元增加到了 2018 年的 434 924.03 亿元。从这些数据可以看出，中国证券业的规模在过去 20 多年里发生了根本性的变化。同时，证券业对外开放的程度也大幅提升。1992 年，境内上市外资公司和境外上市公司分别只有 18 家和 24 家，而到 2018 年，这些公司数量分别增加到了 99 家和 267 家。保险业和期货业也得到了迅猛发展，保险系统机构数量从 2001 年的 35 家增加到了 2018 年的 229 家，其中中资保险公司 158 家（2001 年 14 家），中外合资保险公司 59 家（2001 年 21 家）。保险业的资产总额从 2002 年的 6 320 亿元

① 尚福林．“十三五”银行业改革发展方向．中国金融，2016（1）：10.

大幅增加到了 2018 年的 183 305.24 亿元，其中外资保险公司的资产为 11 609.41亿元，占 2014 年中国保险业总资产的 6.33%。期货总成交量和总成交额分别从 890.69 万手和 5 521.99 亿元增加到了 301 055.65 万手和 2 107 973.78亿元。[①]需要指出的是，上述数据并不意味着中国的金融制度建设已经完善，事实上，银行、保险、证券和期货等行业还存在各种尚待解决的问题，中国金融业“走出去”和“引进来”还面临着很多政治、经济或文化障碍。但是，中国金融业的改革与开放已创造了一个体量超大的中国金融业和一定程度上开放的中国金融市场。这使得国际金融稳定已离不开中国，中国金融的持续健康发展也已离不开世界。因此，中国与全球金融治理体系的更深层次融合既是中国金融发展和开放的需要，也是维护国际金融稳定的需要。

从金融监管的角度而言，危机前建立的“一行三会”的金融监管体制在危机后依然延续。[②] 但是，2008 年金融危机的爆发对中国金融监管体制的改革有极强的推动作用和借鉴意义。中国的金融监管一方面要汲取国际经验，另一方面要考虑中国的国情。汲取国际经验要求中国的金融监管与国际接轨，更多地与主要全球金融治理机构建立正式和非正式的联系，参与相关国际规则的制定，并积极地在中国实施这些规则。同时，中国的国情决定了不是所有的全球金融治理规则都可以被全盘接受和实施，根据特定行业的具体情况做出相应的调整是监管机构的重要工作之一。另外，随着金融全球化、自由化和金融创新的发展，中国“一行三会”的分业监管体制暴露出了很多问题，如分业监管与不断发展的混业经营不匹配、金融监管行政分割对跨领域金融创新监管不足、行政审批和准入限制等传统监管方式对金融功能和创新存在制约、系统性金融风险防范机制建设缓慢以及地方金融监管滞后等。[③]因此，融入全球金融治理体系既可以为中国金融监管体制的改革寻求外部动力，又可以提供可供参考的成功方法和失败教训。

从中国外交政策的角度而言，在后危机时代，尤其是习近平主席上任以来，中国开启了中国特色大国外交时代。上述中国经济在危机中和危机后的优异表现及中国自改革开放以来所取得的成果是这一外交政策转变的重要内因，中国特色大国外交的一个基本特征是在国际事务和国际体系中

① 上述关于银行业、证券业、保险业和期货业发展的数据来源于中国国家统计局。

② 虽然“一行三会”的机构设置被改革为“一行二会”，但分业监管的基本态势未被改变。

③ 巴曙松，沈长征．国际金融监管改革趋势与中国金融监管改革的政策选择．西南金融，2013 (8)：8-10.

更加积极的态度和更加负责任的行为。习近平主席所提出的一系列外交理念使大国外交政策的内容更加具体和翔实。这些理念包括“中国梦”、新型国际关系、人类命运共同体、正确义利观、亚洲安全观等。具体而言，在中国特色大国外交理论体系中，实现民族复兴和打造人类命运共同体是追求的目标，和平发展是基本途径，合作共赢是核心原则，建立伙伴关系是主要手段，践行正确义利观是价值取向。①在金融治理领域，这一中国特色大国外交的直接表现便是在全球金融治理中承担更多的责任和义务。

从全球金融治理自身的发展而言，经过危机后一系列的改革，一个由网状体系和体制复合体所组成的全球金融治理体系逐渐形成。如第三章中所述，在这一体系中，核心机构从之前的 G7 和国际货币基金组织转变成 G20 和金融稳定理事会。无论是全球金融治理机构还是治理体制都针对 2008 年金融危机所暴露出来的问题进行了改革和调整，如国际货币基金组织和世界银行的组织结构调整、《巴塞尔协议》的修订等。全球金融治理体系的行为体及其之间的关系也愈发多样化和复杂化。总体而言，全球金融治理的体系性更强，组织结构关系愈发清晰，体制愈发完善。这一逐步完善的全球金融治理体系在金融全球化加剧的背景下对深入开放和改革的中国而言无疑是有吸引力的，更何况在金融危机所带来的国际秩序调整中，中国的地位和作用已得到了一定程度的提升和认可。因此，在经济政策调整、金融发展和金融监管改革、外交政策转型以及全球金融治理体系发展等因素的共同影响下，中国在后危机时代全面融入了全球金融治理体系之中。这种变化可以通过中国与全球金融治理机构的关系和对相关金融治理体制的接受和执行情况进行详细的评估。

6.3　中国融入全球金融治理体系的现状评估

6.3.1　中国与全球金融治理机构

2008 年金融危机爆发后，中国全面融入全球金融治理体系中，而中国与全球金融治理机构间关系的变化是衡量中国融入全球金融治理体系的重要维度。具体而言，这种变化主要体现在三个大的方面。第一，在后危机时代，中国成为一些全球金融治理机构的正式会员。在 2008 年金融危

① 外交部党委．党的十八大以来中国特色大国外交理论与实践．求是，2016（6）：20－22.

机之前，中国就已经加入了很多全球金融治理机构，但是很多机构的会员机制仍然将中国排除在外。2008 年金融危机后，许多全球金融治理机构吸纳中国成为其会员，包括金融稳定理事会（中国于 2009 年成为其会员）、巴塞尔银行监管委员会（2009 年）、支付与市场基础设施委员会（2009 年）、全球金融体系委员会（2009 年）、市场委员会（2009 年）、国际信贷组合经理人协会（2012 年）、全球金融市场协会（2012 年）、国际养老金监督官协会（2015 年）。这些机构中的中国会员代表是政府相关监管机构或金融机构。例如，在金融稳定理事会中的中国代表是中国财政部、中国人民银行和银监会（现在为银保监会）；在巴塞尔银行监管委员会、全球金融体系委员会和市场委员会中，中国人民银行代表中国政府成为其会员；国际养老金监督官协会中的中国会员是保监会（现在为银保监会），国际信贷组合经理人协会中的中国会员是中国华融资产管理股份有限公司，全球金融市场协会中的中国会员是中国银行和中国国际金融有限公司。至此，中国成了几乎全部全球金融治理机构的会员。

第二，在很多全球金融治理机构中，在危机前中国就是其会员，但在后危机时代，中国在这些机构中的地位从组织结构上得到了制度化的提升。随着 2008 年 G20 部长级会议升级成 G20 峰会，G20 正式取代 G7 成为治理全球性问题的主要论坛，中国正式进入了全球治理，尤其是全球金融治理的核心圈。关于 G20 在当前全球金融治理体系中的核心地位，前文已有详细的论述。在传统布雷顿森林机构中，中国的地位也得到提升。这种提升主要表现在配额和投票权的变化上。在危机后，中国在国际货币基金组织中的配额和投票权分别从 3.72％和 3.65％增加到了 6.41％和 6.09％，仅次于美国和日本，位居第三位。中国在国际复兴开发银行中的投票权份额也提升到了第三位，占总投票权的 4.45％。在其他一些全球金融治理机构中，中国的影响力通过其代表在这些机构中的任职而得到提升。例如，2008 年中国保监会主席吴定富在国际保险监督官协会第 15 届年会上当选为执行委员。同一年，中国证监会主席尚福林当选为国际证监会组织执委会副主席。

第三，在一些全球金融治理机构中，从正式的组织结构而言，中国的地位和作用或许并没有明显变化，但是中国与这些机构的非制度化的合作关系明显改善。例如，在 2008 年金融危机爆发前，中国银行、中国工商银行、中国建设银行、中国农业银行、国家开发银行、中国进出口银行、中信银行、上海浦东发展银行等八家中国金融机构已经成为国际掉期与衍生工具协会的会员。在 2008 年金融危机爆发后，中国在该协会的组织结构中的地位并未明显变化，但是第 24 届国际掉期与衍生工具协会年会于 2009 年在中国北京召开，且 2015 年 12 月中国期货业协会和该协会在深圳签订合作谅解备忘录，并决定通过信息交流、管理层定期会晤、人员交流和培训等方式开展合作，这些都说明该协会对中国更加重视。

表 6 - 2 详细总结了 2008 年金融危机后至 2018 年中国与全球金融治理机构的关系的变化。表中的 27 个全球金融治理机构涵盖了金融的各个领域。如前文所述，这些机构既有政府间的，也有非政府间的，既有以国家和国家的特定职能部门为其会员的，也有以个人或私人部门为其会员的。具体而言，参与这些机构的中国会员包括政府部门（如中国人民银行、财政部、银保监会①、证监会）、政府部门官员（如“一行三会”的官员）、行业协会（如中国期货业协会、中国注册会计师协会）、行业专家（如出任国际会计准则理事会理事的会计师张为国）、金融机构（如银行、投资公司、保险公司）、专业性服务机构（如会计师事务所）、金融交易场所（如证券交易所和期货交易所）等。总体而言，在后危机时代，中国已与全球金融治理机构建立了广泛且不断加强的联系，中国在大多数全球金融治理机构中的地位和作用得到了一定程度的提升。只有极少数的机构中国尚未成为其会员或尚未与其建立正式的合作关系，如国际存款保险机构协会和国际证券业协会理事会。

表 6 - 2　2008 年金融危机后中国与主要全球金融治理机构关系的变化

类别	全球金融治理机构	2008 年金融危机前的中国	2008 年金融危机后的中国（截至 2018 年 4 月）
核心机构	G20	G20 部长级会议会员	G20 领导峰会重要成员，2016 年 G20 轮值主席国，主办杭州峰会
	FSF/FSB	非会员	财政部、中国人民银行、银监会以及香港金融管理局成为会员机构
传统机构	IMF	配额 3.72%，投票权 3.65%	配额和投票权分别增至 6.41% 和 6.09%，仅次于美国和日本。人民币加入 SDRs
	世界银行	投票权 2.77%	投票权增加至 5.71%，仅次于美国和日本，位居第三位

① “一行三会”已于 2018 年改革合并为“一行二会”，原银监会和保监会合并为中国银行保险监督管理委员会（银保监会）。本书在描述和分析机构合并前的相关政策和事件时，依然使用银监会和保监会的称谓。

续前表

类别	全球金融治理机构	2008年金融危机前的中国	2008年金融危机后的中国（截至2018年4月）
银行业	国际清算银行	1996年中国人民银行成为会员，2006年周小川出任其董事	2010年中国人民银行加入经济顾问委员会。2014年第18届国际银行监督官大会在中国天津召开，银监会第一次成为大会的承办方，2016年12月，中国正式加入国际银行业统计
	巴塞尔银行监管委员会	非会员，非正式合作	2009年中国人民银行成为会员
	支付与市场基础设施委员会	非会员	2009年中国人民银行成为会员
	全球金融体系委员会	非会员	2009年中国人民银行成为会员
	市场委员会	非会员	2009年中国人民银行成为会员
	欧文·费雪中央银行统计委员会	2007年中国人民银行成为会员	无显著变化
	国际存款保险机构协会	非会员	无显著变化
保险业	国际保险监督官协会	保监会2000年成为正式会员，2006年在北京召开第13届年会	2008年保监会主席吴定富在第15届年会上当选执行委员。2011年在韩国召开的第18届年会上，中国被选举为审计委员会主席国，2018年保监会副主席陈文辉当选执委会副主席
证券业	国际证监会组织	证监会1995年成为其正式会员	2008年尚福林再次当选执委会唯一副主席。2009年证监会加入技术委员会。2012年第37届年会在北京举行，证监会当选新理事会成员
	世界交易所联合会	上海证券交易所和深圳证券交易所是其会员	在2012年第52届年会上，中国金融期货交易所、大连商品交易所、上海期货交易所以及郑州商品交易所成为新会员。2017年上海证券交易所理事长吴清当选主席
	证券业协会国际理事会	非会员	无显著变化
	国际资本市场协会	渣打银行香港有限公司、上海证券交易所等位于中国的中外资金融机构成为其会员	2015年中国银行北京分行、伦敦分行和香港分行成为其会员

续前表

类别	全球金融治理机构	2008年金融危机前的中国	2008年金融危机后的中国（截至2018年4月）
会计准则	国际会计准则理事会	1997年成为其会员，2007年张为国开始担任理事	2012年财政部副部长李勇当选基金会受托人，财政部会计司司长杨敏和厦门国家会计学院副院长黄世忠当选咨询委员会委员、证监会前首席会计师张为国连任理事
	国际会计师联合会	1997年中国注册会计师协会成为其会员，并一直担任理事。2004年该协会秘书长陈毓圭当选理事	2015年财政部张娟当选国际公共部门会计准则理事会理事。2015年中国注册会计师协会副秘书长杨志国当选IFAC理事。中国注册会计师协会原国际部主任叶欣担任IFAC中小事务所委员会委员（连任），财政部娄洪担任国际公共部门会计准则理事会理事（连任）
	国际审计与鉴证准则理事会	2000—2002年陈箭深任国际审计实务委员会委员	2015年中国注册会计师协会专业标准与技术指导部副主任张革当选为理事
金融市场	国际金融协会	很多中国金融机构已成为会员	2010年在北京设立亚洲代表处。中国会员已经增加到27个。中国工商银行董事长姜建清和中国农业银行董事长蒋超良是该协会的董事会成员
	国际信贷组合经理人协会	中国华融资产管理股份有限公司是其会员	2011年在中国举行了第一次论坛
	全球金融市场协会	中国银行、中国国际金融有限公司是其会员	无显著变化
	国际金融理财标准委员会	国际金融理财标准委员会（中国）2006年成为其正式会员	2014年上海金融学院国际金融理财师上海项目中心的主任黄棘担任董事会成员
	反洗钱金融行动特别工作组	2005年中国成为观察员。2006年对中国进行了全面现场评估。2007年中国成为其正式成员	无显著变化
其他	国际掉期与衍生工具协会	2008年以前，中国银行等8个金融机构是其会员	2009年第24届年会在北京召开。中国期货业协会和ISDA于2015年12月4日在深圳正式签订合作谅解备忘录
	国际养老金监督官协会	非会员	2015年保监会正式加入该协会

6.3.2 中国与全球金融治理体制

中国与全球金融治理机构的关系是衡量中国融入全球金融治理体系的一个重要维度，另一个同样重要的维度是中国与全球金融治理体制的关系，包括参与全球金融治理体制核心目标制定的程度和认可、接受或实施全球金融治理具体规则的程度两个方面。

首先，在全球金融治理体制核心目标的演进过程中，中国的作用一直微乎其微。在布雷顿森林体系试图维护资本主义世界国际货币体系稳定时，中国还被排除在资本主义体系下的全球金融治理体系之外，因此，中国对此体制核心目标的制定并无任何贡献。20 世纪 70—80 年代资本国际流动和银行业国际化促进了国际银行业监管的快速发展，其代表性的成果是国际清算银行体系的建立和发展以及《巴塞尔协议》的颁布，但此时中国处于改革开放的初期，正在试探性地和资本主义国际体系接触。全球金融治理进入金融全球化和自由化时期后，中国的改革开放初见成效，但中国的国家主导型发展模式和这一全球金融治理体制核心目标格格不入。在进入 21 世纪之后，尤其是 2008 年金融危机后，中国才完全接受全球金融治理的体制核心目标，即通过国家间的合作维护国际金融体系的稳定。直到此时，中国才真正融入全球金融治理体系之中。

中国是当前全球金融治理体制核心目标的拥护者，但不是该目标的主要制定者和执行者。20 世纪 90 年代一系列金融危机使金融自由化的目标陷入了危机，全球金融治理改革被提上议程，主要的改革推动者是 G7。但由于 90 年代一系列的危机都未殃及主要的资本主义国家，所以改革的动力并不强。2008 年爆发于资本主义世界核心区的金融危机加速了全球金融治理的改革，以国家合作为基础的全面监管彻底取代了全球自由化的目标，G7 发起成立的 G20 取代了 G7，成为全球金融治理体系的新组织核心。在这一转变过程中，以中国为代表的新兴经济体进入全球金融治理体系核心圈是 G7 所发起改革的一部分。此后，中国在历次 G20 峰会上的积极态度和贡献，尤其是组织杭州峰会，表明了中国对新体系和新体制核心目标在很大程度上的赞同，但仅仅是作为参与者而非目标制定者和体系维护者的赞同。

其次，中国已在不同程度上遵守或执行了全球金融治理规则，对全球金融治理体制具体内容的认可、接受或实施程度较高。“认可”是指中国认同这些规则对于金融稳定的有益作用，但认可并不意味着接受。“接受”是指中国在国内相关规则的制定过程中全盘照搬或部分参考国际规则。认可和接受某一国际规则并不一定代表中国会实施这一规则，有些规则的认可和接受或许只是形式上的，或许是出于国际压力，而有些规则可能是由于国内的特殊情况或阻力而无法实施。这三种状态呈现出一种程度递进的关系，即实施是中国融入全球金融治理体制的最高程度，而认可是第一步，也是至关重要的一步。认可、接受和实施三种状态内部也有程度之分，如小部分实施、大部分实施、总体上实施、完全实施等。因此，准确地评估中国融入全球金融治理体制具体内容的程度是一个挑战。2010 年，国际货币基金组织和世界银行联合推出“金融部门评估规划”项目，并对中国金融部门进行了评估，尤其是对中国在遵守银行业、证券业、保险业监管和支付、结算体系等领域的国际标准与规则方面进行了评估。其一系列的评估报告通常使用五个程度指标：完全遵守或执行（compliant/observed 或 fully implemented）、广泛遵守或实施（largely compliant/observed 或 broadly implemented）、部分遵守或实施（partly compliant/observed 或 partly implemented）、未遵守或实施（not compliant/observed 或 not implemented）、不适用（not applicable）。例如，在评估中国遵守《保险监管核心原则》的报告里，在 28 条保险监管核心原则中，中国的相关监管制度和实践完全遵守了其中的 11 条，广泛遵守了 8 条，部分遵守了 9 条。①

本章对中国融入全球金融治理体制不同领域的宏观评价借鉴了此微观评价指标。具体而言，中国对全球金融治理不同规则的融入程度可划分为：完全遵守或执行、广泛遵守或执行、部分遵守或执行、未遵守或执行。中国接受和实施国际规则有两个途径。一个是以国际准则为参照物建立自己的规则体系。例如，在银行业监管方面，银监会参考《巴塞尔协议Ⅲ》的内容发布了《商业银行资本管理办法（试行）》，该办法的具体内容涵盖了《巴塞尔协议Ⅲ》的核心内容，并且在很多方面比《巴塞尔协议Ⅲ》更加严格。因此，该办法被称为“中国版巴塞尔协议Ⅲ”。另一个途径是中国直接加入某国际标准或规则体系，而不再建立或无法独自建立自己的标准或体系。例如，虽然中国近年来以人民币国际化为核心内容的货币体制改革试图改变当前的国际货币体制，但是，以中国一己之力在短期内既无法建立一个新的规则体系，也不大可能彻底改变当前的体系。再如，中国于 2002 年加入了国际货币基金组织的数据公布通用系统，并一直按此系统改进统计数据编制和发布制度，并于 2015 年采纳了国际货币

① IMF. People's Republic of China: Detailed Assessment Report: IAIS Insurance Core Principles. IMF Country Report No. 12/79. Washington, DC: IMF, 2012.

基金组织的数据公布特殊标准。对比之下，前一个途径更加普遍和常见，后一个途径相对较少见。在这两个途径下，中国融入全球金融治理体制的程度分类指标可以被更加详细地界定，见表 6-3。

表 6-3　中国融入全球金融治理体制的程度分类

融入程度	定义	与国际准则的差异	中国的融入程度
完全遵守或执行	中国已建立并执行了相应的规则，且这些规则包含了国际规则的所有内容，或者中国将国际规则在国内全盘接受和实施	几乎没有差异	高
广泛遵守或执行	中国已建立并执行了相应的规则，且这些规则包含了国际规则的大多数内容，或者中国在整体上直接接受和实施国际规则，但是在少数规则方面，中国尚未接受和执行	有较小差异，相同之处要远远多于差异之处	较高
部分遵守或执行	中国已建立并执行了相应的规则，但这些规则在很多内容上与国际规则不同，或者中国有选择性地部分接受和实施了国际规则	差异较大，相同之处少于差异之处	较低
未遵守或执行	中国尚未建立起相应的规则，或建立的规则或认知与国际规则和体系有根本性的矛盾	差异极大	低

另一个问题是什么是全球金融治理体系的体制具体内容，即衡量中国国内相关金融监管体制融入国际体制的参照系是什么？对于这一问题，前面的章节已给出了答案。当前的全球金融治理体制是一个体制复合体，包含了若干不同领域里的子体制。这些领域包括宏观经济政策和透明度、具体领域的金融监管、市场基础设施和制度建设、国际货币体系以及 2008 年金融危机所暴露出来的其他一些新问题领域，如宏观审慎监管、影子银行、信用评级监管等。在这些不同的领域内，不同的全球金融治理机构主导建立了不同的规则体系（如表 6-4 所示）。借鉴金融稳定理事会的“标准汇编”，并在此基础上加入国际货币体制和金融危机后出现的新问题领域（宏观审慎监管），表 6-4 共囊括了 5 个大领域共 16 个具体规则或体制，这些规则体系就是评估中国融入全球金融治理体制的参照物。

表 6-4　　中国融入全球金融治理体制

领域	金融治理体制	中国融入程度
宏观经济政策和信息透明	IMF：数据公布通用系统（GDDS）	广泛遵守或执行①
	IMF：数据公布特殊标准（SDDS）	部分遵守或执行②
	IMF：《财政透明度良好做法守则》《财政透明度手册》	部分遵守或执行
	IMF：《货币与金融政策透明度良好做法准则》	部分遵守或执行
金融监管	BCBS：《巴塞尔协议Ⅲ》	广泛遵守或执行③
	IAIS：《保险监管核心原则》	广泛遵守或执行④
	IOSCO：《证券监管目标和原则》	广泛遵守或执行⑤
市场基础设施和制度建设	IAASB：《国际审计准则》	广泛遵守或执行⑥
	G20/OECD ：《公司治理准则》	部分遵守或执行⑦
	CPSS-IOSCO 和 MC：《金融市场基础设施准则》	广泛遵守或执行⑧
	BCBS-IADI：《有效存款保险制度核心原则》	广泛遵守或执行⑨
	ISDA：ISDA 主协议	广泛遵守或执行⑩

① 朱松，高喜燕．国外统计数据质量评估框架、方法及对我国的借鉴．西部金融，2014（10）：78-81.

② 罗良清，胡晓琳．中国采纳数据公布特殊标准的相关问题研究．统计与决策，2016（3）：38-43.

③ IMF. People's Republic of China：Detailed Assessment Report：Basel Core Principles for Effective Banking Supervision. IMF Country Report No. 12/78. Washington，DC：IMF，2012.

④ 陈文辉．在国际规则制定中发出中国声音．人民日报，2015-04-01（7）；IMF. People's Republic of China：Detailed Assessment Report：IAIS Insurance Core Principles. IMF Country Report No. 12/79. Washington，DC：IMF，2012.

⑤ IMF. People's Republic of China：Detailed Assessment Report：IOSCO Objectives and Principles of Securities Regulation. IMF Country Report No. 12/80. Washington，DC：IMF，2012.

⑥ 刘玉廷．世界银行充分肯定我国会计审计准则改革成就——解读世界银行《中国会计审计评估报告》．会计研究，2009（12）：5-13.

⑦ 蒋兴旺．中国特色公司治理模式及其世界意义．财经问题研究，2012（1）：119-124.

⑧ 杨涛．中国支付清算发展报告（2015）．北京：社会科学文献出版社，2015：228-229.

⑨ 俞维彬．存款保险核心原则的国际比较．银行家，2015（6）：55-57.

⑩ 关于 NAFMII 主协议与 ISDA 主协议的详细对比，详见：郭伟，等．金融衍生产品与银行业务发展法律问题报告——场外金融衍生产品交易标准文本 ISDA 和 NAFMII 法律风险研究//中国银行业协会. 中国银行业法律前沿问题研究：第 1 辑. 北京：中国金融出版社，2010.

续前表

领域	金融治理体制	中国融入程度
	FATF：《40+9 项建议》	广泛遵守或执行①
	IASB：《国际财务报告准则》	广泛遵守或执行②
国际货币体系	主要西方国家和 IMF 主导建立的牙买加体系	部分遵守或执行③
新问题领域	宏观审慎监管	部分遵守或执行④

在全球金融治理的不同领域里，中国或借鉴全球金融治理体制复合体中的不同体制或规则体系建立了相应的国内规则体系，或直接在国内执行国际规则，将国际规则视为国内标准。考虑到司法独立性，即主权国家应按照自己的法律体系应对法律冲突，前者比后者更加常见。因此，在很大程度上，考查中国融入全球金融治理体制的程度便是评估中国相关金融监管规则或体制与国际相关规则或体制的趋同度或差异性。在所评估的 16 个国际规则或体制中，中国广泛遵守或执行了其中的 10 个，部分遵守或执行了其中的 6 个。由于每个国家的特殊性，以最广泛适用为基本原则的国际规则很难被主权国家不加任何修改地全盘接受。尤其对经济和政治体制有其特色的中国而言，全盘接受全球金融治理规则或体制既在决策过程中不可行，在实际操作中也未必有效。故此，没有一个全球金融治理规则或体制是中国不加调整地全盘接受的，对于大多数规则或体制而言，中国已是广泛遵守或执行，这已经是中国融入全球金融治理体制的一个较高程度了。而部分遵守或执行则意味着中国与国际规则或体制还存在较大差距，融入程度较低。同样，没有任何一个全球金融治理规则或体制是中国绝对排斥的。

① 我国反洗钱与反恐怖融资工作达到国际通行标准．新华网，2012-02-19.

② 吴革等所做的定量分析研究认为，中国会计准则与国际会计准则的趋同度在各个准则项目间存在较大差异，且中国会计准则与国际财务报告准则的协调度以及中国会计准则的完整性仍有很大提升空间。详见：吴革，等．中国会计准则国际趋同水平研究．经济与管理研究，2013（11）：92-100.

③ Zhang，Falin. Determinants and Fluctuations of China's Exchange Rate Policy. In J. Jay Choi，Michael R. Powers and Xiaotian T. Zhang. *International Finance Review Vol. 17*：*The Political Economy of Chinese Finance*. Emerald，2016：343-369.

④ FSB. Peer Review of China，2015.

中国相关规则与国际规则或体制差异的来源主要是中国金融发展和金融监管的具体国情与国际现状之间的差异，以及中国对一些国际体制的不认同。例如，由于中国特色的政治和经济体制以及各种复杂的现实原因，与 OECD 和 G20 共同制定的《公司治理准则》相比，中国的公司治理模式存在特殊性，如组织形式的特殊性、政企和党企关系的特殊性、权力格局的特殊性、内部人控制的特殊性。①再如，由于中国特色的政治体制、官僚体制、政策决策过程和文化传统，中国的财政透明度、货币政策透明度和其他统计数据的可获得性相对较低，因此，中国只是部分遵守或执行了国际货币基金组织关于数据公布、财政透明度以及货币和金融政策透明度的相关标准或准则。关于中国对国际体制的不认可，一个很好的例子是中国对国际货币体系的批评（详见第八章）。中国政府和官员多次在公开场合表达了对以美国主权货币为国际货币的国际货币体系的不满和要求改革的强烈态度。如前面的章节所提到的，对于 2008 年金融危机的原因，美国认为是中国货币汇率的错配和以贸易为基础的不合理经济结构导致了国际宏观经济的失衡，而中国则指责美国的货币特权及其不负责任的国内货币政策。在金融危机爆发后，时任中国人民银行行长的周小川公开呼吁"创造一种与主权国家脱钩，并能保持币值长期稳定的国际储备货币，从而避免主权信用货币作为储备货币的内在缺陷"②。

总体而言，中国融入全球金融治理体制复合体的绝对程度较高，相对程度超过了前面的任何阶段。中国对全球金融治理体系的态度变得更加积极。一个重要的原因是，一个不断融入国际金融体系之中的中国需要通过全面融入全球金融治理体系来改善国内的金融监管，提升国内金融和经济体系的安全性。同时，中国的地位也变得更加重要，中国已经进入了全球金融治理体系的核心圈，即 G20 和金融稳定理事会。如表 6 - 2 中所列，中国在很多全球金融治理机构中的地位都得到了很大的提升。有学者甚至认为，后危机时代的全球金融治理体系的权力核心是由中国和美国组成的 G2。③

① 蒋兴旺．中国特色公司治理模式及其世界意义．财经问题研究，2012（1）：123.

② 周小川．关于改革国际货币体系的思考．新华网，2009 - 03 - 24.

③ Garrett，Geoffrey. G2 in G20：China，the United States and the World after the Global Financial Crisis. *Global Policy*，2009，1（1）：29 - 39.

本章对中国融入全球金融治理体系的历史进程和现状进行了梳理。中国对全球金融治理体系的融入程度可以从中国与全球金融治理机构的关系和中国融入全球金融治理体制两个维度进行评估，并主要受到四个因素影响——全球金融治理体系自身的演变、中国外交政策的变迁、中国经济政策的发展以及中国金融体系和金融监管的发展。通过对这两个维度和四个因素的分析，本章将中国融入全球金融治理体系的历史进程划分为四个阶段：隔绝期（1949—1970 年）、接触磨合期（1971—1992 年）、加速融入期（1993—2008 年）和全面融入期（2009 年以来）。基于本章的讨论，图 6 - 2 总结了在这四个不同时期里全球金融治理体系的状况以及中国的外交政策、经济政策、金融发展及监管，并同时概括了在不同阶段里所成立的全球金融治理机构和中国所加入的全球金融治理机构。从本章的分析可知，自中华人民共和国成立以来，中国逐渐融入了全球金融治理体系之中。时至今日，中国已高度融入危机后经过改革的全球金融治理体系。中国在全球金融治理体系中的态度和地位的变化是国内外因素共同作用的结果，其中国内因素是关键。国际因素是指国际环境的变化，尤其是全球金融治理体系自身的变化，国内因素是指中国对外经济和外交政策的转变以及金融的发展。图 6 - 2 表明这些不同的国内因素表现出了一定的阶段趋同性，即其演变发展的周期相近，这说明了外交、经济和金融的高度关联性。总结而言，中国融入全球金融治理体系的现状是：中国已进入全球金融治理的权力核心圈，在绝大多数全球金融治理机构中的地位得到明显提升，虽然没有成为全球金融治理体制核心目标的制定者，但较高程度地遵守或执行了全球金融治理体制的具体内容。

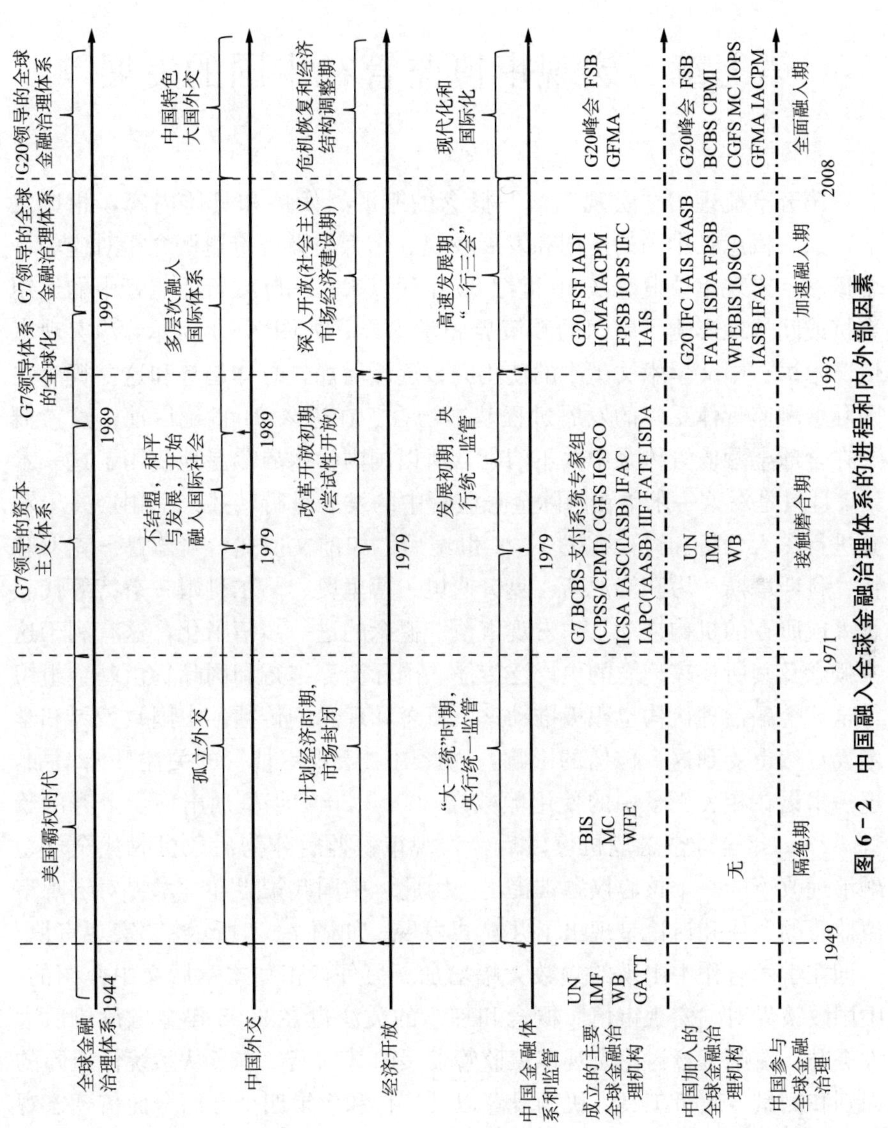

图 6－2　中国融入全球金融治理体系的进程和内外部因素

第七章　宏观审慎监管在中国的发展

第五章梳理了“宏观审慎”概念的起源、发展和具体内容，相比之下，这一概念在中国的运用和发展较晚。作为与微观审慎概念相对应的一个概念，宏观审慎概念从20世纪80年代以来在国际银行业监管中的运用直接或间接地影响了中国的政策界和学术界。如图7-1所示，“宏观审慎”术语在中文学术文献中的使用频数逐渐增加，总体趋势和这一概念在国际金融监管体系中的发展过程基本吻合。在进入21世纪以前，这一概念在全球金融监管体系中并不清晰，所以国内学术界零星地使用了这一术语，且只是对这一术语在国际金融监管中的发展进行转述或引用，并未对其进行深入分析和讨论。[①]进入21世纪后，如前文所述，安德鲁·克罗基特、科斯塔斯·塔萨洛尼斯、克劳迪奥·博里奥、马尔科姆·奈特等代表个人或所在的机构推动了“宏观审慎”概念的进一步清晰化，这有利于这一概念及其所代表理念的更广泛传播。国际清算银行和国际货币基金组织等全球金融治理机构也积极推动这一概念和理念的传播。中国政策界和学术界自然也受到这一传播的影响，因此对“宏观审慎”的关注开始增加，这一术语在相关文献中的使用频数在2000—2008年呈现出稳步上升的趋势。2008年全球金融危机爆发后，宏观审慎监管作为后危机时代全球金融治理改革的一个核心议题被提出。因此，中国政策界和学术界对宏观审慎监管的关注和讨论呈现出了井喷式发展。如图7-1所示，“宏观审慎”一词在学术著作中出现的频数大幅增加。另外，正如本章后文中介绍的，中国政策界对“宏观审慎”概念和理念的关注也在2008年金融危机后大大提升。在第五章讨论宏观审慎监管发展的基础上，本章从系统性风险的识别和测量、政策工具、机构设置以及执行和效果四个方面全面梳理宏观审慎政策框架在中国的发展。

---

① 陈尊厚．我国金融风险形成机理与分析．金融科学：中国金融学院学报，1999（4）：13；雷达，李宏凯．从放松管制到再管制——国际银行业监管的新趋势．国际经济评论，1999（6）：50.

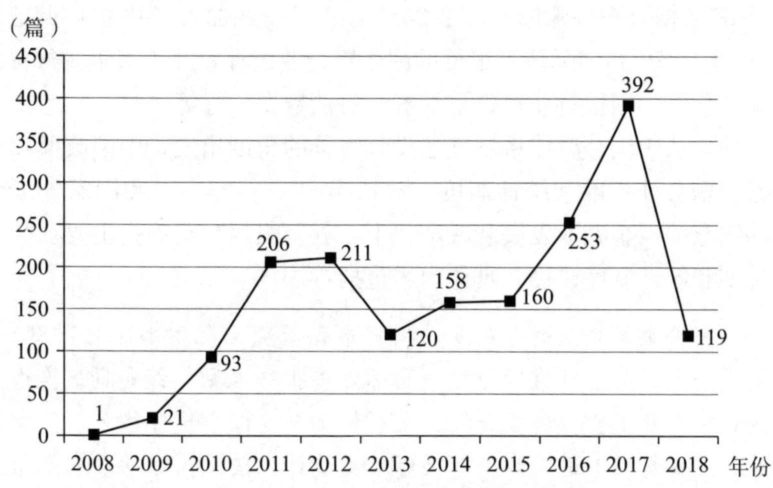

图 7-1　“宏观审慎”文献梳理统计（2008—2018 年）

注：文献类型为期刊论文。检索信息为在题目或关键词中精确检索。检索关键词为宏观审慎。

资料来源：万方数据库。

7.1　系统性风险的识别和测量

及时且准确地对系统性风险进行识别和测量是制定和执行宏观审慎政策的必要前提。在后危机时代，全球金融治理体系关于加强系统性风险的识别和测量的努力主要表现在三个方面：弥补信息缺口和完善金融统计、对“系统重要性”的识别以及综合性评估体系的发展。中国在识别和测量系统性风险方面所取得的进展和存在的问题同样可以从这三个方面进行梳理和分析。

第一，中国积极响应全球金融治理体系中关于弥补信息缺口和完善金融统计的倡议，并大力推动建立全面共享的金融业综合统计体系，但依然任重道远。信息缺口对于金融体系监管有效性以及金融体系稳定性的重要影响在后危机时代的全球金融治理中已达成了基本共识，因此，G20 信息缺口动议提出了具体的行动计划和安排。作为全球金融治理体系中的一颗新星，中国也积极做出了回应，例如，2012 年 5 月，中国人民银行和 IMF 在苏州共同举行了“G20 应对数据缺口区域会议”①；中国于 2015 年

① 中国人民银行．积极应对数据缺口问题　加强金融统计国际合作．中国经济网，2012-05-29.

加入IMF数据公布特殊标准，于2016年1月正式加入IMF的协调证券投资调查（CPIS）和国际清算银行的国际银行业统计，并于当年3月首次对外按季度公布中国银行业对外金融资产负债数据；等等。

此外，从中国金融体系制度建设和完善的角度出发，中国政府积极推动完善金融会计标准和统计制度。2012年“一行三会”和国家外汇管理局共同制定的《金融业发展和改革“十二五”规划》明确指出要加强金融会计标准和统计制度建设，具体内容包括：

> 完善金融企业财务制度。积极跟踪研究国际财务报告准则改革，促进金融保险会计准则与相关国际财务报告准则持续趋同。推进金融统计标准化工作，建立统一、全面的金融业综合统计体系，支持监测社会融资规模。进一步完善国际收支统计，按照国际货币基金组织最新发布的《国际收支手册》第六版要求，修订相关统计制度，更新统计报表编制模板及公布表式。构建金融业综合统计信息平台，完善数据信息共享机制。

2015年习近平在《关于〈中共中央关于制定国民经济和社会发展第十三个五年计划的建议〉的说明》中也明确提出“统筹负责金融业综合统计，通过金融业全覆盖的数据收集，加强和改善金融宏观调控，维护金融稳定”①。然而，在构建统一、全面的金融业综合统计体系的过程中，有很多问题亟须解决。中国人民银行调查统计司司长盛松成将主要问题总结为：金融机构与金融产品统计监测范围不全；缺乏统一的统计分类、标准和定义；金融统计立法滞后，信息共享基础薄弱；系统性金融风险监测手段不足。②

金融机构与金融产品统计监测范围不全一方面是指我国当前以银行业为主的货币概览和信贷收支统计表将证券业和保险业等排除在外，因此无法正确反映全社会资金融通情况，另一方面是指金融综合统计发展的滞后导致对新型金融机构和金融工具的监测不足。针对这一问题，相关金融监管机构已积极采取应对措施。例如，从2011年起，中国人民银行就开始正式编制并公布社会融资规模增量统计数据，并于2015年开始公布涵盖信托贷款、委托贷款、银行承兑汇票等表外业务的社会融资规模存量数据；近年来，中国人民银行主持召开了数次金融监管信息共享和金融业综

---

① 习近平．关于《中共中央关于制定国民经济和社会发展第十三个五年规划的建议》的说明．人民日报，2015-11-4（2）．

② 盛松成．建立统一全面共享的金融业综合统计体系．中国金融，2012（7）：34．

合统计协调会议，对金融业综合统计的组织构架、工作机制、工作计划和统计框架等达成了进一步的共识[①]，并已在安徽、湖南、广东、浙江等地区开展金融业综合统计试点工作。但是，截至 2019，能全面反映全社会资金融通的《金融概览》尚在发展之中，对诸如金融控股公司、消费金融公司等新型机构和跨行业、跨市场的交叉性金融产品的信息采集和监测依然不足。

缺乏统一的统计分类、标准和定义是指在中国分业监管的金融监管体系下，银行业、证券业、保险业等各个行业的统计标准不统一，难以形成协调一致的统计信息体系。[②]导致这一问题的主要原因是中国金融业的分业监管模式，在此模式下，原银监会、原保监会、证监会各自为政，制定出针对本部门的统计管理规定和办法，包括《银行业监管统计管理暂行办法》(2004 年)、《保险统计管理暂行规定》(2004 年)、《证券期货市场统计管理办法》(2008 年)。在更早之前 (2002 年)，中国人民银行还制定了《金融统计管理规定》。一方面，这些规则制定较早且并未及时进行修订，因此滞后于金融发展，这正是盛松成司长所指出的第三大问题——金融立法滞后。另一方面，各种规定和办法之间缺乏协调，存在重复和真空地带，无法适应当前跨机构、跨行业、跨国境金融业综合经营的大趋势。[③]在认识到这一问题之后，以中国人民银行为主的相关金融监管机构近年来大力推动中国金融统计标准化建设。例如，中国人民银行 2009 年发布了《金融机构编码规范》，该规范明确了我国金融机构的范围并统一了金融机构统计编码方法；2011 年中国人民银行发布了《中国人民银行关于贯彻落实金融统计标准化工作的指导意见》，对金融统计标准化的具体工作进行了安排。但是，全面涵盖金融各个领域以及各行业交叉环节的《金融统计管理条例》尚未发布，金融统计的综合化和标准化进程尚处于初级阶段。

作为上述问题的一个直接后果，我国金融监管部门对系统性风险的监测手段严重不足。金融机构和金融产品统计数据不全使得很多金融创新产品和非传统类金融机构的统计信息采集有限，没有准确的信息作依据，有效的金融监管便无从谈起。金融统计的综合化和标准化不足使得不同行业间出现监管真空，跨行业的综合性金融监管阻力重重。这种阻力除了来自

① 盛松成. 在第二届中国互联网金融发展高峰论坛上的致辞. 搜狐财经，2015 - 11 - 28.

② 盛松成. 建立统一全面共享的金融业综合统计体系. 中国金融，2012 (7)：34.

③ 潘功胜. 关于制订《金融统计管理条例》的提案. 全国政协十二届二次会议提案第 2312 号，2015 - 03 - 01.

统计信息的不充分、不准确外，还来自不同监管机构的既得利益阻碍和机构间的协调不利和沟通不足。虽然一直以来各监管部门都在寻求协作，2013年国务院明确指出由央行牵头建立金融监管协调部际联席会议制度，初步建立了信息交流和共享与部门协作监管的制度，但在实际工作中，信息共享的程度以及部门协作的效率都较低。金融立法的滞后是系统性风险监测手段不足的深层次原因。《中华人民共和国中国人民银行法》《中华人民共和国证券法》《中华人民共和国保险法》等相关法律赋予不同机构不同的金融监管权力，忽略了彼此间职责的协调和互补，并直接导致了上述综合统计信息不充分和不准确以及各个机构间的协调沟通不足的现状。因此，要从根本上解决系统性风险识别和测量问题，就要从中国金融监管的体制和法制改革入手。

第二，随着越来越多的中国金融机构被认定为全球系统重要性金融机构，系统重要性金融机构的概念愈发受到国内金融监管机构的关注。中国农业银行、中国银行、中国建设银行和中国工商银行全部出现在金融稳定理事会发布的2015年全球系统重要性银行名单中，并位于第1档中，适用1%的附加资本要求。中国银行、中国工商银行和中国农业银行分别于2011年、2013年和2014年首次进入该名单。按照巴塞尔银行监管委员会的要求，中国银监会在充分论证和研究的基础上制定并于2014年发布了《商业银行全球系统重要性评估指标披露指引》，该指引要求上一年年末调整后的表内外资产余额在1.6万亿元人民币以上或者上一年度被认定为全球系统重要性银行的商业银行披露全球系统重要性评估指标相关信息，并对披露内容、披露时间和披露方式做出了具体规定。[①]按照此指引，2014年应披露全球系统重要性评估指标相关信息的银行共有13家，除上述四大行以外，还包括交通银行、平安银行、华夏银行、光大银行、招商银行、中信银行、浦发银行、民生银行和兴业银行。[②]

中国全球系统重要性银行以及中国银行业整体资本充足率已提前达到了国际和国内相关监管标准的要求。按照银监会2012年发布的关于实施《商业银行资本管理办法（试行）》过渡期安排相关事宜的通知，系统重要性银行到2018年底核心一级资本充足率、一级资本充足率和资本充足率分别要达到8.5%、9.5%和11.5%，四大行在2013年第一季度就基本

① 周萃．银监会发布《商业银行全球系统重要性评估指标披露指引》．金融时报，2014-01-09（1）．

② 陈莹莹．13家银行应披露表内外资产信息．中国证券报，2014-01-09（A02）．

"超额完成"资本充足率指标。[①] 2015 年第三季度末，商业银行加权平均核心一级资本充足率、加权平均一级资本充足率、加权平均资本充足率分别达到了 10.66%、10.99%和 13.15%，甚至超过了对上述系统重要性银行的要求。[②] 从 2011 年末银监会就开始拟定国内系统重要性银行的划分标准[③]，2016 年推出的宏观审慎评估体系将国内的金融机构分为三类：全国性系统重要性机构（N-SIFIs，如工、农、中、建、交）、区域性系统重要性机构（R-SIFIs，如各省资产规模最大的城商银行）、普通机构（CIFIs，如全国性股份制银行），并对这三类机构区别评估，后文将详细介绍关于宏观审慎工具的讨论。

此外，全球或国内系统重要性保险机构的划分和监管也在后危机时代得到相关国内监管机构的重视。中国平安保险被纳入金融稳定理事会 2013 年发布的首批全球系统重要性保险机构名单中。2015 年，国际保险监督官协会正式发布了针对全球系统重要性保险机构的资本要求，主要是更高损失吸收能力要求，这些要求于 2019 年正式实施。[④]除了资本要求外，全球系统重要性保险机构的监管政策还包括建立有效的风险处置方案和以系统性风险管理、流动性管理、非银行非保险业务管理、系统重要性业务管理为核心内容的强化监管措施。[⑤] 2016 年 5 月，保监会也公布了首批入选国内系统重要性保险机构的 16 家机构名单，包括中国人民保险集团股份有限公司、中国人寿保险（集团）公司、中国太平保险集团有限责任公司、中国再保险（集团）股份有限公司、中国太平洋保险（集团）股份有限公司等，并决定对这些机构进行数据收集工作，要求这 16 家险企上报包括财务报表、偿付能力报告、集团并表等数据。同时，保监会针对这些机构的额外监管要求进行深入研究并广泛征求意见。2016 年 3 月和 8 月，保监会分别发布了《国内系统重要性保险机构监管暂行办法（征求意见稿）》和第二轮征求意见稿。[⑥]

中国对系统重要性金融机构的关注主要集中在银行业和保险业，金融

① 周萃．五大行"超额完成"资本充足率指标．金融时报，2013-05-13.

② 中国银监会发布 2015 年三季度主要监管指标数据．中国银行业监督管理委员会官网，2015-11-12.

③ 闫瑾．银监会拟定国内系统性重要银行划分标准．北京商报，2012-01-06（7）.

④ IAIS. Capital Requirements for Global Systemically Important Insurers (G-SIIs): Basic Capital Requirements (BCR) and Higher Loss Absorbency (HLA), 2015.

⑤ 中国保监会国际部．全球系统重要性保险机构监管的政策方法简介．中国保险报，2015-12-23（8）.

⑥ 征求意见稿内容详见保监会网站。

其他领域的系统重要性受关注程度不高，如非银行非保险系统重要性金融机构和系统重要性金融基础设施的识别和监管并未受到足够重视。因此，除了进一步落实关于全球或国内系统重要性银行或保险机构的国内外监管外，一些非银行非保险金融机构和金融基础设施对金融体系稳定所带来的系统性影响是未来中国金融监管需要给予更多关注的领域。另外，对系统重要性金融机构的额外监管要求也会带来资本缺口、信息披露成本增加等问题，因此，监管层还需要采取合理的政策规避这些问题所带来的次生风险。

第三，中国逐步接受外部综合性评估，并建立起了内部评估体系。外部综合性评估体系是指由相关国际组织所建立的评估体系，例如IMF和世界银行建立的金融部门评估规划（FSAP）和金融稳定理事会的成员评估报告。2009年我国首次接受FSAP评估，并于2011年11月完成评估。基于此次评估，IMF发布了一份关于中国金融体系稳定性评估的国别报告。该报告认为中国市场导向的金融体系改革已取得了一定的成绩，但中国的金融体系面临着一些短期风险、结构性挑战以及政策引致性扭曲。潜在风险的来源主要有四个方面：信用快速扩张的危机风险，表外风险敞口和金融脱媒（disintermediation）的增加，房地产价格的攀升，以及当前经济增长模式所导致的失衡。[①]此外，FSAP的另一项重要内容是中国遵守相关国际准则的程度，这些准则包括《有效银行监管核心原则》《保险监管核心原则》《证券监管目标与原则》《系统性重要支付制度的核心原则》《关于证券结算系统和中央对手方的建议》。第六章详细讨论过中国对不同规则的接受程度，此处不再赘述。在此次评估期间，央行同外交部、发改委、财政部、人力资源和社会保障部等十余个部门成立了FSAP部际领导小组和部际工作小组积极配合评估。2015年相关部门启动了更新评估工作，对上述风险进行了回顾和再评估。2016年，中国政府再次接受FSAP的评估，此次评估的重点主要是金融部门对外部冲击的稳健性、金融开放、宏观经济平衡以及金融监督和监管体系的构建等方面。截至撰稿，第二次评估尚未结束。金融稳定理事会的成员评估报告是对FSAP的补充，通常在FSAP完成后的2～3年进行。中国在2011年完成了第一次FSAP评估，2014年接受金融稳定理事会的评估。它的评估报告认为中国已经建立了机构间的合作机制，改善了数据收集以及增加了宏观审慎框架的政策工具，但是还需要进

① IMF. People's Republic of China：Financial System Stability Assessment. IMF Country Report No. 11/321，2011.

一步明确宏观审慎框架下不同机构的职责，继续加强数据收集和风险评估，并建立针对不同金融活动的监管方法。①

中国内部评估体系主要表现为监管机构对金融体系整体或特定行业及金融机构进行监测和评估，主要包括部际、部门内和金融机构内部三个层面。部际监测和评估是指不同金融监管部门通过正式或非正式的沟通和合作对金融体系整体的系统性风险进行度量。例如，由来自央行、发改委、外汇局、财政部、证监会、银监会和保监会等部门代表组成的国务院应对国际金融危机领导小组定期召开会议讨论系统性风险。中国人民银行通过与多部门进行咨询和沟通，从 2005 年以来发布系列《中国金融稳定报告》，该报告从 2010 年起加入了“宏观审慎管理”的独立章节。不同监管部门针对各自领域内系统性风险的度量是最常见的一种方式。例如，中国人民银行每年发布《中国货币政策执行报告》《中国反洗钱报告》《中国支付体系发展报告》《中国金融市场发展报告》《金融统计数据报告》等一系列的报告。2015 年底，中国人民银行开展了 2016 年度大中型商业银行压力测试，对 31 家大中型商业银行承受信用风险、市场风险和流动性风险的能力进行测试。2007 年 12 月，银监会发布了《商业银行压力测试指引》，并对商业银行进行压力测试。在证监会的指导下，中国证券业协会于 2016 年正式发布了《证券公司压力测试指引》。保监会从 2006 年起对人寿保险公司、从 2010 年起对财产保险公司建立了动态偿付能力测试制度。②金融机构内部控制和自我监测是微观审慎监管的核心内容，早在 1997 年中国人民银行就发布了《加强金融机构内部控制的指导原则》，2007 年银监会发布了《商业银行内部控制指引》。总体而言，尽管跨部门、跨行业的综合性评估愈发受到监管层的重视。但是，在实际操作中，早期预警和压力测试等具体风险监测和评估依然是各行业和部门各自为政。例如，中国证券业协会在证监会指导下对证券公司进行的压力测试并没有与中国人民银行及其他监管机构进行有效的协作和沟通，甚至测试结果都不会与其他监管部门共享。③

关于系统性风险的度量方法，2008 年金融危机之前国际上主流的方法是基于资产负债表的综合指数法和早期预警法。这两种方法时效性低，在后危机时代逐渐被改善，或被基于股票市场数据和基于债券衍生品市场

① FSB. Peer Review of China-Review Report，2015.

② 中国人民银行金融稳定分析小组．2016 年中国金融稳定报告．北京：中国金融出版社，2016.

③ 同①18.

数据的模型所取代。[①]总体而言，我国的系统性风险度量研究起步晚，在后危机时代快速发展。国内研究者运用多种方法对中国金融体系的系统性风险进行了大量的研究，如综合指数法[②]、网络分析法[③]、矩阵法[④]、CoVaR 方法[⑤]等。[⑥]但是，由于金融市场和金融工具不完善、金融数据缺乏、中国金融体系自身的特殊性等原因，我国系统性风险的测量还有待进一步改善，金融监管部门主导的风险预警机制和系统性风险测量体系还在探索和构建中，且不同监管部门针对不同行业所建立的系统性风险评估和度量体系很难被融合成一个整体性的系统性风险评估体系。[⑦]

7.2 宏观审慎政策工具

中国人民银行 2010 年宣布启动宏观审慎监管，2011 年建立了差别准备金动态调整机制和合意贷款管理机制。差别准备金动态调整是指根据银行信贷偏离经济增长和物价指数的程度，以及金融机构对整体偏离的影响、系统重要性程度和稳健性状况而设定差异化的金融机构存款准备金要求。事实上，差别存款准备金制度在 2008 年金融危机以前就已经建立起来了。2004 年 4 月 25 日，央行正式开始实行差别存款准备金制度，决定将资本充足率、不良贷款比率、内控机制和发生重大违规及风险状况、金融机构支付能力和支付系统安全风险等指标作为确定存款类金融机构存款准备金率的设定依据。[⑧] 在差别准备金动态调整系统下，央行按月连续动态调整银行的准备金要求，这有利于平滑银行信贷、对冲外部流动性并激

① 朱元倩，苗雨峰．关于系统性风险度量和预警的模型综述．国际金融研究，2012 (1)：79-88.

② 中国银行国际金融研究所课题组．金融危机监测指标体系研究．国际金融研究，2010 (3)：73-82；陈雨露，马勇．构建中国的“金融失衡指数”：方法及在宏观审慎中的应用．中国人民大学学报，2013 (1)：59-71.

③ 范小云，等．规模、关联性与中国系统重要性银行的衡量．金融研究，2012 (11)：16-30.

④ 马君潞，等．中国银行间市场双边传染的风险估测及其系统性特征分析．经济研究，2007 (1)：68-78.

⑤ 白雪梅，石大龙．中国金融体系的系统性风险度量．国际金融研究，2014 (6)：75-85.

⑥ 关于其他方法的运用//卜林，李政．金融系统性风险的度量与监测研究．南开学报：哲学社会科学版，2016 (4)：150-160.

⑦ FSB. Peer Review of China-Review Report，2015：7.

⑧ 中国人民银行货币政策分析小组．中国货币政策执行报告（2004 年第 1 季度），2004-05-11.

励商业银行改变市场行为。①相比之下，合意贷款机制是商业银行根据综合资本充足率、存贷比、不良贷款率等数据自行测算合意贷款规模，上报央行，并据此控制贷款业务进度。合意贷款本质上也是一种差别准备金动态调整机制，但给予了商业银行更多的自主权。②

随着国内金融市场的发展，混业经营逐渐成为趋势，金融创新不断增加，金融市场主体日趋多元化，中国分业监管的金融监管体系愈发滞后于金融市场的发展，并因此出现了监管协调不利和监管真空。具体到差别准备金动态调整机制和合意贷款管理机制，这一针对商业银行所设计的宏观审慎政策随着社会融资渠道的增多而逐渐失去了调节信贷的有效性。鉴于此，2016年初，央行将差别准备金动态调整机制和合意贷款管理机制升级成"宏观审慎评估体系"（macro-prudential assessment，MPA），该体系将监管的焦点转向了广义信贷，并从资本和杠杆、资产负债、流动性、定价行为、资产质量、外债风险、信贷政策执行情况七个大方面对金融机构按季度进行评估。表7-1总结了MPA体系下的具体指标和评分细则。考核的七大类指标满分均为100分，14项具体指标分别占相应的分数。根据表7-1列出的评分细则，央行根据宏观审慎评估等级将金融机构分为A、B、C三档，并采取相应的奖励或惩罚措施（见表7-2）。

MPA体系的评估对象已不仅仅是银行，还包括财务公司、金融租赁公司、汽车金融公司、信托投资公司，但主要的评估对象还是银行。依据系统重要性，这些金融机构被分为三大类：全国性系统重要性机构（N-SIFIs）、区域性系统重要性机构（R-SIFIs）和普通机构（CFIs）。N-SIFIs由全国性市场利率定价自律机制秘书处初步测算，再由全国性宏观审慎评估委员会进行复核，最后报备中国人民银行总行。R-SIFIs和CFIs由各省级市场利率定价自律机制初步测算，由各省级宏观审慎评估委员会进行复核，结果报备中国人民银行总行和各分支行。MPA实施的核心机构是中国人民银行及其宏观审慎评估委员会。全国性宏观审慎评估委员会设在中国人民银行总行，秘书处设在货币政策司，各省级宏观审慎评估委员会设在中国人民银行省级分支行，秘书处设在货币信贷处。

---

① 特约评论员．实施差别存款准备金措施的作用和意义．上海金融，2011（3）：1.

② 中国人民银行货币政策分析小组．中国货币政策执行报告（2014年第3季度），2014-11-06.

表 7-1　　宏观审慎评估体系（MPA）

七大方面	指标	具体要求
资本和杠杆	资本充足率（80 分）	宏观审慎资本充足率（C^*）＝结构性参数×（最低资本充足率要求＋系统重要性附加资本＋储备资本＋资本缓冲要求） （C^*，∞）：80 分。（C^*－T，C^*）：48～80 分。（0%，C^*－T）：0 分。T 为容忍度，暂为 4%
	杠杆率（20 分）	（4%，∞）：20 分。（0%，4%）：0 分
	总损失吸收能力（TLAC）	暂未纳入
资产负债	广义信贷（60 分）	机构人民币信贷收支表中的各项贷款、债券投资、股权及其他投资、买入返售资产、存放非存款类金融机构款项余额等的同比增速（同业资产不包含在内），以及表外理财。M2 增速暂定为 13% N-SIFIs：与 M2 偏离不超过 20 个百分点：60 分。超过 20 个百分点：0 分 R-SIFIs：与 M2 偏离不超过 22 个百分点：60 分。超过 22 个百分点：0 分 CFIs：与 M2 偏离不超过 25 个百分点：60 分。超过 25 个百分点：0 分
	委托贷款（15 分）	指由金融机构根据委托人确定的贷款对象、用途、金额、期限、利率等向境内实体经济代为发放、监督使用并协助收回的一般委托贷款的同比增速 N-SIFIs：与 M2 偏离不超过 20 个百分点：15 分。超过 20 个百分点：0 分 R-SIFIs：与 M2 偏离不超过 22 个百分点：15 分。超过 22 个百分点：0 分 CFIs：与 M2 偏离不超过 25 个百分点：15 分。超过 25 个百分点：0 分
	同业负债（25 分）	指法人机构同业拆入、同业借款、同业代付、同业存放、卖出回购等同业负债项目扣除结算性同业存款后的同业融入余额在总负债中的占比，同业存单不纳入同业负债。村镇银行暂不适用该指标 N-SIFIs：占总负债不超过 25%：25 分。不超过 33%：15～25 分。超过 33%：0 分 R-SIFIs：占总负债不超过 28%：25 分。不超过 33%：15～25 分。超过 33%：0 分 CFIs：占总负债不超过 30%：25 分。不超过 33%：15～25 分。超过 33%：0 分

续前表

七大方面	指标	具体要求
流动性	流动性覆盖率（40分）	符合当期监管指标：40分；不符合当期监管指标：0分
	净稳定融资比例（40分）	（100%，∞）：40分。（0%，100%）：0分
	遵守准备金制度情况（20分）	遵守准备金制度：20分。未遵守准备金制度：0分
定价行为	利率定价（100分）	据符合市场竞争秩序等要求的程度评估：0～100分
资产质量	不良贷款率（50分）	N-SIFIs：不高于同地区、同类型机构不良贷款率：50分。在同地区、同类型机构不良贷款率和5%（含）之间：30～50分。5%以上：0分 R-SIFIs和CFIs：不高于同地区、同类型机构不良贷款率：50分。不高于同地区、同类型机构不良贷款率2个百分点且不高于5%（含）：30～50分。高于2个百分点或5%：0分
	拨备覆盖率（50分）	（150%，∞）：50分。（100%，150%）：30～50分。（0%，100%）：0分
外债风险①	外债风险加权余额（100分）	外债风险加权余额不超过上限：100分。超过上限：0分
信贷政策执行情况	信贷执行情况（70分）	根据信贷政策导向效果评估结果等综合评估：0～70分
	央行资金运用情况（30分）	基础分20分，根据央行资金运用投向、利率、偿还情况等要求综合评估：0～30分

资料来源：中国人民银行；陈健恒，等．详解MPA考核及对债市的影响．中金固定收益研究报告，2016.

表7-2　宏观审慎评估结果

	A档机构	B档机构	C档机构
评估指标	七大类指标考核得分均为优秀（即不小于90分）	七大类指标未全获得优秀，但资本和杠杆与定价行为均合格，且其他五项中最多有一项不达标	资本和杠杆与定价行为任意一项不合格，或其他五类任意两项不达标

① 2016年11月“外债风险”指标被扩充为“跨境业务风险”。扩充后，“外债风险加权余额”“外汇自律行为评估”“外汇管理情况考核”“跨境人民币”四项指标各占25%。

续前表

	A档机构	B档机构	C档机构
激励或约束	1.1～1.3 倍的法定存款准备金利率；优先发放支农支小再贷款再贴现；优先金融市场准入及各类金融债券发行审批；金融创新产品先行先试等	无	0.7～0.9 倍的法定存款准备金利率；单独提高SLF利率；金融市场准入及各类金融债券发行受控；在合格审慎评估中被扣分；在“执行人民银行政策评价”中被扣分；被调出一级交易商；约见谈话等惩戒措施

除了新建立的MPA体系外，银监会在2011年发布了《中国银行业实施新监管标准指导意见》，建立了所谓的“中国版《巴塞尔协议Ⅲ》”银行业监管政策框架。顾名思义，“中国版《巴塞尔协议Ⅲ》”是对《巴塞尔协议Ⅲ》的借鉴和运用。《巴塞尔协议Ⅲ》体现了国际银行业监管理念从注重微观审慎到微观和宏观审慎并重的转变①，而“中国版《巴塞尔协议Ⅲ》”在很大程度上是对《巴塞尔协议Ⅲ》在中国的实践，甚至在某些指标上更为严格，如更高的核心一级资本充足率、更高的杠杆率要求和新增的拨备率要求（见表7-3）。“中国版《巴塞尔协议Ⅲ》”包括了资本充足率、杠杆率、拨备率和流动性四大类下的11个具体指标，这些指标是MPA体系评估标准的重要内容。

表7-3　“中国版《巴塞尔协议Ⅲ》”与《巴塞尔协议Ⅲ》的比较

指标类别	具体指标	《巴塞尔协议Ⅲ》	“中国版《巴塞尔协议Ⅲ》”
资本充足率	核心一级资本	不低于4.5%	不低于5%
	一级资本	不低于6%	
	总资本	不低于8%	
	留存超额资本	2.5%	
	逆周期超额资本	0～2.5%	
	系统重要性银行附加资本	1%	
杠杆率	一级资本/调整后表内外资产余额	不低于3%	不低于4%

① 巴曙松，等．巴塞尔Ⅲ与金融监管大变革．北京：中国金融出版社，2015.

续前表

指标类别	具体指标	《巴塞尔协议Ⅲ》	“中国版《巴塞尔协议Ⅲ》”
拨备率	拨备/信贷余额	无	不低于 2.5%
	拨备覆盖率	无	不低于 150%
流动性	流动性覆盖率	不低于 100%	
	净稳定融资比率	不低于 100%	

银行业在中国金融体系中占据着重要份额和特殊地位，因此上述银行业宏观审慎监管体系是当前中国宏观审慎金融监管体系的最主要内容。在金融稳定理事会 2015 年的评估报告中，中国金融监管部门使用的宏观审慎政策工具主要包括贷款价值比、按揭利率下限、贷款收入比、存贷款比、流动性覆盖率、杠杆率、动态贷款损失拨备、资本缓冲、存款准备金要求等，这些工具主要是中国人民银行和银监会针对银行部门所使用的。①除此之外，我国广义的金融宏观审慎监管体系还包括其他内容，如外汇管理、证券业和保险业监管等。2015 年，中国人民银行和外汇管理局将外汇流动性和跨境资金流动纳入了宏观审慎监管体系。中国人民银行建立了一套跨境融资宏观风险监测指标体系，通过跨境融资杠杆率、风险转换因子、宏观审慎调节参数等指标对 27 家银行类金融机构的跨境融资进行宏观审慎监管，国家外汇管理局则对企业和除 27 家银行类金融机构以外的其他金融机构跨境融资进行管理。②证监会主导的证券行业监管体系也开始更多地考虑宏观审慎。例如，2016 年证监会修订了 2006 年发布的《证券公司风险控制指标管理办法》，确立了根据证券公司分类监管、行业风险和市场状况进行动态调整的逆周期调节机制。③保监会主导建立的中国风险导向偿付能力体系（简称“偿二代”）也对保险行业的顺周期性给予了高度关注，并运用净风险模型、商业决策一致性估计值体系（business consistent valuation）、折现率曲线中的逆周期溢价、风险管理要求与评估工具（SARMRA）、风险综合评级工具（IRR）、监管分析与检查（A&E）工具，以及公开信息和保险公司信用评级等手段监测并治理顺周期性。④

① FSB. Peer Review of China-Review Report，2015：21.

② 中国人民银行．关于全口径跨境融资宏观审慎管理有关事宜的通知，银发〔2017〕9 号，2017-01-22.

③ 中国证监会．证监会发布《证券公司风险控制指标管理办法》及配套规则，2016-06-17.

④ 赵宇龙，刘涛．偿二代的逆周期监管框架．清华金融评论，2016（11）：38-40.

7.3 宏观审慎政策机构设置

与上述宏观审慎政策工具相匹配的是一套具有中国特色的宏观审慎政策机构设置（见图 7-2），这一机构设置包含了四个层面。最顶层是国务院及其举行的关于金融监管的会议，如每五年召开一次的全国金融工作会议、国务院常务会议、金融旬会等。这是我国金融监管宏观审慎政策的最高决策层，它很少涉及具体政策的制定和实施，更多是关于宏观政策的制定、具体监管部门责权的分配以及金融发展和监管总体方向的把控等方面。第二层是具体监管部门间的政策协调机制，如金融监管协调部际联席会议制度等。由于这些机制都还没有发展成为超部际的正式机构，所以图 7-2 中用虚线表示其与国务院和具体监管部门的关系。第三层是具体的政策制定和执行机构。这些监管机构或是国务院的组成部门（中国人民银行、财政部、发改委）、直属事业单位（银保监会和证监会）、直属机构（国家统计局），或是部委管理的国家局（国家外汇管理局），其中国家统计局和国家外汇管理局是副部级单位，其他均为正部级单位。第四层是非政府部门，包括自律机制、行业协会和学术认知共同体等。

这一机构设置体现出以下三大特征。首先，分业监管依然是中国宏观审慎监管体系的基本特征。20 世纪 90 年代末，我国确立了分业经营、分业监管的金融业模式。恰逢此时，国际金融业却正在从分业经营向混业经营转变，标志性的事件是 1999 年美国《金融服务现代化法案》的出台。在金融全球化的背景下，混业经营成为国际金融发展的一个趋势，并被认为是导致 2008 年金融危机的一个重要原因。因此，在后危机时代，发达国家开始对混业经营进行限制，如美国的"沃尔克法则"。我国金融业综合经营的趋势愈发明显，主要表现为横向业务合作、股权交叉投资、业务交叉经营等①，这一发展趋势对中国金融分业监管的模式带来了巨大的挑战。原银监会前副主席王兆星认为这些挑战主要包括：(1) 不同监管部门对同一或类似业务监管规则不一致而留下的监管套利空间；(2) 对监管部门综合并表能力的挑战；(3) 综合经营易导致系统性风险；(4) 对金融机构控股股东监管的缺位；(5) 监管信息共享不足和监管政策协调不力。②

宏观审慎监管体系致力于从监测和解决系统性风险的角度维护金融体

①② 王兆星．金融综合经营与分业监管变革．中国金融，2014 (23)：12-16.

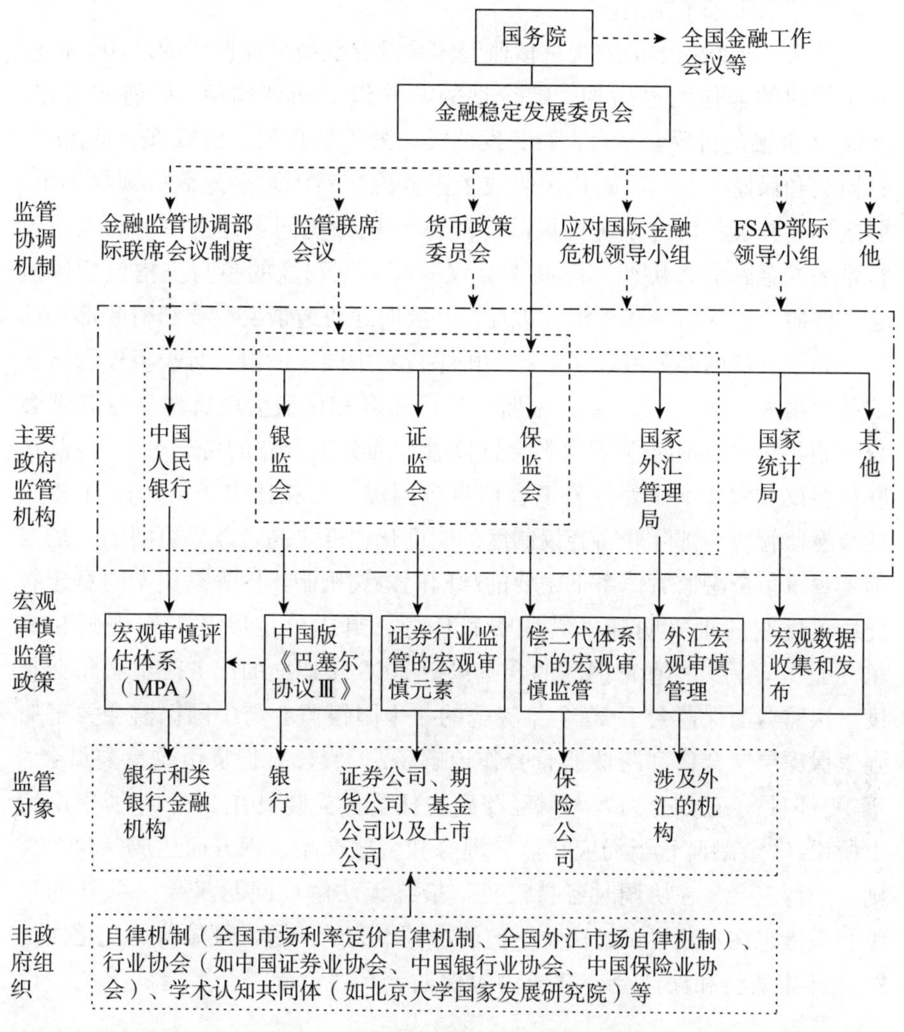

图 7-2 中国宏观审慎政策机构设置

系的稳定，因此理应解决上述分业监管体系下所存在的问题。但是，中国金融监管部门构建的宏观审慎体系依然有浓厚的分业监管色彩。如图 7-2 所示，中国人民银行和银监会针对银行和类银行金融机构构建了一套基于“中国版《巴塞尔协议Ⅲ》”的宏观审慎评估体系，证券业和保险业则分别在证监会和保监会的主导下建立了独立于银行业监管的监管体系。如前所述，这些体系在后危机时代加入了宏观审慎元素。外汇管理局则针对外汇流动、跨境融资等建立了一套宏观审慎外汇管理体系。不同部门的监管职责划分使其政策往往局限于特定领域，这为建立一个综合性金融业宏观审慎监管体系带来了挑战。

其次，虽然当前的宏观审慎监管体系没有摆脱分业监管的烙印，但监管机构间的合作明显增加，综合性的监管组织初现端倪。如前文所述，2008 年金融危机后，来自央行、发改委、外汇管理局、财政部、证监会、银监会和保监会等部门的代表组成了国务院应对国际金融危机领导小组，并定期召开会议讨论系统性风险。2013 年国务院同意建立由中国人民银行牵头的金融监管协调部际联席会议制度，该制度的参与机构包括银监会、证监会、保监会和外汇管理局，必要时还可邀请发改委和财政部等部门。联席会议的办公室设在中国人民银行，中国人民银行行长担任联席会议的召集人。早在 2000 年，银监会、证监会和保监会就曾建立过联席会议机制，2004 年还曾签署《在金融监管方面分工合作的备忘录》，但监管联席会议成效并不显著，分工合作也形同虚设。相比之下，2013 年建立的金融监管协调部际联席会议制度的制度化程度更高，效果更明显，是当前宏观审慎金融监管体系下主要的部门间协调机制，国务院关于同意建立此会议机制的批复明确了其职责和任务、组成单位以及工作规则和要求。①此外，另外一些部门间的合作包括 2008 年建立的国务院金融旬会制度、银监会与保监会于 2007 年签署的《中国银监会与中国保监会关于加强银保深层次合作和跨业监管合作谅解备忘录》、央行货币政策委员会②等等。但是，正如全国人大财经委副主任委员吴晓灵在 2017 年博鳌论坛上所说："金融监管当局应在监管理念和金融产品认识方面达成一致，否则'一行三会'在协调时各持己见，最终无法解决问题。"③ 一些新的政策和举措也在不断尝试解决金融监管协调不利的问题，最显著的变化便是 2018 年银监会和保监会合并成为银保监会，"一行三会"变成了"一行二会"。

最后，非政府组织在宏观审慎监管制度安排中逐渐发挥更为重要的作用。如前文所述，实施宏观审慎评估体系（MPA）的核心机构是中国人民银行及其宏观审慎评估委员会。全国性宏观审慎评估委员会由中国人民银行总行、全国性市场利率定价自律机制秘书处、银行、学界等相关人员

---

① 国务院．国务院关于同意建立金融监管协调部际联席会议制度的批复，国函〔2013〕91 号，2013-08-15.

② 截至 2019 年 6 月，央行货币政策委员会由来自国务院、国家发改委、财政部、央行、统计局、银保监会、证监会、外汇局的官员和来自行业协会（中国银行业协会）以及学界的代表组成。

③ 林金冰，吴晓灵．"一行三会"协调不足以解决问题．财新网，2017-03-24.

组成。市场利率定价自律机制成立于2013年，由金融机构成员组成，目前拥有12个核心成员、837个基础成员以及671个观察成员，其目的是对金融市场利率进行自律管理。宏观审慎评估体系下金融机构的分类就是由全国或各省级利率定价自律机制根据其收集的信息进行初步测算，然后再由全国性审慎评估委员会审核。除了利率定价自律机制外，全国外汇市场自律机制也在2016年成立，并对外汇自律行为进行日常监测和评估，其每季度评估结果已被纳入MPA考核中。行业协会也在我国宏观审慎体系中发挥一定的作用。例如，如前所述，中国证券业协会发布了《证券公司压力测试指引》，推动证券公司提高风险管理水平。从2011年开始，中国银行业协会每年发布《中国银行业发展报告》，对前一年中国银行业的发展及面临的风险进行总结和评估。但是，在中国"一行三会"的金融监管模式下，非政府组织的作用相对较小，自主性和独立性较弱。

中国当前的宏观审慎政策制度安排并不属于IMF相关研究所归纳的7种模式中的任何一种（见第五章表5-13）。就第五章表5-13中列出的5个具体维度而言，即中央银行和其他监管机构的融合程度、宏观审慎政策使命的归属、财政部/政府的角色、决策和政策工具控制的分离、政策协调的独立机构的存在①，中国的监管制度安排有其自己的特色和问题。虽然前文讨论了一些监管机构间合作和信息共享的案例，但中国人民银行与其他监管机构的融合程度依然较低，各个监管机构依然是在各自的职责和任务范围内开展工作的。我国宏观审慎政策使命的归属没有从制度上进行明确。在实践操作中，中国人民银行起到了主导作用，但在组织结构上，中国人民银行与其他几大主要监管机构是平级的，在责权划分上依然是各司其职。财政部在宏观审慎政策体系中起到了较弱但积极的作用。如前所述，无论是在央行主导的货币政策委员会，FSAP部际领导小组和部际工作小组，国务院应对国际金融危机领导小组中，还是在金融监管协调部际联席会议制度中，财政部都积极参与其中，但是都没有起到主导性作用。宏观审慎决策和政策工具都控制在主要监管机构手中（见图7-2），并未分离开来。政策协调机制已经建立起来，主要是金融监管协调部际联席会议制度，但是该制度既不是独立的机构，也没有在具体功能上替代原有的"一行三会"。即使"一行三会"合并为了"一行二会"，相比于美国的金融稳定监督委员会、英国的金融政策委员会、法国的审慎监管局等独立政

① Nier, Erlend W. et al. Institutional Models for Macroprudential Policy. IMF Staff Discussion Note SDN/11/18, 2011: 8.

策协调机构，中国目前还没有建立负责政策协调的独立机构。

7.4 宏观审慎政策在中国的执行和效果

前述宏观审慎政策和工具在中国金融监管的实践中已经得到了不同程度的实施和运用。金融稳定理事会的评估报告认为，中国人民银行和银监会已多次使用贷款价值比、存款准备金等工具进行金融监管和调控。① IMF 的报告总结了中国运用宏观审慎工具控制房地产价格的情况。②宏观审慎评估体系自 2016 年以来按季度对银行和类银行金融机构进行考核，并在实践过程中不断做出调整，如将外债风险指标扩充为跨境业务风险指标，将表外理财纳入考核体系。巴塞尔银行监管委员会的评估认为中国银行业监管已经在很大程度上采用了《巴塞尔协议Ⅲ》中的一系列政策工具。③第六章对中国融入全球金融治理体制的评估显示（见第六章表 6-3），中国已经广泛或部分遵守或执行了一系列金融监管的国际规则，这些规则在 2008 年以后加入了很多宏观审慎监管元素。前文中关于中国金融监管机构在系统性风险识别和测量、宏观审慎工具选择、制度安排等方面的讨论都说明宏观审慎金融监管在中国金融监管中已不仅仅是一个观念，而是已经变成了具体的操作和实践。

对于中国当前宏观审慎政策和工具有效性的整体性评估存在很多困难，一方面是由于一些政策和工具的执行时间相对较短，其政策效应尚未显现，另一方面是由于相关数据资料匮乏，且不同政策和工具间存在一定程度的“政策抵消”效应。④ 因此，当前的研究大多数是运用定量方法对具体政策工具的影响和效果进行评估。例如，梁琪等采用 GMM 方法分析差别存款准备金动态调整机制和可变的 LTV 上限两大工具在抑制商业银行信贷扩张、杠杆率变动及其顺周期性中的作用，并认为这两大工具是有效的。⑤张敏锋和王文强利用多部门 DSGE 模型分析认为，贷款价值比指

---

① FSB. Peer Review of China-Review Report，2015：21.

② Wang，Bin and Tao Sun. How Effective Are Macroprudential Policies in China?. IMF Working Paper WP/13/75，2013：30.

③ Basel Committee on Banking Supervision. Regulatory Consistency Assessment Programme (RCAP)：Assessment of Basel Ⅲ Regulations-China，2013.

④ 廖岷，等．中国宏观审慎监管工具和政策协调的有效性研究．金融监管研究，2014 (12)：1-23.

⑤ 梁琪，等．中国宏观审慎政策工具有效性研究．经济科学，2015 (2)：5-17.

标是易于理解的工具，能够用于清晰准确地向市场参与者表达监管层对于系统性风险的态度，合理引导市场预期。①同样运用 DSGE 模型，陈明玮等对贷款价值比上限与资本充足率下限有效性的分析得出了类似的积极结论，他们认为这些政策工具能有效地抑制金融顺周期效应，因此有利于金融体系与宏观经济的稳定。②马勇和陈雨露则运用 DSGE 模型研究了货币、信贷和金融监管等政策的协调搭配问题，并认为宏观审慎政策的搭配有助于金融系统稳定。③相关的研究远远不止上文所列，总体而言，多数定量和定性研究都得出了较为积极的结论，即宏观审慎政策框架有利于通过抑制系统性风险维系金融体系的稳定。

① 张敏锋，王文强．基于 DSGE 模型的我国宏观审慎政策规则有效性研究——以贷款价值比为视角．上海金融，2014（3）：68－72.

② 陈明玮，等．新常态下宏观审慎工具的有效性．财经问题研究，2016（11）：59－65.

③ 马勇，陈雨露．宏观审慎政策的协调与搭配：基于中国的模拟分析．金融研究，2013（8）：57－69.

第八章 国际货币体系与中国

如第一章所述，国际货币体系存在的问题是导致 2008 年全球金融危机的一个重要原因，这些问题主要包括汇率大幅波动、汇率失调和宏观经济失衡，以及非主权国际货币的缺失和美元不负责的“嚣张的特权”等。在该危机后，学术界和政策界提出了多种改革国际货币体系的方案，如提高黄金在国际货币体系中的地位，甚至恢复金本位制，建立“新布雷顿森林体系”等。在这些改革提议中，获得较广泛支持的一种建议是用非主权国际货币取代当前被用作国际货币的美元。这类建议的代表之一是周小川在 2009 年提出的超主权国家货币。诚如第一章所述，危机十多年后，诸多的改革建议都没有转变成政策和实践，危机前国际货币体系存在的问题现在依然十分显著。后危机时代的国际货币体系改革主要以修补和加强牙买加体系为主，之前体系所固有的问题未得到根本性的解决，如“美元循环”以及宏观经济失衡等。在这一宏观背景下，中国货币当局继续推进汇率体制改革和人民币国际化，并希冀以此国内政策的改革反推国际货币体系的变革。

国际货币体系是全球金融治理体系的重要内容，相比全球金融治理体系的其他领域而言，国际货币体系更多地表现为一种观念性的体制，而相对缺乏物质性的组织结构。例如，银行业的全球治理既有以《巴塞尔协议》为核心的一系列国际规则或规范，又有以国际清算银行、巴塞尔银行监管委员会以及各国国内金融监管机构等所构成的组织结构。国际货币体系是关于各国货币间关系的一种特定的安排，主要可从三个维度进行衡量——汇率制度、本位货币和国际收支调节手段。对不同国际货币体系的对比，以及对中国在当前国际货币体系中的地位和作用的分析可从这三个方面进行。本章先对国际货币体系的演进进行简要回顾，并对不同体系进行对比，然后从上述三个方面分析中国的汇率制度改革、人民币的国际化以及中国的国际收支调节政策。中国的汇率制度改革是国际货币体系下汇率制度安排的一部分，人民币的国际化是对国际货币体系本位货币的一种功能性挑战和补充，中国的国际收支调节对全球收支平衡有重大影响。因此，从中国的汇率制度改革、人民币国际化战略和国际收支政策三个维度能够更加清晰地了解中国融入国际货币体系的现状和问题。

8.1　中国的汇率制度改革

人民币汇率自中华人民共和国成立以来出现了大幅波动。图 8－1 反映了自中华人民共和国成立以来人民币对美元汇率的变化趋势。从长期看，人民币对美元汇率呈现出人民币贬值的趋势，但具体过程十分波折，且呈现出了较强的阶段性，大致可分为 5 个阶段：1949—1970 年稳定期、1971—1980 年升值期、1981—1993 年持续贬值期、1994—2004 年高贬值期、2005 年至今波动升值期。不同时期人民币币值受内外部因素的共同影响，内部影响主要是指经济发展、对外经贸、物价、宏观经济形势、经济体制和汇率机制等制度因素，外部影响主要是指其他主要货币币值波动、国际政治经济环境等。本章主要关注最后两个时期，且主要从汇率制度的角度。虽然这两个时期在人民币对美元汇率上差异巨大，但同属于一个汇率制度改革周期，即以市场为基础的有管理的浮动汇率制改革，中国当前的汇率制度正是这一改革的结果。

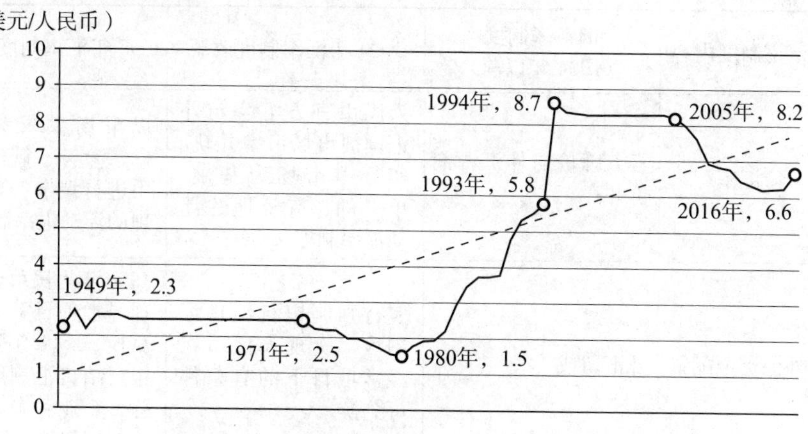

图 8－1　人民币对美元汇率历史趋势图

中国的汇率制度是中国经济体制的重要部分，随着中国经济体制的转变而变迁。在从计划经济向社会主义市场经济转变的过程中，汇率制度的变革是这一转变的核心内容之一。在 1978 年以前，我国实行高度集中、以计划和行政手段管理为主的汇率制度①，这一制度是与中央计划经济体制相符合的。自1979年以来，经济体制的改革推动汇率制度的改革，我国的汇率制度从计划经济时期的外汇垄断经营与管理体制逐渐向计划管理与市场调节相结合的体制转变。1992年召开的党的第十四次全国代表大会对自党的十一届三中全会以来的改革开放经验进行了总结，并把改革开放推进到了一个新的阶段。在这一背景下，党的十四届三中全会审议通过了《中共中央关于建立社会主义市场经济体制若干问题的决定》，这一决定明确提出了建立社会主义市场经济体制的基本框架。这一框架在汇率制度方面表现为“改革外汇管理体制，建立以市场为基础的有管理的浮动汇率制度和统一规范的外汇市场”，并“逐步使人民币成为可兑换的货币”。②

紧随其后，1993年12月28日中国人民银行发布了《中国人民银行关于进一步改革外汇管理体制的公告》，自1994年1月1日起，我国开始实行以市场供求为基础、单一的、有管理的浮动汇率制度。1994年中国汇率制度改革标志着中国的汇率制度正式从计划性汇率制度向市场性汇率制度转变，为之后一直延续至今的汇率制度改革奠定了一个基础性的框架。具体而言，如表8-1中所示，1994年汇率制度改革的核心内容包括人民币官方汇率与外汇调剂汇率并轨、强制银行结售汇、建立银行间外汇市场和规范外币结算等。

表8-1　　中国汇率制度对比

汇率制度内容	旧汇率制度（1994年以前）	1994年汇率制度改革	2005年汇率制度改革
汇率	官方牌价与外汇调剂价并存	人民币官方汇率与外汇调剂市场汇率并轨，实行以市场为基础、单一的、有管理的浮动汇率制度	以市场供求为基础、参考一篮子货币进行调节、有管理的浮动汇率制度
外汇资金配置	外汇留成	实行强制银行结售汇制度，实现人民币在经常项目下的有条件可兑换	1996年人民币已实现经常项目下的可兑换。2008年强制银行结售汇制度废除，企业和个人可按规定保留外汇

① 吕进中．中国外汇制度变迁．北京：中国金融出版社，2006：79.

② 中共中央关于建立社会主义市场经济体制若干问题的决定．人民网．http://www.people.com.cn/GB/shizheng/252/5089/5106/20010430/456592.html.

续前表

汇率制度内容	旧汇率制度（1994 年以前）	1994 年汇率制度改革	2005 年汇率制度改革
外汇市场	外汇调剂市场	建立银行间外汇市场	调整银行间外汇市场上外汇指定银行间交易的中间价，进一步改革人民币汇率形成机制
汇兑安排	使用外汇兑换券、外汇人民币、购物支付证	规范外币结算，禁止境内外币流通和外币计价结算	

资料来源：部分参考吕进中．中国汇率制度变迁．北京：中国金融出版社，2006.

1994 年 1 月 1 日新的汇率制度开始执行，人民币对美元汇率出现“跳贬”，直接从 1∶5.8 贬值到 1∶8.7（如图 8－1 所示）。在之后的大概十年里，人民币对美元的汇率相对较为稳定，一直维持在 1∶8 左右。进入 21 世纪后，尤其是在中国 2001 年正式加入 WTO 后，批评人民币币值被低估和要求人民币升值的国际压力越来越大。例如，国际货币基金组织在其 2003 年、2004 年和 2005 年对中国的《第四条款磋商报告》中不断呼吁中国建立一个更加灵活和市场化的汇率制度。2005 年 5 月《美国财政部汇率政策报告》更是直接指责中国的汇率政策高度扭曲，并认为此扭曲的汇率政策给中国经济、中国贸易货币和全球经济增长都带来了高风险。一些学者也表达了类似的观点，并呼吁人民币汇率机制的改革。①其中，一种主要的观点是人民币的低估为中国的贸易带来了优势，同时也在很大程度上导致了中美之间宏观经济失衡，即中国的外汇储备不断增加并出现经常账户和资本账户的“双盈余”，而同时美国的国际收支出现巨额赤字（详见第一章）。

除了国际压力外，国内也出现人民币汇率制度改革的压力。这一压力可以通过著名的“货币政策三难”进行解释。1999 年诺贝尔经济学奖获得者罗伯特·蒙代尔认为，一个经济体无法同时实现以下三个政策目标：固定汇率制度、资本自由流动和独立的货币政策。对于中国而言，货币政

① Eichengreen, Barry. Chinese Currency Controversies. CEPR Discussion Paper No. 4375, 2004; Bernanke, Ben. Monetary Policy in a World of Mobile Capital, *Cato Journal*, 2005, 25 (1): 1－12; Frankel, Jeffrey. On the Renminbi: The Choice between Adjustment under a Fixed Exchange Rate and Adjustment under a Flexible Rate. NBER Working Paper No. 11274, 2005.

策的独立被货币当局视为核心政策目标，自由资本流动是一个长期目标。因此，固定的汇率政策就必须被改变。“双盈余”状况下大量的外汇流入对固定汇率制度形成了巨大的冲击，并要求政府不断持有更多的外汇储备，以对市场进行足够有力的干预。中国政府处理中国货币政策三难的基本策略是进一步推进人民币形成机制的市场化改革，并同时提升政府应对资本流动的能力和货币政策的独立性。①换言之，中国政府选择货币政策的独立和一定程度的资本自由流动，并逐步改革固定汇率制度。2005 年，中国正式推出了以市场供求为基础、参考一篮子货币进行调节、有管理的浮动汇率制度。相比 1994 年的汇率制度改革，2005 年改革的一个主要区别是人民币汇率开始参考一篮子货币进行有管理的浮动，而不再是单一地钉住美元，这意味着人民币汇率决定机制的市场化程度相对更高。2005 年汇率制度改革后，人民币对美元汇率如国内外市场所预期的开始升值，从 2005 年的年平均汇率 1∶8.2 升值到了 2015 年的 1∶6.2。

自 1994 年开始建立的人民币有管理的浮动汇率制度在过去 20 多年的时间里一直是人民币汇率制度改革的长期政策目标。但就短期政策决策而言，这一改革的进程也曾出现反复。例如，1997—1999 年，受亚洲金融危机的影响，人民币汇率浮动空间被收窄。在之后的很长一段时间里（直到 2005 年），人民币对美元汇率被固定在 1∶8.28 左右，中国政府坚持人民币不贬值而广受国际社会赞誉。这在一定程度上解释了 1994—2004 年人民币对美元汇率的相对稳定。受 2008 年全球金融危机爆发的影响，中国政府再度收窄人民币对美元汇率的波动范围，并在 2008 年 7 月到 2010 年上半年期间将汇率固定在 1∶6.83 左右。受外部动荡的国际经济环境的影响，这两次政策调整明显违背了人民币汇率制度改革的目标，但并没有改变这一长期目标。2010 年下半年，汇率制度改革重启，人民币汇率形成机制继续朝着以市场供求为基础的方向改变。例如，人民币对美元汇率的浮动范围在 1994 年是 0.3%，在 2007 年扩大到 0.5%，在 2012 年继续扩大到 1%，在 2014 年再度扩大到 2%。2015 年 8 月 11 日，中国人民银行再次宣布改革人民币汇率形成机制，参考前日收盘价决定第二天的中间价，并将日浮动区间扩大为±2%。虽然此改革仅仅维持几天就由于种种原因而停止，但彰显了货币当局继续推进人民币汇率形成机制市场化的决心。2015 年 12 月，央行推出“收盘价＋货币篮子”的新中间价定价机

---

① SAFE. 2014 China International Balance of Payments Report. State Administration of Foreign Exchange，2005.

制，人民币汇率形成机制的透明度进一步增加。

8.2　人民币的国际化战略

如前所述，特定的国际货币体系主要对汇率制度（国际支付原则）、国际储备货币和国际收支调节方式做出具体的规定。人民币汇率制度显然是构成国际货币体系的一个部分。对此部分在国际货币体系中权重和影响力的讨论便是分析中国在国际货币体系中的地位和作用。前述三种国际货币体系的形成方式各有不同，国际金本位制的形成是从英国向外拓展，由内及外发展起来的，主要体现了当时英国的结构性权力，即"基于一国金融市场的国际吸引力和其货币的国际价值储藏功能"而间接影响他国的能力。①相比之下，布雷顿森林体系是一种自上而下制度建设的结果，即主要国家通过博弈而直接构建一个新体系，然后通过自上而下的方式在相关国家中实施。这一过程更多地体现了美国作为战后世界经济新霸主的关系性权力，即"一国通过施加金融压力或者提供金融激励直接影响他国行为的能力"，拥有此种权力的国家通常处于债权国地位。②牙买加体系的形成是主要国家关系性权力、制度性权力③和结构性权力综合博弈的结果。相比布雷顿森林体系，美国的结构性权力、关系性权力和制度性权力都有所下降，欧元、日元、英镑以及人民币都挑战或试图挑战美元的国际货币地位。在这一状况下，牙买加体系更像一种各国货币博弈自下而上形成的体系，更多地表现为各国货币政策及国家间货币关系变动的结果，这在很大程度上解释了为什么当前国际货币体系改革停滞不前。在此背景下，中国政府通过多种方式试图提升中国的国际金融权力，其中人民币国际化是核心战略。

借鉴本杰明·科恩对货币国际化的定义，人民币国际化可被理解为人民币国内职能的国际扩展。④就具体政策而言，中国政府从 2008 年金融危机前后便开始提出并推动人民币国际化。⑤例如，2008 年 8 月，央行决定

①② 桑德拉·希普. 全球金融中的中国：国内金融抑制与国际金融权力．辛平，罗文静，译．上海：上海人民出版社，2016：4.

③ 所谓制度性权力是指"一国通过国际金融机构有关信贷供给和供给所依赖条件的决定间接影响他国的能力"。同①.

④ Cohen，Benjamin J. The Seigniorage Gain of an International Currency：An Empirical Test，*The Quarterly Journal of Economics*，1971，85 (3)：494 - 507.

⑤ 同①.

成立汇率司，该司的职能之一便是根据人民币国际化的进程发展人民币离岸市场。事实上，直到近年来，政府的官方文件才开始广泛使用“人民币国际化”的直接表述。例如，从 2015 年开始，央行发布年度《人民币国际化报告》，对每年人民币国际化状况进行了总结，并明确使用了“人民币国际化”的概念。截至 2019 年 9 月，央行共发布了 2015—2019 年五个年度的《人民币国际化报告》①。央行通常更多地使用“跨境人民币业务”一词。相比之下，学术界对“人民币国际化”的使用更早、更频繁。例如，中国人民大学国际货币研究所从 2012 年开始每年发布《人民币国际化报告》。对万方数据库收录的所有学术论文进行检索发现，“人民币国际化”的提法在 21 世纪之初就已经出现，2008 年金融危机以后，相关的文献呈现出井喷式增长，这一增长趋势一直持续到 2012 年，到 2015 年再次出现一个数量上的新高（见图 8－2）。在 2001 年加入 WTO 后，中国在国际贸易体系中作用的提升是 2008 年金融危机前关于人民币国际化讨论的重要原因之一。2008 年金融危机的爆发，以及国际货币体系在危机前后所显露出的诸多问题，为危机后关于“人民币国际化”的研究提供了新的动力和需求。自 2015 年以来，中国货币当局也开始正式使用“人民币国际化”一词，这进一步推动了“人民币国际化”的学术研究。

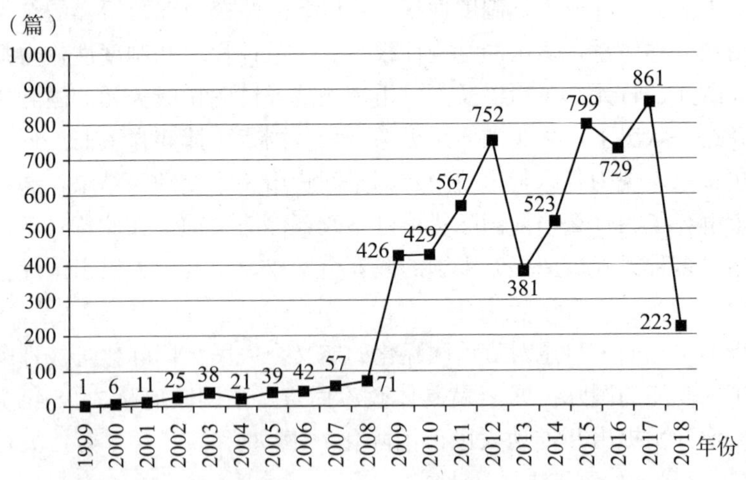

图 8－2　“人民币国际化”文献梳理统计（1999—2018 年）

注：文献类型为期刊论文。检索方法为在题目或关键词中精确检索。检索关键词为人民币国际化。

资料来源：万方数据库。

① 中国人民银行．人民币国际化报告．http：//www.pbc.gov.cn/huobizhengceersi/214481/3871621/index.html.

8.2.1　国际结算货币

人民币国际化的战略目标大概包括三个存在时间先后顺序的重要步骤：国际结算货币、国际投融资货币和国际储备货币。在 2012 年的博鳌亚洲论坛上，全国社保基金理事会理事长、中国人民银行原行长戴相龙明确地提出了推动人民币国际化的上述三大重要目标和步骤。①人民币国际化的第一步是推动人民币成为国际结算货币，即将人民币发展成为在国际贸易中执行计价和结算职能的货币。相对而言，由于在世界贸易体系中的重要作用和庞大的贸易体量，中国实施第一步的条件最成熟，且已取得了一定的成绩。例如，经常项目下人民币收付金额自 2008 年金融危机以来稳步大幅增长，从 2009 年的 25.6 亿元增加到了 2015 年的 72 343.6 亿元，占中国进出口总额的 29.36%，占全球贸易总额的 3.38%。②其中，跨境货物贸易的人民币结算占主要部分（超过 85%），且 2015 年末人民币的跨境流动第一次出现了实收低于实付的局面。③ 根据环球银行金融电信协会（SWIFT）的统计数据，2014 年 12 月人民币成为全球第五大国际支付货币，在国际支付中占比 2.17%，前四大货币分别是美元（44.64%）、欧元（28.3%）、英镑（7.92%）和日元（2.69%）。在 2015 年，人民币基本保持了全球第五大支付货币的地位，但是这一占比自 2016 年以来出现下滑，并长期保持在第八的位置。2019 年 5 月，人民币在国际支付中的排名占比又重回第五。④

推动人民币成为国际结算货币的具体措施包括以下三个主要方面。第一，在国内层面，逐步去除国内公司跨境贸易人民币结算的限制。2009 年 4 月，国务院常务会议决定在上海、广州、深圳、珠海和东莞开展跨境人民币结算试点，并于当年 7 月正式开始实施。一年以后（2010 年 6 月），中国人民银行、财政部、商务部等多部门联合发布了《关于扩大跨境贸易人民币结算试点有关问题的通知》，该通知将跨境贸易人民币结算的境外地域由港澳和东盟地区扩展至所有国家和地区，将跨境贸易人民币结算国内试点由上海

① 戴相龙．人民币国际化的三个步骤．财新网，2012-04-03.

② 资料来源：中国人民银行。

③ 中国人民大学国际货币研究所．人民币国际化报告 2016——货币国际化与宏观金融风险管理．北京：中国人民大学出版社，2016.

④ SWIFT. RMB Tracker：Monthly Reporting and Statistics on Renminbi（RMB）Progress towards Becoming an International Currency，2017. https：//www.swift.com/our－solutions/compliance－and－shared－services/business－intelligence/renminbi/rmb－tracker/document－centre?tl＝en＃topic-tabs－menu.

和广东扩大到包括北京、天津、内蒙古、辽宁等在内的 20 个省（自治区、直辖市），参与试点的出口企业由最初的 365 家增加到了 2010 年底的 6.7 万多家。[①] 2011 年 8 月，中国人民银行会同五部委再次发布《关于扩大跨境贸易人民币结算地区的通知》，将跨境贸易人民币结算的境内地域范围扩展至全国，自此跨境贸易人民币结算的境内和境外地域限制全部清除。随着政策的变化，人民币贸易结算量大幅增加（见表 8－2）。如前所述，2009 年全年跨境人民币结算业务累计仅为 25.6 亿元，2015 年增长到了 72 300 亿元。中国人民银行发布的《金融统计数据报告》从 2011 年开始新增了跨境贸易人民币结算业务和直接投资人民币结算业务的数据统计。表 8－2 显示了 2011—2016 年这两项数据的具体情况。从 2014 年 8 月起，转口贸易被调整到货物贸易进行统计，这在很大程度上解释了为什么 2014 年服务贸易及其他经常项目累计数额同比大幅下降。值得一提的是，由于 2016 年中国进出口总额延续了前一年的下降态势，人民币结算的跨境货物贸易在 2016 年出现了较大幅度的缩减，2016 年全年跨境人民币结算占中国进出口总额的比例从 2015 年的 29.36%下降到了 2016 年的 21.5%。这在很大程度上证明了人民币国际化的一个重要基础是中国自改革开放以来所建立起来的庞大交易网络。[②]

表 8－2　　人民币贸易与投资结算数据　　单位：亿元

年份	全年跨境贸易人民币结算业务			直接投资人民币结算业务		
	跨境货物贸易	服务贸易及其他经常项目	累计	对外直接投资	外商直接投资	累计
2011	15 600	5 212.7	20 800	201.5	907.2	1 109
2012	20 600	8 752	29 400	292	2 510	2 802
2013	30 200	16 100	46 300	856	4 481	5 337
2014	59 000	6 565	65 500	1 866	8 620	10 500
2015	63 911	8 432	72 300	7 362	15 871	23 200
2016	41 209	11 066	52 300	10 619	13 988	24 600
2017	32 700	10 900	43 600	4 569	11 800	16 369
2018	36 600	14 500	51 100	8 048	18 600	26 648

资料来源：笔者根据中国人民银行 2011—2018 年金融统计数据报告整理。

① 关于扩大跨境贸易人民币结算试点有关问题的通知．银发〔2010〕186 号，2010－06－17.

② 桑德拉·希普．全球金融中的中国：国内金融抑制与国际金融权力．辛平，罗文静，译．上海：上海人民出版社，2016：71.

第二，在双边关系层面，中国货币当局与主要新兴经济体签署货币互换协议，提高人民币的国际地位。2001 年末，中国人民银行与泰国银行签署了双边货币互换协议，承诺在必要时向泰国银行提供最多 20 亿美元的信贷资金，这是中国的第一份双边货币互换协议。在 2008 年金融危机爆发以前，中国还与日本、韩国、马来西亚、菲律宾、印度尼西亚等国家签订过双边货币互换协议。这些货币互换协议是在 1997 年亚洲金融危机时期，东盟与中、日、韩三国共同推动建立区域性货币互换网络的背景下签订的，其主要目的是加强区域金融合作，预防金融危机和促进区域经济发展。由于这些货币互换协议的币种是美元，所以这些货币互换协议对人民币国际化的作用甚微。

人民币互换开始于 2008 年金融危机之后，其最直接的动机是通过加强双边的金融合作增强金融体系的稳健性，并为双边贸易和投资提供便利，更深层的动机是通过扩大人民币的国际使用推进人民币的国际化进程。表 8-3 中列出了 2008 年金融危机后签署的人民币互换协议。截至 2019 年 3 月，中国人民银行已与 39 个国家或地区签署了人民币互换协议，人民币互换协议的累计规模超过了 3 万亿元。其中，与一些国家或地区的货币互换协议已经续签或重新签订了至少三次，如马来西亚、韩国、新加坡、蒙古。与少数几个国家的货币互换协议到期后尚未续签或重新签订，包括乌兹别克斯坦和巴西。值得注意的是，人民币互换的协议金额并不等于人民币实际被使用的规模。根据中国人民银行的报告，2018 年末中国人民银行与境外央行或货币当局的双边本币互换协议累计总金额超过了 3 万亿元，而 2018 年境外央行或货币当局实际动用人民币仅为 327.86 亿元。因此，虽然人民币互换协议对人民币国际化的作用毋庸置疑，但也不能夸大其词。

表 8-3 中国双边本币互换协议统计（2008 年金融危机后）（截至 2019 年 3 月）

国家和地区	协议签署时间	规模（亿元）
中国香港	2009 年 1 月 20 日	2 000
	2011 年 11 月 22 日（扩大）	4 000
	2014 年 11 月 22 日（续签）	4 000
	2017 年 11 月 28 日（续签）	4 000
马来西亚	2009 年 2 月 8 日	800
	2012 年 2 月 8 日（扩大）	1 800
	2015 年 4 月 17 日（续签）	1 800
	2018 年 8 月 20 日（续签）	1 800
白俄罗斯	2009 年 3 月 11 日	200
	2015 年 5 月 10 日（缩小）	70

续前表

国家和地区	协议签署时间	规模（亿元）
印度尼西亚	2009年3月23日 2013年10月1日（续签） 2018年11月19日（扩大）	1 000 1 000 2 000
阿根廷	2009年4月2日 2014年7月18日（续签） 2017年7月18日（续签） 2018年11月8日（扩大）	700 700 700 1 300
韩国	2009年4月20日 2011年10月26日（扩大） 2014年10月11日（续签） 2017年10月13日（续签）	1 800 3 600 3 600 3 600
冰岛	2010年6月9日 2013年9月11日（续签） 2016年12月21日（续签）	35 35 35
新加坡	2010年7月23日 2013年3月7日（扩大） 2016年3月15日（续签）	1 500 3 000 3 000
新西兰	2011年4月18日 2014年4月25日（续签） 2017年5月19日（续签）	250 250 250
乌兹别克斯坦	2011年4月19日	7
蒙古	2011年5月6日 2012年3月20日（扩大） 2014年8月21日（扩大） 2017年7月6日（续签）	50 100 150 150
哈萨克斯坦	2011年6月13日 2014年12月14日（续签）	70 70
泰国	2011年12月22日 2014年12月22日（续签）	700 700
巴基斯坦	2011年12月23日 2014年12月23日（续签） 2018年5月24日（扩大）	100 100 200
阿拉伯联合酋长国	2012年1月17日 2015年12月14日（续签）	350 350

续前表

国家和地区	协议签署时间	规模（亿元）
土耳其	2012 年 2 月 21 日 2015 年 9 月 26 日（扩大）	100 120
澳大利亚	2012 年 3 月 22 日 2015 年 3 月 30 日（续签） 2018 年 4 月 1 日（续签）	2 000 2 000 2 000
乌克兰	2012 年 6 月 26 日 2015 年 5 月 15 日（续签） 2018 年 12 月 10 日（续签）	150 150 150
巴西	2013 年 3 月 26 日	1 900
英国	2013 年 6 月 22 日 2015 年 10 月 20 日（扩大） 2018 年 11 月 12 日（续签）	2 000 3 500 3 500
匈牙利	2013 年 9 月 9 日 2016 年 9 月 12 日（续签）	100 100
阿尔巴尼亚	2013 年 9 月 12 日 2018 年 4 月 3 日（续签）	20 20
欧盟	2013 年 10 月 8 日 2016 年 9 月 27 日（续签）	3 500 3 500
瑞士	2014 年 7 月 21 日 2017 年 7 月 21 日（续签）	1 500 1 500
斯里兰卡	2014 年 9 月 16 日	100
俄罗斯	2014 年 10 月 13 日	1 500
卡塔尔	2014 年 11 月 3 日	350
加拿大	2014 年 11 月 8 日	2 000
苏里南	2015 年 3 月 18 日	10
亚美尼亚	2015 年 3 月 25 日	10
南非	2015 年 4 月 10 日	300
智利	2015 年 5 月 25 日	220

续前表

国家和地区	协议签署时间	规模（亿元）
塔吉克斯坦	2015 年 9 月 3 日	30
摩洛哥	2016 年 5 月 11 日	100
塞尔维亚	2016 年 6 月 17 日	15
埃及	2016 年 12 月 6 日	180
尼日利亚	2018 年 4 月 27 日	150
日本	2018 年 10 月 26 日	2 000

注：双边协议期限一般为三年，部分协议已到期，续约尚未完成。

资料来源：作者根据中国人民银行网站和中国政府网信息收集整理。

第三，在国际层面，建立人民币离岸市场，为人民币的国际使用和回流建立畅通的渠道。所谓人民币离岸市场是指在中国境外经营人民币存贷款业务的市场。在当前人民币并未实现完全可兑换的情况下，只有在境外建立人民币的交易市场才能够真正推动人民币贸易结算的发展，并有助于“夯实人民币投资货币功能强化的基础”，进一步激发人民币的储备功能。[①] 中国最早的人民币离岸市场和当前最大的人民币离岸中心位于中国香港。早在 2003 年，央行就同意在香港办理人民币存款、汇兑、汇款以及银行卡等 4 大业务，并委任中国银行（香港）有限公司为香港人民币清算行。自此，香港的离岸人民币市场规模逐渐扩大，人民币存款总量从 2004 年的 121.3 亿元增加到了 2009 年的 627.2 亿元，经认可的经营人民币业务的金融机构也从 2004 年的 38 个增加到了 2009 年的 60 个（见图 8-3）。香港离岸人民币市场的突破性发展始于 2010 年。当年，中国人民银行和香港金融管理局签署了新修订的《关于人民币业务的清算协议》，该协议废除了香港银行为金融机构开设人民币账户和提供服务的诸多限制。同时，随着跨境人民币结算境内外地域限制的逐渐放松，香港离岸人民币中心的作用更加重要和突出。自 2010 年以来，香港离岸人民币市场的规模出现了跳跃式的发展，人民币总存款从 2009 年的 627.2 亿元快速增长到了 2014 年的 10 035.6 亿元，经认可的经营人民币业务的金融机构也从 2009 年的 60 个增加到了 2014 年的 149 个，随后，机构数量出现小幅下降。从人民币存款规模而言，2014 年是香港人民币离岸市场发展的一个顶峰，此后，人民币存款规模在 2015 年和 2016 年持续下降，主要原因是人民币贬值预期推动人民币持续回流，2017 年和 2018 年规模开始缓慢回升。

① 郑联盛．发展离岸市场推动人民币国际化．经济日报，2015-04-09（6）．

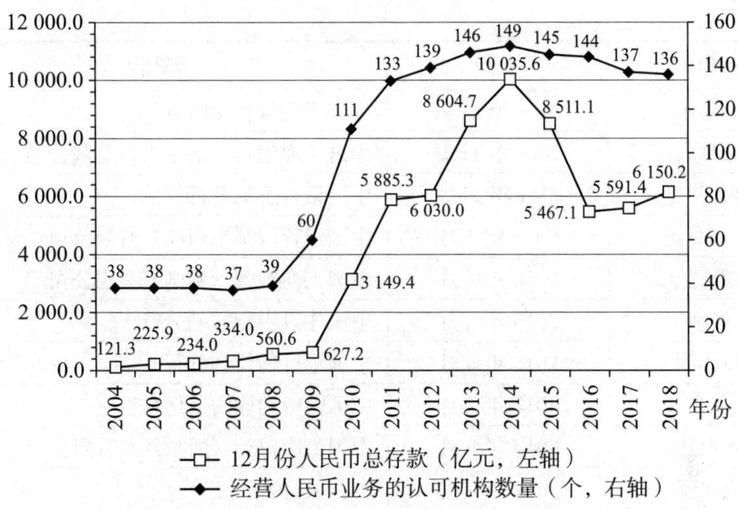

图 8-3　香港人民币离岸市场的发展

资料来源：香港金融管理局。

除了中国香港以外，中国人民银行已在 20 多个国家和地区指定了人民币业务清算行，并因此建立了人民币清算安排，这些国家和地区包括英国和德国等主要欧洲国家、美国和加拿大等北美国家、阿根廷和智利等南美国家、泰国和马来西亚等东南亚国家、阿拉伯联合酋长国和卡塔尔等中东国家（见表 8-4）。无论是从前述的人民币存款总量，还是离岸人民币支付金额而言，中国香港无疑是最大的人民币离岸市场，处理了 74.83%的境外人民币支付业务，随后是英国（6.56%）、新加坡（3.58%）和美国（2.97%）（见图 8-4）。

表 8-4　境外人民币业务清算行

国家和地区	时间	清算行
中国香港	2003 年 12 月	中国银行（香港）有限公司
中国澳门	2004 年 9 月	中国银行澳门分行
中国台湾	2012 年 12 月	中国银行台北分行
新加坡	2013 年 2 月	中国工商银行新加坡分行
英国	2014 年 6 月	中国建设银行（伦敦）分行
德国	2014 年 6 月	中国银行法兰克福分行
韩国	2014 年 7 月	交通银行首尔分行
法国	2014 年 9 月	中国银行巴黎分行
卢森堡	2014 年 9 月	中国工商银行卢森堡分行

续前表

国家和地区	时间	清算行
卡塔尔	2014 年 11 月	中国工商银行多哈分行
加拿大	2014 年 11 月	中国工商银行（加拿大）有限公司
澳大利亚	2014 年 11 月	中国银行悉尼分行
马来西亚	2015 年 1 月	中国银行（马来西亚）有限公司
泰国	2015 年 1 月	中国工商银行（泰国）有限公司
智利	2015 年 5 月	中国建设银行智利分行
匈牙利	2015 年 6 月	中国银行匈牙利分行
南非	2015 年 7 月	中国银行约翰内斯堡分行
阿根廷	2015 年 9 月	中国工商银行（阿根廷）有限公司
赞比亚	2015 年 9 月	中国银行赞比亚分行
瑞士	2015 年 11 月	中国建设银行苏黎世分行
美国	2016 年 9 月	中国银行纽约分行
俄罗斯	2016 年 9 月	中国工商银行（莫斯科）有限公司
阿拉伯联合酋长国	2016 年 12 月	中国农业银行迪拜分行
美国	2018 年 2 月	美国摩根大通银行

资料来源：中国人民银行 . 2018 年人民币国际化报告 . 北京：中国金融出版社，2018.

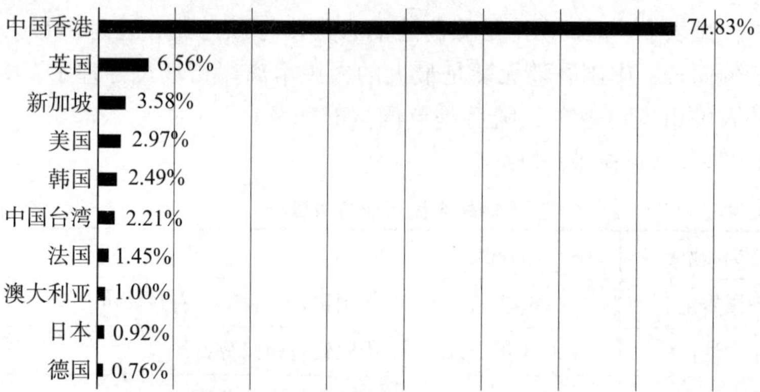

图 8－4　离岸人民币市场排名（2020 年 2 月）

资料来源：SWIFT. RMB Tracker：Monthly Reporting and Statistics on Renminbi（RMB）Progress towards Becoming an International Currency，2020.

8.2.2　国际投融资货币

人民币国际化战略的第二步是推动人民币成为国际投融资货币。所谓国际投资货币即能在中国境外储存国际资本的货币，具体方式包括跨境直接和间接投资。

跨境人民币投资既包括境外投资者在中国的人民币投资，也包括中国投资者在国际市场上的人民币投资。就境外投资者在中国的人民币间接投资而言，由于资本项目尚未完全开放，目前只有人民币合格境外机构投资者（RQFII）能开展境内证券市场投资业务。RQFII 试点开始于 2011 年末，起初只有符合条件的境内基金公司和证券公司的香港子公司被允许开展 RQFII 业务，且投资资金不能超过其募集规模的 20%。2013 年 RQFII 试点机构类型被扩大到境内商业银行、保险公司等的香港子公司或注册地及主要经营地在香港地区的金融机构，投资范围也被拓宽到机构需要的各种产品类型。根据中国证监会网站上公开的信息，截至 2020 年 3 月，RQFII 数量已达到了 249 家，且 2019 年 9 月中国人民银行和外汇局已取消了 RQFII 的投资额度限制。

银行间债券市场是境外人民币境内投资的另一个重要市场。2010 年 8 月，央行发布通知允许境外央行、中国香港和中国澳门地区人民币业务清算行和跨境贸易人民币结算境外参加银行三类机构运用人民币头寸，在核定的额度内进入中国银行间债券市场。[①] 2011 年开始试点的 RQFII 被允许投资银行间债券市场。2013 年，合格境外机构投资者（QFII）也被允许在央行批准的额度内投资银行间债券市场。截至 2020 年 3 月，共有 67 家境外央行类机构，378 家和 517 家境外商业类机构投资者分别通过直接入市和债券通的方式进入银行间债券市场。[②]

境外人民币在中国境内的直接投资近年来大幅增长。如表 8 - 2 所示，2011—2018 年，外商在境内人民币直接投资从 907.2 亿元迅速增加到了 18 600 亿元，且投资总额出现起伏，在 2015 年达到最多的 15 871 亿元。推动外商在境内人民币直接投资增加的一个重要原因是中国相关政策限制的放松，政策放松的一个重要动力是境外人民币资金回流的迫切需求。随着境内企业在境外，尤其是在香港人民币离岸市场直接融资限制的放松，一些境内企业在香港发行人民币债券进行融资，如合和公路基建、麦当劳、中国重汽等，所融到的人民币资金需要流入境内，这就对境外人民币直接投资相关法律法规的缺失提出了直接挑战。在此背景下，2011 年商务部发布了《关于跨境人民币直接投资有关问题的通知》，该通知将“跨境人民币直接投资”定义为“外国投资者以合法获得的境外人民币依法来

---

① 中国人民银行．关于境外人民币清算行等三类机构运用人民币投资银行间债券市场试点有关事宜的通知．银发〔2010〕217 号，2010 - 08 - 16.

② 资料来源：中国人民银行。

华开展直接投资活动”，并规定跨境人民币直接投资不得直接或间接用于投资有价证券和金融衍生品以及用于委托贷款。[①]几乎同时，央行公布了《外商直接投资人民币结算业务管理办法》。[②] 该通知和办法规范了境外人民币直接投资，推进了境外人民币回流渠道的建设。2013 年商务部发布《关于跨境人民币直接投资有关问题的公告》[③]，取代了 2011 年开始实施的《关于跨境人民币直接投资有关问题的通知》。

随着境外机构在境内人民币直接和间接投资的增加，境外机构人民币银行结算的相关规范也逐渐确立起来。2010 年，央行发布了《境外机构人民币银行结算账户管理办法》，明确了境外机构在中国境内银行业金融机构开立人民币银行结算账户的流程，对账户开立、使用、变更和撤销等具体事宜进行了详细的说明。2012 年，央行对账户开立和使用的相关问题进行了进一步的补充说明。[④]金融基础设施的不断完善、相关法律法规的发展以及具体操作流程的规范都推动了人民币的国际化。

除了上述境外人民币以投资形式的回流不断增多以外，人民币境外投资也逐渐发展起来。就间接投资而言，央行于 2014 年末发布了《中国人民银行关于人民币合格境内机构投资者境外证券投资有关事项的通知》，并依此建立了人民币合格境内机构投资者（RQDII）机制。早在 2013 年 8 月，国家外汇管理局就已经开始关注在合格境内机构投资者（QDII）机制下的人民币业务，并发布了《合格境内机构投资者境外证券投资外汇管理规定》，规定“合格投资者可通过托管人以外汇或人民币形式汇出入境外投资资金”。[⑤] 2014 年，一些银行已经开始开展人民币 QDII 业务，但是依然是在外汇管理局主导的 QDII 机制下，且占用 QDII 额度。在这一背景下，央行逐渐将人民币 QDII 业务从 QDII 机制中分离出来，建立了 RQDII 机制。为了防止资金通过 RQDII 机制大量外流，以及担心资金集中流向风险过高的金融产品，2015 年末央行通过窗口指导的方式暂停新 RQ-

① 中华人民共和国商务部．关于跨境人民币直接投资有关问题的通知．商资函〔2011〕第 889 号，2011 - 10 - 12.

② 中国人民银行．外商直接投资人民币结算业务管理办法．中国人民银行公告〔2011〕第 23 号，2011 - 10 - 13.

③ 中华人民共和国商务部．关于跨境人民币直接投资有关问题的公告．公告 2013 年第 87 号，2013 - 12 - 03.

④ 中国人民银行．关于境外机构人民币银行结算账户开立和使用有关问题的通知，2014 -10 - 30.

⑤ 国家外汇管理局．合格境内机构投资者境外证券投资外汇管理规定．公告 2013 年第 1 号，2013 - 08 - 21.

DII 业务的申请。

除了通过 RQFII 和 RQDII 机制加强在岸人民币市场和离岸人民币市场的联系外，近年来发展起来的深港通和沪港通以及正在积极筹划中的债券通也是加强在岸人民币市场和离岸人民币市场（尤其是香港离岸人民币市场）联系的重要方式。沪港通和深港通先后开始于 2014 年和 2016 年，其具体内容是允许上海证券交易所和深圳证券交易所的投资者和香港联合交易所的投资者通过当地证券公司（或经纪商）买卖对方交易所上市的股票。沪股通和深股通都是以人民币报价和交易，港股通虽然以港币报价，但同样以人民币交收，因此，深港通和沪港通促进了人民币作为投资货币的跨境流动。另外，旨在加强香港和内地间债券市场连接的“债券通”也于 2017 年 7 月正式获得中国人民银行批准，其中“北向通”于 2017 年 7 月 3 日正式上线试运行。

相对于间接投资而言，央行于 2011 年初就已经放宽了对境外直接投资人民币业务的限制，人民币对外直接投资数量也因此大幅增长，从 2011 年的 201.5 亿元人民币增加到了 2016 年的 10 619 亿元人民币（见表 8-2）。具体而言，2011 年 1 月，央行发布了《境外直接投资人民币结算试点管理办法》，该办法允许在跨境贸易人民币结算试点地区内登记注册的非金融企业使用人民币资金在境外进行直接投资。①境外人民币直接投资的发展是中国资本账户开放和人民币国际化历程上的重要一步。

人民币作为国际投融资货币的另一个维度是跨境人民币融资。跨境人民币融资包括外商在岸人民币市场融资和境内机构离岸人民币市场融资两个主要部分，以及直接融资和间接融资两种形式。直接融资是指通过证券市场的融资，如发行债券和股票等有价证券，而间接融资是指通过银行等金融媒介机构的融资，如银行信贷。境外机构在岸人民币市场直接融资的主要形式是熊猫债券，即境外机构在中国境内发行的以人民币计价的债券。早在 2005 年，国际金融公司和亚洲开发银行就在银行间债券市场上分别发行了 11.3 亿元和 10 亿元熊猫债券。2014 年初，德国戴姆勒股份有限公司成为首个发行熊猫债券的境外非金融企业。随着国内融资成本下降，人民币国际化步伐加快，以及监管部门对熊猫债券支持力度的加大，熊猫债券自 2015 年以来发行量快速增长。截至 2018 年末，熊猫债券的累计发行规模已超过 3 147 亿元。熊猫债券的发行主体主要包括境外非金融机构、境外金融机构、国际开发机构和境外主权政府，发行的债券类型主

① 中国人民银行．境外直接投资人民币结算试点管理办法．中国人民银行公告〔2011〕第 1 号，2011-01-06.

要包括公司债券、债务融资工具、金融债券、国际开发机构人民币债券以及境外主权政府人民币债券。截至当前，境外企业尚未被允许在境内上市，因此通过发行股票融资的境外机构人民币融资渠道尚未开通。但来自国家发改委的消息显示，中国政府将支持国外公司在中国上市及发行股票。①

境外机构在境内的间接融资渠道也已开通，尤其是商业贷款。2008年国务院修订并发布的《中华人民共和国外汇管理条例》（国务院令第532号）明确规定："银行业金融机构在经批准的经营范围内可以直接向境外提供商业贷款。其他境内机构向境外提供商业贷款，应当向外汇管理机关提出申请，外汇管理机关根据申请人的资产负债等情况作出批准或者不批准的决定；国家规定其经营范围需经有关主管部门批准的，应当在向外汇管理机关提出申请前办理批准手续。"该条例针对本外币的商业贷款，并未对人民币商业贷款做出明确规定。2011年10月，央行对境内银行业金融机构境外项目人民币贷款提出了具体的指导意见。所谓"境外项目"是指境内机构开展的各类境外投资和其他合作项目。②随后，非金融机构的人民币境外贷款也逐渐放开，并进入规范发展的轨道。2013年7月，《中国人民银行关于简化跨境人民币业务流程和完善有关政策的通知》允许境内非金融机构以人民币境外放款。

与此同时，央行也在积极推动跨境人民币贷款的发展。随着中国不断融入全球经济以及人民币国际化，境外市场开始沉淀大量人民币，受许多发达国家或地区的利率水平长期较低的影响，这些离岸人民币利率比在岸市场利率低，并由此形成了人民币利率的套利空间。对于境内企业而言，这意味着离岸市场人民币的融资成本更低。在这一背景下，央行开始积极探索跨境人民币贷款（跨境贷）。2013年央行开始在深圳前海进行跨境贷试点，允许在前海注册成立并在前海实际经营或投资的企业从香港经营人民币业务的银行借入人民币资金。③随后，跨境贷试点被扩大到广州南沙、珠海横琴新区以及包括上海、云南、天津、山东、浙江等在内的广东省外其他地区。

相对而言，境内机构境外人民币直接融资起步较早，其中，最重要的

① 吴雨俭，等．宁吉喆：将放宽外商在金融领域投资限制．财新网，2016-12-30.

② 中国人民银行．中国人民银行关于境内银行业金融机构境外项目人民币贷款的指导意见，2014-10-30.

③ 中国人民银行深圳分行．前海跨境人民币贷款管理暂行办法．深人银发〔2012〕173号，2012.

人民币离岸融资市场非香港莫属，如图 8－4 所示，2020 年，香港离岸市场占人民币离岸市场总份额的 74.83%。在香港正式开始人民币业务 3 年后，国务院于 2007 年批准扩充香港人民币业务，允许内地金融机构在香港发行人民币证券。[①]起初，这些人民币证券主要是人民币债券（即点心债）。随后，上市人民币证券种类扩展至人民币债券以外的券种，包括人民币房地产投资信托基金（REIT）、人民币 ETF、人民币股票、人民币权证等。截至 2016 年底，香港上市人民币证券总数已增加至 179 只，人民币证券数目占所有主板上市证券的 2%，在人民币证券中人民币债券和 ETF 分别占总数的 75%和 23%。[②]此外，香港以外的人民币离岸融资市场也在逐渐发展。例如，2015 年，中国人民银行在伦敦成功发行首只央行票据；2015 年中银国际在中欧国际交易所发行了首只人民币计价 A 股 ETF 产品；2016 年，中国财政部在伦敦发行了 30 亿元人民币的 3 年期国债，这是中国首次在香港以外的地区发行离岸国债；2017 年，中国银行在非洲发行了首只离岸人民币债券“彩虹债”。

人民币作为国际投融资货币的发展是人民币国际化的重要一步，也是当前中国货币当局推动人民币国际化战略中的核心一步。图 8－5 对上述关于人民币作为国际投融资货币的分析进行了总结。由此可知，无论是作为跨境投资货币还是融资货币，推动人民币国际化的相关机制都已逐渐建立起来。但是，在不同的具体领域，发展的程度和速度有较大差异。跨境人民币直接投资的限制已基本取消，其投资规模也逐年大幅增长。相比之下，跨境人民币间接投资主要是在人民币合格境外机构投资者和人民币合格境内机构投资者机制的管控下有限制地发展。无论是“熊猫债券”还是“点心债”，跨境直接融资的规模都比较有限。境外人民币放款和跨境人民币贷款等人民币跨境间接融资渠道虽已开通，但还未取得大规模的发展。相比作为国际结算货币的人民币，作为国际投融资货币的人民币国际化程度更低，一个重要的原因是中国资本项目较经常项目的开放程度更低。上述关于人民币作为国际投融资货币的各种政策都是在中国资本项目管制（或逐步开放）的宏观政策框架下制定的。借鉴相关的研究，表 8－5 系统地评估了人民币资本项目的开放状况。根据表 8－5，人民币资本账户的开放程度较低，这直接阻碍了人民币作为国际投融资货币的国际化。

---

① 中国人民银行．中国人民银行公告〔2007〕第 3 号，2007－01－14.

② 香港交易所．香港交易所迈向成为离岸人民币产品交易及风险管理中心，2017.

表 8-5　　人民币资本项目开放情况一览（截至 2016 年 2 月）

项目	子项目			现状评估	备注
一、资本和货币市场工具	1. 资本市场证券	股票或有参股性质的其他证券	非居民境内买卖	部分可兑换	合格机构投资者（投资额限制取消）
			非居民境内发行	不可兑换	无法律明确允许
			居民境外买卖	部分可兑换	合格机构投资者
			非居民境内发行	可兑换	—
		债券和其他债券证券	非居民境内买卖	基本可兑换	银行间债券市场对境外合格机构投资者全面开放
			非居民境内发行	部分可兑换	准入条件与主体限制
			居民境外买卖	部分可兑换	合格机构投资者
			居民境内发行	基本可兑换	登记管理
	2. 货币市场工具		非居民境内买卖	部分可兑换	合格机构投资者
			非居民境内发行	不可兑换	无法律明确允许
			居民境外买卖	部分可兑换	合格机构投资者
			居民境外发行	可兑换	—
	3. 集体投资类证券		非居民境内买卖	部分可兑换	合格机构投资者
			非居民境内发行	部分可兑换	内地与香港基金互认
			居民境外买卖	部分可兑换	合格机构投资者
			居民境外发行	部分可兑换	内地与香港基金互认

续前表

项目	子项目		现状评估	备注
二、衍生工具和其他工具	4. 衍生工具和其他工具	非居民境内买卖	部分可兑换	可投资产品包括股指期货、特定品种商品期货、外汇衍生品等
		非居民境内发行	不可兑换	无法律明确允许
		居民境外买卖	部分可兑换	合格机构投资者与其他符合监管要求的企业
		居民境外发行	不可兑换	无法律明确允许
三、信贷业务	5. 商业信贷	居民向非居民提供	基本可兑换	余额管理与等级管理
		非居民向居民提供	部分可兑换	中资企业借用外债面临严格的审批条件和约束
	6. 金融信贷	居民向非居民提供	基本可兑换	余额管理与登记管理
		非居民向居民提供	部分可兑换	中资企业借用外债面临严格的审批条件和约束
	7. 担保、保证和备用融资便利	居民向非居民提供	基本可兑换	事后登记管理
		非居民向居民提供	基本可兑换	额度管理
四、直接投资	8. 直接投资	对外直接投资	基本可兑换	行业与部门仍有限制
		对内直接投资	基本可兑换	需经商务部门审批
五、直接投资清盘	9. 直接投资清盘	直接投资清盘	可兑换	—
六、不动产交易	10. 不动产交易	居民在境外购买	基本可兑换	与直接投资的要求一致
		非居民在境内购买	部分可兑换	商业存在与自主原则
		非居民在境内出售	可兑换	—

续前表

项目	子项目			现状评估	备注
七、个人资本交易	11. 个人资本转移	个人贷款	居民向非居民提供	不可兑换	无法律明确允许
			非居民向居民提供	不可兑换	无法律明确允许
		个人礼物、捐赠、遗赠和遗产	居民向非居民提供	部分可兑换	汇兑额度限制
			非居民向居民提供	部分可兑换	汇兑额度限制
		外国移民在境外的债务结算	外国移民境外债务的结算	—	无法律明确允许
		个人资产的转移	移民向国外的转移	部分可兑换	大额财产转移需经审批
			移民向国内的转移	—	无法律明确允许
		博彩和中奖收入的转移	博彩和中奖收入转移	—	无法律明确允许

资料来源：巴曙松，郑子龙．人民币资本项目开放的现状评估及趋势展望．第一财经网，2016－04－04．

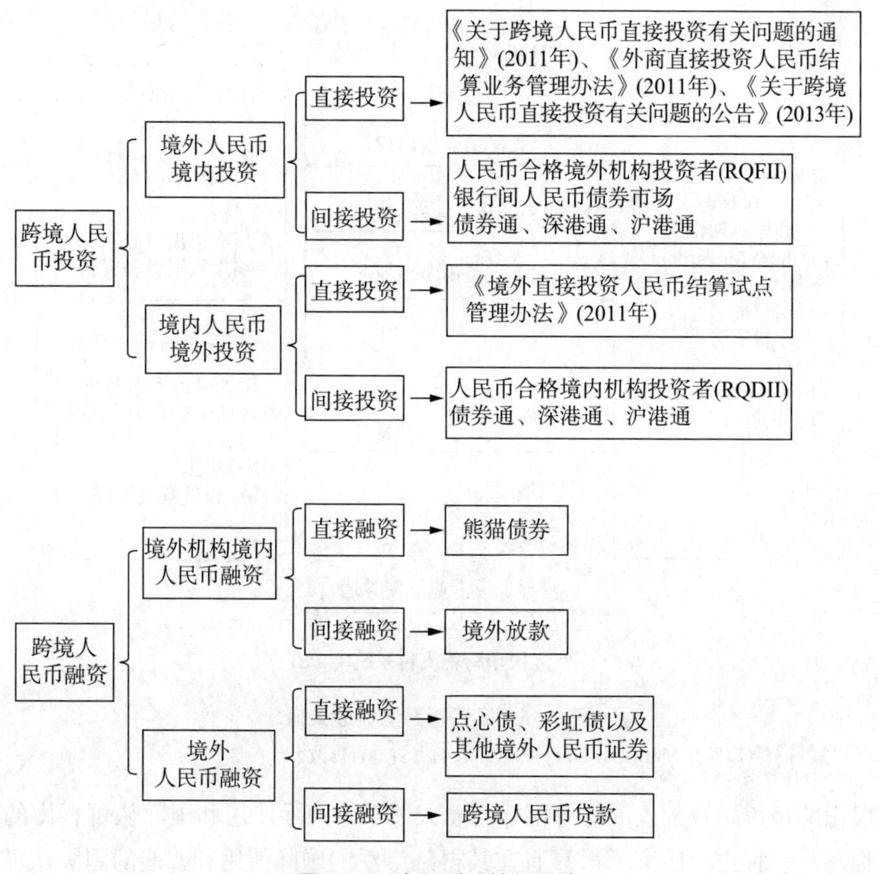

图 8-5　人民币跨境投融资

但是，不可否认的是，通过推动人民币作为国际贸易结算货币和投融资货币的发展，以及配套金融基础设施的建设（如人民币跨境支付系统），人民币跨境流通的渠道已经逐渐建立起来，如图 8-6 所示。人民币流出和回流渠道的疏通对于人民币国际化有着至关重要的作用。未来人民币国际化的发展方向是继续消除这些渠道上的限制和障碍，进一步扩大人民币作为国际贸易货币和投融资货币使用的地域范围和规模，并为人民币成为真正的国际储备货币夯实基础。

8.2.3　国际储备货币

人民币成为国际结算货币和国际投融资货币是人民币成为国际储备货币的必要基础，但不是充分条件，上述人民币作为国际贸易结算货币的发展、与多个国家或地区双边货币互换的签署、人民币离岸市场的发展、人

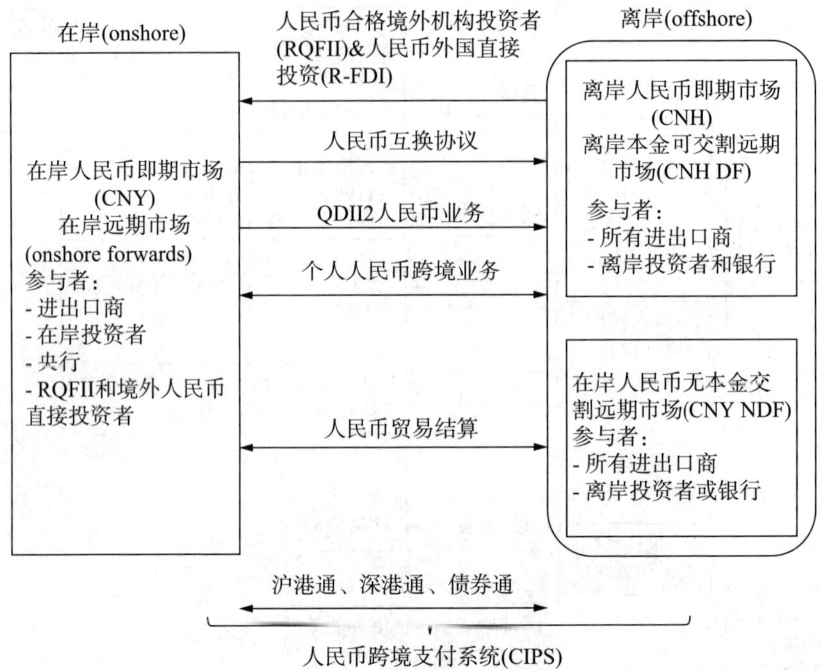

图 8-6 人民币跨境流通渠道

资料来源：根据 Morgan Stanley Research 的资料进行修改。

民币跨境投融资的发展等等都标志着人民币的国际使用和国际认可程度的提高。一种主权国家货币只有在其得到广泛的国际使用和普遍的国际认可后才可能成为其他国家或组织的储备货币。甚至可以说，成为国际储备货币是主权国家货币发展成为被广泛使用和普遍认可的国际结算货币和国际投融资货币的一种逻辑结果。所以，人民币在成为国际结算货币和国际投融资货币道路上的局限和不足就是人民币成为国际储备货币的障碍。同时，随着人民币在国际结算和国际投融资中国际化水平的提高，人民币也开始逐渐成为一种国际储备货币。2016 年 10 月 1 日，人民币正式加入 SDRs，占 SDRs 货币篮子的 10.92%，位于美元（41.7%）和英镑（30.9%）之后。同时，IMF 开始在官方外汇储备货币构成季度调查中单独列出了人民币资产。2017 年 3 月，IMF 首次公布全球人民币外汇储备持有情况，截至 2018 年第二季度，人民币外汇储备达 1 933.8 亿美元，仅占参与统计成员的总外汇储备资产的 1.84%。①

① 资料来源：IMF 首次公布全球人民币外汇储备持有情况．新华网，2017-04-02；IMF.

成为国际储备货币是任何主权国家货币国际化的最高水平。按照 IMF 对国际储备货币的统计标准，一国外汇储备除了政府所持有的可自由兑换的货币外，还包括货币性黄金储备、IMF 储备头寸以及 IMF 分配给该国的 SDRs。从这一意义而言，作为国际储备货币的主权国家货币应和货币性黄金储备、IMF 储备头寸以及 SDRs 拥有某种相同的属性——相对稳定的内在价值。黄金由于其天然的稀有性而拥有了相对稳定的价值。IMF 的储备头寸和 SDRs 的价值稳定来源于国际货币基金组织自身的功能性和合法性。对于作为国际储备货币的主权国家货币，其内在价值的稳定取决于货币发行国的经济基础、资本账户开放程度、金融市场发展程度以及被国际社会所认可的法律框架等国内因素。成为国际储备货币是人民币国际化战略的第三步，也是终极目标，但当前人民币成为国际储备货币还存在诸多挑战。

首先，维持国内经济的持续稳定快速增长是人民币成为国际储备货币的国内经济基础，但这一经济基础当前面临着很多困难。通过对历史上主要国际货币的对比研究，一些学者总结了国际货币的四个主要特征：货币单位价值高（high unitary value），长期低通货膨胀率，发行国经济和贸易实力较强，以及货币国际化是货币使用者行为选择的结果。① 这些特征都在不同程度上直接或间接地与一国经济基础和经济发展状况相关联。在全球经济低迷和中国国内经济结构性调整等被动和主动因素的共同作用下，中国经济增长率自 2014 年以来开始下滑，2016 年 GDP 增速降到 6.7%，创下自 1990 年以来的最低水平。在中国经济增速下行的背景下，国际投资者对人民币市场的预期发生了变化，外国直接投资流入额增速放缓，短期资本出现了净流出，离岸市场上对人民币资产的需求甚至出现了停滞。②中国经济增速的放缓不但影响了人民币国际化进程，更加影响了国际市场对人民币国际化的预期。这在很大程度上解释了香港人民币离岸市场人民币存款规模自 2014 年末以来持续下降，同时也在一定程度上解释了 2017 年初人民币在国际支付占比排名中从第五位降到第六位。

其次，中国资本账户管制是人民币成为国际储备货币的主要障碍。图 8-5 对人民币跨境投融资的政策和现状进行了总结，表 8-5 总结了人民

① Dwyer Jr., Gerald P. and James R. Lothian. International Money and Common Currencies in Historical Perspectives. Federal Reserve Bank of Atlanta Working Paper 2002-7, 2002.

② 张礼卿，谭小芬．全球金融治理报告 2015—2016. 北京：人民出版社，2016.

币资本账户开放情况。从上文的分析可知，人民币作为国际投融资货币的相关政策实质上直接涉及人民币资本账户的开放。总体而言，资本账户开放程度越高，人民币作为国际投融资货币的限制则越少，反之亦然。然而，如表 8-5 所示，人民币资本账户的开放程度较低，管制程度较高，因此人民币作为国际投融资货币自由使用和自由兑换还存在很多限制，这直接制约了人民币的国际化，并使得人民币暂时无法成为主要的国际储备货币。

最后，中国目前尚未建立起一个有深度和广度的金融市场。发达的金融市场或金融深化被普遍认为是一国货币国际化的必要前提。[①]在主权国家内部，货币发行和流通依靠的是政府信用和法律保障，金融市场发达与否并不决定性地影响该国货币的发行和流通。当一国的法定货币逐渐发展成国际货币，即此法定货币的职能开始向国际扩展时，金融市场的作用就变得异常重要，因为大量本国货币的国际流通需要该国的金融市场在国际上提供各种金融服务，如流动、结算、投资、避险等。因此，发达的金融市场对一国货币的国际化具有不可或缺的功能性作用。此外，和稳定的经济基础一样，发达的金融市场是一国货币币值稳定和货币潜在使用者对其充满信心的保障。然而，中国当前的金融市场虽有发展但还不够成熟，面临着诸多问题，如金融工具多元化程度低，一级市场和二级市场分割，货币市场和资本市场分割，利率和汇率市场化程度低，金融市场主体竞争力弱，金融市场基础设施不健全，金融市场开放程度低，金融结构失衡和创新乏力，金融监管体制不健全等等。

上述分析表明，人民币成为国际储备货币，以及广义的人民币国际化还存在很多困难和障碍。毋庸置疑的是人民币的国际化已经开启并取得了一定的成果。但是，通过人民币国际化影响国际货币体系的本位货币，并进而推动国际货币体系改革尚需时日，且困难重重。

8.3 中国国际收支政策与现状

国际收支调节手段是国际货币体系的另一个重要内容，在不同的国际

---

① Tavlas, George S. On the International Use of Currencies: The Case of the Deutsche Mark. IMF Working Paper No. 90/3, 1990; Mundell, Robert. Prospects for an Asian Currency Area. *Journal of Asian Economics*, 2003, 14 (1): 1-10.

货币体系下，国际收支调节手段不同。在当前的牙买加体系下，具体调节手段包括汇率和利率（即货币政策和财政政策）、国际金融市场、国际金融机构、外汇储备以及国际协调等。汇率调节是指通过影响该国货币的汇率进而影响其进出口状况，最终起到调节国际收支的作用。例如，当一国经常账户出现逆差时，该国可以通过多种手段使其货币贬值，进而增加出口，改善贸易收支和经常账户。利率调节是指通过调节实际利率来改变资本流向，从而达到调节国际收支的目的。例如，当一国陷入国际收支逆差，该国可以执行相对紧缩的货币政策，控制货币供应，进而推升本国利率，吸引国外资本的流入，改善资本账户状况。利率调节的使用存在很多局限，通常会对本国经济产生显著的影响。相对而言，国际金融市场调节是一种更为常见的手段，即向国际金融市场存借款以调节并维持本国的国际收支平衡。例如，当一国陷入国际收支逆差，该国可以向国际金融市场借款，维系国际收支平衡。正是采用这种手段，美国通过巨额的联邦政府债务弥补其国际收支逆差（详见第一章和第四章）。国际金融机构调节是指一些国际机构通过贷款等形式向面临国际收支困难的国家提供资金，并帮助其改善国际收支状况。最典型的此类国际机构是国际货币基金组织。外汇储备调节是当前体系下一种被新兴国家广泛使用的手段，即在出现国际收支逆差时通过其外汇储备进行调节。另外一种调节手段是国际协调，即相关国家通过正式或非正式的国际组织进行磋商，并就相关问题达成共识，形成解决方案。1985 年美国、日本、联邦德国、法国和英国的财政部部长和央行行长签订的《广场协议》就是一个很好的例子，通过此协议，美元对日元大幅贬值，国际收支状况得到极大改善。

中国国际收支状况随着宏观经济形势和政策变化呈现出了阶段性的特征。根据来自国家外汇管理局的数据，图 8－7 描述了 1982—2016 年的中国国际收支状况，主要是经常账户与非储备性的资本和金融账户的变化趋势。总体而言，在 1982—2016 年，中国国际收支状况大致经历了四个阶段。第一个阶段是 1982—1992 年，在这一阶段，中国国际收支基本处于平衡状态，无论是经常账户还是资本和金融账户的逆顺差规模都非常小。一个主要的解释是：在这一阶段，中国的改革开放刚刚起步，中国跟外部世界的经济和金融交往及联系尚不密切。第二个阶段是 1993—2000 年。这一阶段的一个显著特征是中国的国际收支开始进入“双顺差”时期，但是，顺差额较小，经常账户的最大顺差额为 1997 年的 370 亿美元，非储备性资本和金融账户的最大顺差额为 1996 年的 400 亿美元。这一阶段的双顺差是自 1993 年以来中国改革开放深入的直接结果。第三个阶段是从 2001 年中国加入 WTO 以来到 2011 年。在这一阶段，中国国际收支处于高额“双顺差”，经常项目的顺差额一度达到了历史最高的 4 206 亿美元（2008 年），非储备性资本和金融账户的顺差额最高达到了 2 869 亿美元（2010 年）。在加入 WTO 后，中国出口的大量增加解释了经常项目的高额顺差，而资本和金融账户的顺差主要是由于中国经济的良好态势和相关投资优惠政策吸引了大量资本进入，以及资本流出渠道狭窄。中国国际收支的第四个阶段是自 2012 年以来。在这一阶段，经常账户依然维持较大的顺差，但资本和金融账户开始由顺差转为逆差。由于国内经济增速放缓等原因，2012 年资本和金融账户出现了自 1999 年以来的第一次逆差，逆差额为 318 亿美元。虽然 2013 年重回顺差，但 2014—2016 年中国资本和金融账户再次出现逆差，且逆差额一度达到了 4 341 亿美元（2015 年），超过了当年的经常项目顺差额（3 042 亿美元），中国进入了国际收支的“一顺一逆”时期。资本和金融账户出现逆差的宏观原因是中国经济增速放缓和世界经济复苏，尤其是美国经济复苏和货币政策的正常化。具体而言，资本和金融账户逆差主要是由非直接投资形式的大额净资本流出所导致的，尤其是贷款、货币和存款以及贸易信贷出现了大额资本净流出。中国国际收支的新变化对中国经济和金融产生了较大影响，如银行主动调节基础货币的能力将增强；央行资产负债表结构将得到改善，由资产负债货币结构不匹配带来的货币错配风险得到部分释放；对外金融资产负债主体错配的矛盾得到缓解等。①

国际收支平衡，即一定时期内一国国际收支净额为零，是一种理想状态，在现实中，几乎没有一个国家的国际收支是完全平衡的。换言之，国际收支的逆差或顺差是一种常态，但问题在于逆差或顺差的规模和持续时间。长期且高额的国际收支不平衡（逆差或顺差）会对一国经济产生不利影响。持续大量逆差会导致债台高筑（如当前的美国），耗尽外汇储备并影响经济增长。持续大量顺差会破坏国内总需求和总供给的均衡，带来本币升值的压力，引发贸易摩擦（如当前的中国）。在现实中，国际收支不平衡的程度通常参照 GDP 的规模进行衡量。

由于经常项目长期顺差，且顺差额一直位于一个较高的水平，所以中

① 常欣．中国国际收支格局的最新变化及其宏观影响．学术界（月刊），2015（12）：37-51.

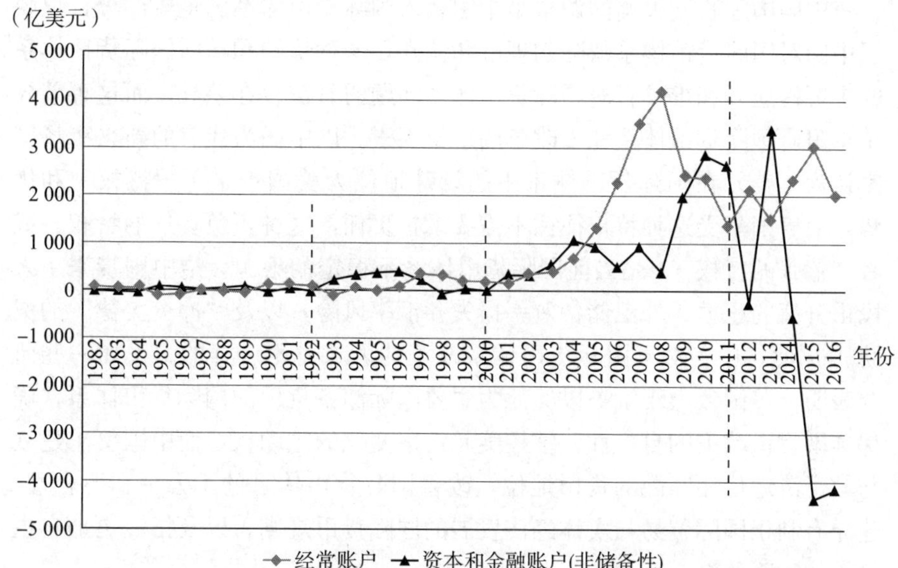

图 8－7　中国国际收支状况（1982—2016 年）

资料来源：国家外汇管理局。

国国际收支调节主要针对经常项目的顺差。中国采用了一种复合方式调整国际收支的不平衡。这种复合方式既包括牙买加体系下最常用的基于价格的及时调整，也包括基于生产能力和储蓄率的中长期调整。基于价格的及时调整是指通过调整商品和服务的价格影响贸易的流向、通过调整货币的利率和汇率改变资本的流向。具体的调整手段多种多样，既有市场化的干预（如中国人民银行的公开市场操作），也有行政化的管制（如对资本跨境流动的管制）。但是，短期的调节手段往往治标不治本，因此中国更加注重通过中长期的方式进行调整。①

经常项目长期顺差的国内根源是出口导向型的经济结构，在这种经济结构下，很多企业的生产能力从一开始就是面向国际市场的，以生产贸易出口产品为主。近年来，决策层开始着力调整经济结构。党的十八大提出了推进经济结构战略性调整的目标，决定加强经济发展方式的转变，具体措施包括改善需求结构、优化产业结构、促进区域协调发展、推进城镇化等。但是，经济结构的调整涉及劳动力的再配置，销售渠道的再形成，基础设施的投资和完善，原材料、零部件等配套产业的发展等诸多方面，因此是一个中长期的过程。②

①② 周小川．国际收支走势及其调整的过程．中国人民银行，2011－10－25.

中国国际收支失衡的调整是中国融入国际货币体系的重要部分，反映了中国对国际货币体系缺陷的理解和认知，这种认知和当前国际货币体系的主要构建者和维护者对国际货币体系问题的看法存在差异，而这种差异正是阻碍国际货币体系深入改革的重要因素。以中国为代表的新兴市场国家认为，美元在国际货币体系中的特殊地位为美国带来了“特权”和优势，而美国享受这种特权往往不需要承担责任，这种不负责任的特权，或者“嚣张的特权”[①] 是当前国际货币体系不稳定的根源，给中国带来了人民币升值的压力、外汇储备效率损失和汇率风险，以及“冲突美德”的威胁。[②]因此，中美对于国际货币体系改革的诉求是不一样的。正如一些研究表明，美国致力于维护以美元为主要国际储备货币的国际货币体系，确保本国货币政策的自主性，掌控美元汇率变化的主动权，而中国要求建立与其经济地位相匹配的货币地位，改善国际货币体系的不公平和不合理，建立有利于国际贸易与实体经济发展的国际货币规则，以及拓展更加自主平等的货币关系。[③]

① 巴里·埃森格林. 嚣张的特权：美元的兴衰和货币的未来. 陈召强，译. 北京：中信出版社，2011.

② 何帆，张明. 国际货币体系不确定中的美元霸权因素. 财经问题研究，2005（7）：32－37.

③ 叶荷，岳星. 货币合作还是货币战争？中美在国际货币体系改革中的利益导向和合作前景. 国际经济评论，2015（6）：9－26.

结语：全球金融治理的“中国方案”

本书对全球金融治理体系演进的分析和中国融入程度的评估呈现出两大趋势——美国霸权分散和中国地位提升。综合这两大趋势，一个貌似合理的结论是中美之间正在经历权力的转移。围绕这一结论的争论不胜枚举且莫衷一是，既有人认为美国主导的资本主义世界正在经历一场无法再回归均衡的结构性危机，美国霸权将加速衰退①，也有人坚称“美国世纪”远未终结②。从中国的角度而言，“中国威胁论”从20世纪90年代开始出现，持续至今③，国际体系中的中国被描述为一个挑战者④、现状维护者⑤或者“有改革思想的现状国”⑥。类似对中国立场和态度的分类往往会犯一个所谓的“整体主义失败”（holism failure）的错误，即将国际体系和中国视为两个各自统一的整体。⑦在全球治理领域里，这种错误表现为刻意或无意识地将全球治理视为一个统一且具有静态偏好的整体，将中国在全球治理不同领域里的外交决策视为一个高度一致的过程，故而忽略全球治理不同领域的特殊性和中国内部决策过程的复杂性。本书对全球金融治理体系的定义和演进的分析正是要强调全球金融治理之于广义全球经济

---

① 伊曼纽尔·沃勒斯坦．结构性危机：一次迥异的危机．张发林，译．北京大学学报：哲学社会科学版，2017（1）：5-10.

② Nye，Joseph S. *Is the American Century Over*?. Polity，2015.

③ Roy，Denny. The “China Threat” Issue：Major Arguments. *Asian Survey*，1996，36（8）：758-771；Mearsheimer，John. China's Unpeaceful Rise. *Current History*，2006：160-162.

④ Lim，Yves-Heng. How（Dis）Satisfied Is China? A Power Transition Theory Perspective. *Journal of Contemporary China*，2015，24（92）：280-297.

⑤ Johnston，Alastair I. Is China a Status Quo Power?. *International Security*，2003，27（4）：5-56.

⑥ Ren，Xiao. A Reform-minded Status Quo Power? China，the G20，and Reform of the International Financial System. *Third World Quarterly*，2015，36（11）：2023-2043.

⑦ Zhang，Falin. Holism Failure：China's Inconsistent Stances and Consistent Interests in Global Financial Governance. *Journal of Contemporary China*，2017，26（105）：269-384.

治理和其他领域全球治理的特殊性，并呼吁全球治理的讨论从宏观层面转移到中观和微观层面。

从金融领域而言，美国在全球治理中的霸权逐渐散失已成事实，中国融入其中的程度提高也证据翔实，但中国尚不具备承接美国所分散话语权的能力和条件，即美国必然是权力的转出国，而中国未必能成为权力的承接国。具体而言，在全球金融治理中，中国有意愿但尚无足够能力引领和协调不同行为体共同解决全球性的金融问题。这种意愿的一个表现是“中国方案”的提出。“中国方案”的提法是习近平主席在2014年金砖国家领导人第六次会晤期间正式提出的，最早出现于2013年外交部部长王毅对习近平主席出席G20圣彼得堡峰会的情况的介绍里。它显然不仅仅是局限于全球金融治理，而是广泛地涉及全球治理的诸多方面，包括全球经济增长、网络治理、国际秩序、气候、能源治理、生态文明、减贫、世界和平等。“中国方案”的核心内涵是中国对解决全球性问题的系统性看法和主张，它不同于“中国声音”，前者侧重于寻求有效解决全球性问题的中国之道，后者强调自我利益和立场的表达。它也不同于所谓的“中国模式”或“中国道路”，是对中国发展成功经验的抽象总结和经验性推广，带有较强的发展意识形态色彩。相比之下，“中国方案”的立场更加公正，其终极目标是解决全球性问题。“中国方案”的提法标志着中国在全球治理中视野和格局的提升——从谋求自我利益和表达自我立场到谋求共同利益和解决全球性问题。然而，在全球金融治理领域里，要提出一个具有现实操作性和国际合法性，而不只是一个政治口号的“中国方案”，还至少需要解决以下四个问题。

第一，中国如何进入全球金融治理体系的组织核心，并增加“中国方案”的聚集能力和协调能力？历史上很少有边缘国家提出的方案能被国际社会普遍接受的，“中国方案”的合法性来源一方面是中国的政治经济实力，另一方面是该方案在解决具体问题上的效果和可行性。诚如英国和美国在解决第二次世界大战后国际经济困境时的状况，美国的国家实力最终决定了“怀特方案”在与“凯恩斯方案”的比较和竞争中胜出，随之诞生的布雷顿森林体系至少在稳定和恢复战后国际经济秩序上被证明是有效的。在当前全球金融治理体系的两大组织核心里，中国在G20中的地位不断提升，甚至有学者认为已从“被动参与者”发展成为“引领者和国际规则制定者”[1]，而中国在更加专业性的金融稳定理事会中的作用较小，且

① 赵进东．中国在G20中的角色定位与来路．改革，2016（6）：60－68.

受学术界和政策界的关注程度远不如在G20中。即使在G20中，中国的作用也在一定程度上被夸大了。杭州峰会中国的贡献固然突出，如提出世界经济的结构性改革议程，推动G20向长效机制转型等，但在全球金融治理领域里关于国际金融构架的改革只是延续了早已存在的议程，这些贡献还不足以说明中国已成为一个国际规则制定者，因为只有被国际社会广泛接受的“中国方案”才可能成为国际规则。

关于中国崛起的讨论暗含一个前提——中国经济继续保持高速增长，因此“中国方案”的合法性依赖于中国经济实力的持续增长。此外，“中国方案”还需提升其聚集能力和协调能力。“中国方案”需要国际社会的广泛参与，而当前已提出的一些“中国方案”缺乏足够的聚集能力和协调能力。例如，“新型国际关系”和“人类命运共同体”的提法还处于观念性阶段，周小川超主权国际货币的提议未得到国际社会的广泛响应，金砖国家新开发银行的参与国家和规模还很有限，“一带一路”倡议尚处于论证实施的初级阶段，亚洲基础设施投资银行的多边属性和国际凝聚力相对较强，但面临美国和日本等国际和区域强国的巨大挑战和压力，有效性有待检验。

第二，中国如何实质性改善与全球金融治理机构的关系，提升制度性权力？中国在G20、IMF和世界银行等组织中地位的提升通常被视为其已成为全球治理引领者的依据，这种观点过于乐观。就全球金融治理而言，除了上述组织外，还有近30个主要的专业性全球金融治理机构存在，中国在大多数机构中的地位无异于其他会员，甚至是2008年金融危机后才加入的后来者。G20和金融稳定理事会为全球金融治理规划蓝图，而这些机构及其会员才是真正的实践者。“中国方案”能否在全球范围内有效实施直接取决于这些机构及其会员的认可程度。“中国方案”的聚集能力和协调能力具体表现为将这些不同行为体纳入同一平台或议程之中讨论某一特定的全球金融问题，并具备有效协调彼此之间的分歧和矛盾的能力。增强此能力的一个有效途径是广泛地提升中国在全球金融治理机构中的制度性金融权力，而非具有霸权性质的结构性和关系性金融权力。①此种权力

① 关系性金融权力是指“一国通过运用金融压力直接影响他国行为的能力”，“结构性金融权力”是指“一国通过国际金融体系结构间接影响他国行为的能力”，“制度性金融权力”是指“一国通过国际金融机构的决策间接影响他国行为的能力”。详见：Strange, Susan. *States and Markets: An Introduction to International Political Economy*. A&C Black, 1998；桑德拉·希普. 全球金融中的中国：国内金融抑制与国际金融权力. 辛平，罗文静，译. 上海：上海人民出版社，2016：18.

的提升并非一蹴而就，亦非朝夕之功，需要长期的政策关注和学术研究作支撑。

第三，中国如何加入全球金融治理体制核心目标的制定之中，提升中长期议程制定的能力？无论是布雷顿森林体系下的国际货币体制，G7时代的银行业监管和金融自由化，还是当前以维护金融体系稳定为直接目标的全面监管，中国都未曾成为这些目标的主要制定者，而只是G20体系下体制核心目标的参与执行者，作为非体制核心目标制定者的中国如何成为体系的引领者？加入组织核心和提升在全球金融治理机构中的制度性权力是中国成为全球金融治理体制核心目标制定者的前提，而经济和政治实力的持续增强是根本保障，中长期议程制定能力的提升是基本的实现路径。随着G20杭州峰会的筹备和召开，关于议程设置能力的研究大量增加，杭州峰会的四大主题“创新、活力、联动、包容”以及相关的一系列议程都彰显了中国中短期议程设置能力的提升，这些议程包括全球结构性改革、国际金融治理结构、贸易和投资体制、基础设施投资、去产能、宏观经济政策协调、绿色金融等。这些议程是否在中长期内依然有效，或因其他峰会主席国的不同偏好而改变，目前下结论为时尚早，但中长期议程的制定能力是中国能否成为未来新体制核心目标制定者的关键。

第四，中国如何在接受全球金融治理体制具体内容的同时为国际社会贡献中国经验？中国已经接受了全球金融治理体系内的诸多体制，具体表现为对国际规则的遵守与实施，对相关意见和指导原则的参考，这体现了政策或规则从国际向国内的传导过程。通过自改革开放以来的探索，中国对于这种传导路径和方式已驾轻就熟，前述“中国版《巴塞尔协议Ⅲ》”对国际银行业监管规则的运用和借鉴就是很好的例子。但是，政策、规则或经验从国内向国际的传播鲜有成功的案例。中国的发展模式被认为可以为转型国家和发展中国家提供一个经济发展的模式，但迄今为止很难清楚地识别哪些国家是因借鉴中国的经验而获得了经济发展。在2016年的G20杭州峰会上，中国尝试将其国内供给侧改革的经验运用到全球经济增长方式的创新之中，并提出了世界经济的结构性改革议程，但这一议程在国际层面的执行和效果并不理想，并未转化成国际社会普遍认可和执行的政策和实践。在全球金融治理中，类似中国经验的国际推广更是一片空白，这一方面是因为中国金融的发展较国际先进水平还有较大差距，另一方面是因为中国经验由内及外的传导路径尚不成熟。

全球治理不仅需要宏观的理论研究和综合不同领域的统筹安排，更加需要针对不同领域的中观和微观研究和实践。问题领域的独特性决定了全球治理的制度安排在不同领域间的差异性，全球金融治理的金融属性决定了其必须区别于广义的全球经济治理和其他领域的全球治理。本书正是从中观和微观的角度剖析全球金融治理体系以及中国在其中地位和作用的变化，并以此呼吁全球治理研究从宏观走向中观和微观，从国家战略走向具体问题领域内可操作的建议和措施，最终从理论和经验实践两个层面推动中国朝着全球治理强国发展，推动被国际社会普遍认可和接受的全球治理“中国方案”的形成和推广。

致 谢

笔者的博士论文指导老师罗伯特·奥布莱恩（Robert O'Brien）教授将笔者引入了国际政治经济学（IPE）的大门，激起了笔者对全球金融治理的极大兴趣，没有他的指引，这本书便无从谈起。当笔者在北京大学进行博士后研究时，恩师王正毅教授让笔者更加深刻地理解了 IPE，尤其更为全面地理解了“中国的 IPE”和“IPE 在中国”。这对本书分析框架的构建，乃至笔者的学术研究路径起到了重要影响。笔者在来到南开大学后又幸得各位同事的帮助，使本书的写作和相关研究项目得以顺利推进。笔者尤其记得，若没有刘丰教授当初的经验介绍，本项目可能根本不会被申请成为国家社科基金后期资助项目。在笔者于北京大学和南开大学工作期间，亦师亦友的阿米塔·阿查亚（Amitav Acharya）教授（美利坚大学）和肖恩·布雷斯林（Shaun Breslin）教授（华威大学），以及张宇燕、李滨、田野等国内学界前辈，都在不同场合对本书的内容提出建设性的意见和帮助。中国人民大学出版社的陈静、王晗霞、刘美昱等编辑的细致工作保证了本书的质量。

诸多种种帮助，感激之情，无以言表，更无以为报，唯有兢兢业业，不负期望，不辱学者使命。

图书在版编目（CIP）数据

全球金融治理与中国/张发林著. --北京：中国人民大学出版社，2020.7
国家社科基金后期资助项目
ISBN 978-7-300-28290-9

Ⅰ.①全… Ⅱ.①张… Ⅲ.①国际金融管理-研究 Ⅳ.①F831.2

中国版本图书馆 CIP 数据核字（2020）第 109622 号

国家社科基金后期资助项目
全球金融治理与中国
张发林 著
Quanqiu Jinrong Zhili yu Zhongguo

出版发行	中国人民大学出版社		
社　　址	北京中关村大街 31 号	**邮政编码**	100080
电　　话	010－62511242（总编室）		010－62511770（质管部）
	010－82501766（邮购部）		010－62514148（门市部）
	010－62515195（发行公司）		010－62515275（盗版举报）
网　　址	http://www. crup. com. cn		
经　　销	新华书店		
印　　刷	唐山玺诚印务有限公司		
开　　本	720 mm×1000 mm　1/16	**版　　次**	2020 年 7 月第 1 版
印　　张	15.5　插页 1	**印　　次**	2024 年 6 月第 2 次印刷
字　　数	265 000	**定　　价**	85.00 元